Creazione di un pensiero chiaro

Creazione di un pensiero chiaro

Io J N

India
2023

CONTENUTI

INTRODUZIONE

Nell'ottobre del 2004, un magnate dei media europei mi invitò a Monaco per quello che descrissero come uno scambio informale di intellettuali. Anche se non mi consideravo un intellettuale, avendo studiato economia piuttosto che letteratura, i miei due romanzi letterari dovevano avermi qualificato per un simile invito.

Nassim Nicholas Taleb era seduto al tavolo. A quel tempo era un oscuro trader di Wall Street con la passione per la filosofia che incontrai come esperto della filosofia dell'Illuminismo inglese e scozzese, in particolare di quella di David Hume. Evidentemente ero stato scambiato per qualcun altro. Sconvolto dal mio errore, ma cercando ancora di mantenere la compostezza, ho lanciato un timido sorriso nella stanza nella speranza che il silenzio servisse come prova delle mie capacità filosofiche. In quel momento, Taleb accostò una sedia disponibile e ne diede una pacca sul sedile; invitandomi a sedermi. L'ho fatto. Dopo aver brevemente parlato di Hume, la nostra conversazione si è spostata rapidamente su Wall Street. Ci siamo meravigliati degli errori sistematici nel processo decisionale da parte di amministratori delegati e leader aziendali, noi compresi! Abbiamo discusso del motivo per cui gli eventi inaspettati sembrano più probabili con il senno di poi, mentre abbiamo discusso del motivo per cui gli investitori si rifiutano di vendere azioni una volta che il loro valore scende al di sotto del costo di acquisizione.

Dopo l'evento, Taleb mi ha inviato pagine del suo manoscritto; un gioiello incredibile che ho in parte rivisto e commentato; questo divenne parte di Il cigno nero, il suo best-seller internazionale che lo catapultò nello status di stella intellettuale. Nel frattempo il mio appetito si era stuzzicato; Ho iniziato a divorare libri scritti da scienziati cognitivi e sociali su argomenti come euristiche e pregiudizi, nonché ad aumentare le conversazioni via e-mail con i ricercatori e a visitare i loro laboratori. Nel 2009 mi sono reso conto che oltre ad essere un romanziere ero diventato uno studente di scienze cognitive e sociali. anche la psicologia.

Gli esperti definiscono gli errori cognitivi come deviazioni sistematiche dalla logica: pensiero e comportamento ottimali e razionali che si discostano da uno stato ideale. Per "sistematiche" intendo che queste deviazioni dal pensiero ottimale non sono solo valutazioni errate occasionali o errori di giudizio, ma sono piuttosto passi falsi ripetuti, ostacoli alla logica che incontriamo di volta in volta attraverso generazioni e secoli. Sopravvalutare la nostra conoscenza è più diffuso che sottovalutarla! Ad esempio.
Sottovalutare è ciò che accade più spesso. Inoltre, la paura di perdere qualcosa ci motiva molto di più della prospettiva di ottenere guadagni simili; quando in presenza di altre persone spesso adattiamo il nostro comportamento per adattarlo al loro; gli aneddoti tendono a oscurare la distribuzione statistica (tasso base) dietro un evento, facendo accumulare gli errori come panni sporchi in un angolo lasciando invece gli altri angoli relativamente puliti (cioè in quello che è diventato noto come "l'angolo dell'eccessiva sicurezza").

Ho iniziato a stilare un elenco di errori cognitivi per evitare di scommettere con la ricchezza che avevo accumulato nel corso della mia carriera letteraria e per proteggermi da rischi inutili con quella ricchezza, senza intenzione di pubblicare l'elenco in pubblicazioni future. Inizialmente avevo previsto che questo elenco potesse essere utilizzato solo da me. Alcuni errori di pensiero esistono da secoli, mentre altri potrebbero essere stati riconosciuti solo di recente. Alcuni hanno anche due o tre nomi allegati; Ho scelto quelli più utilizzati. Presto ho scoperto che la creazione di un elenco di questo tipo poteva aiutare non solo le mie decisioni di investimento, ma anche le mie questioni aziendali e personali. Una volta completato, creare questo elenco mi ha aiutato a sentirmi più calmo e con la testa più lucida. Ho iniziato a riconoscere i miei errori prima, permettendomi di correggere la rotta prima che venisse causato un danno permanente. Inoltre, per la prima volta nella mia vita ho potuto identificare quando anche altri potrebbero essere vittime di questi errori sistematici. Con la mia lista ora potrei resistere alla loro attrazione e persino prendere il sopravvento nelle mie operazioni. Ora avevo categorie, termini e spiegazioni con cui scongiurare la minaccia dell'irrazionalità - come Benjamin Franklin che fa volare il suo aquilone durante i temporali; i tuoni e i fulmini non sono diventati meno frequenti, potenti o rumorosi, ma stanno diventando meno preoccupanti; qualcosa che risuonava profondamente dentro di me di fronte alla mia irrazionalità adesso.

Gli amici hanno subito preso nota del mio compendio, mostrando interesse e stimolando una rubrica settimanale sui giornali in Germania, Olanda e Svizzera, nonché numerose presentazioni (soprattutto a medici, investitori, membri del consiglio di amministrazione, amministratori delegati e funzionari governativi) fino alla nascita di questo libro.

Tieni a mente questi tre punti mentre esplori queste pagine: primo, questo elenco è incompleto: potrebbero essere stati scoperti nuovi errori. In secondo luogo, la maggior parte degli errori sembra collegata e non dovrebbe sorprendere; dopo tutto, tutte le regioni del cervello sono collegate tramite proiezioni neurali che viaggiano attraverso il nostro corpo. In terzo luogo, la mia esperienza risiede principalmente come romanziere e imprenditore piuttosto che come scienziato sociale; in quanto tale, non possiedo un mio laboratorio per condurre esperimenti sugli errori cognitivi o impiegare ricercatori per monitorare gli errori comportamentali. Quindi, nello scrivere questo libro, ho pensato a me stesso più come a un traduttore il cui ruolo è interpretare e sintetizzare ciò che ho letto e imparato in modo che gli altri possano comprenderlo più facilmente. Per questo ho un'immensa gratitudine verso quei ricercatori che, nel corso di decenni, hanno rivelato errori comportamentali e cognitivi; la loro ricerca è un debito che paga i dividendi che rende possibile questo libro, per il quale meritano la mia gratitudine mentre li ringrazio enormemente.

Questo libro non è un manuale; non ci saranno sette passi per una vita senza errori qui. Gli errori cognitivi sono diventati troppo radicati perché possiamo liberarcene completamente, né questo dovrebbe essere nemmeno il nostro obiettivo; alcuni errori cognitivi possono addirittura essere essenziali per condurre una vita felice e dovrebbero quindi rimanere lì; anche se questo libro potrebbe non contenere la chiave della felicità, per lo meno agisce come protezione dall'eccessiva infelicità autoindotta.

Il mio obiettivo è semplice: se potessimo imparare a riconoscere ed evitare i principali errori di pensiero nella nostra vita personale, professionale e politica, forse la prosperità aumenterebbe notevolmente. Tutto ciò che serve è meno irrazionalità: nessuna di queste astuzie extra o nuovi gadget sono necessari qui.

Rick può trovare rock star ovunque guardi: schermi televisivi, pagine di riviste, programmi di concerti e siti di fan online sono inondati di loro immagini e canzoni; la loro presenza non può essere evitata al centro commerciale o in palestra: ce ne sono centinaia! Rick crede che ci debba essere qualcosa di sbagliato in lui dal momento che queste stelle appaiono così frequentemente e in modo affidabile nella sua vita. Rick è stato ispirato dalle storie di molti eroi della chitarra per fondare la sua band e iniziare a suonare musica dal vivo, ma è probabile che non diventerà grande come loro; come tanti prima di lui, molto probabilmente si unirà a migliaia di musicisti falliti che risiedono in un cimitero di musicisti falliti che ospita 10.000 volte più musicisti di quanti ne ospita il palco, ma nessun giornalista si preoccupa di coprire fallimenti diversi dalle superstar cadute - rendendo questo cimitero invisibile agli estranei. .

Sul lavoro e nella vita di tutti i giorni, il successo spesso sembra più visibile del fallimento, portandoci a sovrastimare le probabilità di successo. Proprio come Rick, gli estranei spesso cadono in questa illusione e ne valutano erroneamente la probabilità. Rick è solo un'altra vittima del "Survivorship Bias".

Dietro ogni autore di successo possono esserci altri 100 scrittori i cui libri non verranno mai venduti; altri 100 non hanno trovato editori; e ancora altri 100 i cui manoscritti incompiuti restano non letti nei cassetti. Dietro ognuno di questi libri ci sono 100 persone che sognano un giorno di pubblicare un libro, ma si sente parlare solo di scrittori di successo (molti dei quali si autopubblicano), non riuscendo ad apprezzare le loro incredibili probabilità di successo letterario. Anche i fotografi, gli imprenditori, gli artisti, gli atleti, gli architetti, i vincitori del Premio Nobel, i presentatori televisivi e le regine di bellezza devono liberarsi dal pregiudizio della sopravvivenza per combatterne gli effetti. Nessun altro lo farà per te! Per superare tu stesso i pregiudizi dei sopravvissuti.

Il survival bias emerge anche nelle decisioni finanziarie: considera che il tuo amico apre una start-up. Come uno dei loro potenziali investitori, vedi qui un'incredibile opportunità: potrebbe diventare il prossimo Google o Amazon. Tuttavia, facciamo un confronto con la realtà: nella maggior parte dei casi tali iniziative falliscono completamente o si chiudono entro mesi o anni dall'avvio; i secondi esiti probabili includono il fallimento o semplicemente la sopravvivenza: entrambe le opzioni sono ugualmente probabili.
Risultato: la probabilità è che qualsiasi impresa creata fallisca entro tre anni; di quelli che sopravvivono così a lungo, la maggior parte non supera mai i dieci dipendenti. Quindi non dovresti mai rischiare i tuoi sudati soldi in nessuna impresa? Non necessariamente; ricorda solo che il pregiudizio alla sopravvivenza distorce la probabilità di successo come il vetro tagliato.

Prendiamo, ad esempio, l'indice Dow Jones Industrial Average: comprende solo aziende di successo; falliscono e le piccole imprese non entrano nel mercato azionario nonostante rappresentino la maggior parte delle iniziative imprenditoriali. Pertanto un indice azionario non descrive accuratamente un'economia e allo stesso modo la stampa non riporta allo stesso modo tutti i musicisti; allo stesso modo, l'abbondanza di libri e allenatori che trattano il successo dovrebbe renderti diffidente poiché queste persone senza successo non scrivono libri o tengono conferenze sui loro fallimenti.

Il pregiudizio della sopravvivenza può essere particolarmente pericoloso quando si entra a far parte di una squadra vincente. Anche quando il successo nasce per caso, le somiglianze con altri vincitori potrebbero indurci a identificare queste somiglianze come fattori chiave di successo; eppure una visita ai cimiteri di individui e aziende fallite rivelerà molti tratti simili tra i suoi inquilini che hanno contribuito al tuo!

Se un numero sufficiente di scienziati indaga su un fenomeno, alcuni studi produrranno risultati statisticamente significativi per pura coincidenza, ad esempio la correlazione tra il consumo di vino rosso e l'elevata aspettativa di vita. Tali studi "falsi" guadagnano rapidamente popolarità e attenzione, a differenza di studi con risultati meno entusiasmanti ma corretti che rimangono nascosti nelle ultime pagine del mondo accademico.

Il bias di sopravvivenza si riferisce alle persone che sopravvalutano le proprie possibilità di successo. Un modo per combatterlo è visitare regolarmente le tombe di progetti, investimenti e carriere un tempo promettenti; anche se a volte potrebbe essere scomodo, dovrebbe aiutarti a schiarire la mente e fornire la conclusione tanto necessaria.
Vedi anche Bias egoistico (cap. 45); La fortuna del principiante (cap. 49); Trascuratezza del tasso di base (cap. 28); Induzione (cap. 31); Trascuratezza della probabilità (cap. 26); Illusione di abilità (cap. 94) ed errori di intenzione di trattare (cap. 98).

HARVARD TI RENDE PIÙ INTELLIGENTE?

Nassim Taleb ha deciso di fare qualcosa per i suoi testardi chili in più intraprendendo varie attività sportive, ma presto è rimasto deluso da tutti: dal jogging e dai giocatori di tennis ai bodybuilder e bodybuilder. Il nuoto lo attirava di più grazie ai loro corpi ben costruiti e snelli, quindi si iscrisse alla piscina locale e iniziò ad allenarsi due volte a settimana in quella piscina.

Poco dopo si rese conto della sua caduta nell'illusione: i nuotatori professionisti non raggiungono corpi perfetti allenandosi all'infinito; piuttosto, è il loro fisico a determinare se diventeranno grandi nuotatori e non viceversa. Anche le modelle che pubblicizzano cosmetici creano l'impressione che usarli renda belli; ma questa convinzione deriva dal fatto che i consumatori pensano erroneamente che i prodotti rendano le donne simili a modelle; piuttosto è semplicemente la loro naturale attrattiva ad attrarre gli acquirenti; proprio come i corpi dei nuotatori professionisti vengono scelti per questo e non viceversa.

Quando confondiamo i fattori di selezione con i risultati, diventiamo vulnerabili a ciò che Taleb chiama "l'illusione del corpo del nuotatore". Senza di esso, metà delle campagne pubblicitarie fallirebbero senza che funzionasse affatto, ma questo pregiudizio va molto più in profondità di una semplice ossessione per aver definito zigomi e petto. Harvard è ampiamente considerata una delle università più importanti, con molte persone di successo che studiano lì. Ciò indica che Harvard è un istituto educativo eccezionale? No. Forse Harvard attrae solo studenti brillanti. Ho sperimentato questo fenomeno in prima persona presso l'Università di San Gallo in Svizzera, una delle dieci migliori business school in Europa; eppure ho trovato le lezioni (25 anni fa!) deludenti e nonostante ciò molti laureati hanno avuto successo; forse a causa del clima o del cibo della mensa, anche se più probabilmente a causa di rigorosi processi di selezione.

Le scuole MBA attirano i candidati con statistiche impressionanti sul potenziale di guadagno futuro.
Molti futuri studenti accettano questo approccio per dimostrare che le tasse universitarie si ammortizzano da sole nel tempo, ma molti ne sono vittime essi stessi. Non sto suggerendo che le scuole manipolino le statistiche; tuttavia le loro dichiarazioni non dovrebbero essere prese alla lettera perché gli individui che conseguono un MBA differiscono in modo significativo da quelli che non lo fanno, con differenze di reddito derivanti da molte fonti diverse dal semplice MBA stesso - un altro esempio dell'"illusione del corpo del nuotatore". Quindi, se hai in programma ulteriori studi, fallo per ragioni diverse dal semplice guadagno in seguito.

Quando chiedo alle persone felici la chiave della loro contentezza, spesso sento risposte come "Devi guardare le cose come mezzo piene invece che come mezzo vuote" - suggerendo che non riconoscono di essere nati felici e invece vedono opportunità in ogni cosa. intorno a loro. Gli studi condotti ad Harvard da Dan Gilbert rivelano che l'allegria è in gran parte un tratto duraturo della personalità che rimane invariato per tutta la vita. Gli scienziati sociali Lykken e Tellegen hanno chiarito questo punto; cercare di essere più felici è altrettanto inutile quanto cercare di diventare più alti. Di conseguenza, anche l'illusione del corpo del nuotatore è autoillusione; quando gli ottimisti scrivono libri di auto-aiuto propagando ulteriormente questa illusione. A questo punto, è fondamentale evitare di dare troppa considerazione ai consigli degli autori di auto-aiuto. Sfortunatamente, i loro suggerimenti non tendono ad aiutare miliardi di persone, ma poiché la maggior parte delle persone infelici non pubblica libri sui propri fallimenti, questa realtà rimane nascosta alla vista.

Conclusione: è meglio prestare attenzione quando si viene incoraggiati a lottare per determinate cose - siano essi addominali d'acciaio, aspetto impeccabile, un reddito più alto, una lunga durata o la felicità - poiché queste potrebbero portare all'illusione del corpo del nuotatore. Prima di fare un atto di fede e tuffarti a testa in giù, guardati allo specchio: sii onesto con quello che vedi lì!

Vedi anche Effetto Alone (Cap. 38); Bias del risultato (cap. 20); Bias di autoselezione (cap. 47) e cecità alternativa (cap.71) per ulteriori approfondimenti.

PERCHÉ VEDI FORME NELLE NUVOLE

Illusione di clustering
Nel 1957, il cantante lirico svedese Friedrich Jorgensen acquistò un registratore per registrare la sua voce. Durante l'ascolto apparvero strani rumori e sussurri che sembravano soprannaturali. Pochi anni dopo registrò il canto degli uccelli; durante una sessione di registrazione, si poteva sentire la voce della sua defunta madre sussurrare in sottofondo: "Fried, il mio piccolo Fried... Mi senti... La mamma sta chiamando". Dopo questo incontro, Jorgensen si dedicò a comunicare con i defunti attraverso registrazioni su nastro.

Diane Duyser della Florida ha sperimentato qualcosa di simile quando, mentre addentava un pezzo di pane tostato e lo rimetteva nel piatto, notò al suo interno un'immagine di Maria. In quell'istante smise di mangiare e mise da parte il messaggio divino per tenerlo al sicuro (meno un boccone). Più tardi, nel novembre del 2004, Diane mise all'asta questo snack ancora abbastanza ben conservato tramite eBay e fu ricompensata con $ 28.000!

Nel 1978, una donna del New Mexico sperimentò qualcosa di simile; le macchie annerite della sua tortilla somigliavano al volto di Gesù. I media hanno ripreso questa storia, attirando migliaia di persone nel New Mexico per vedere Gesù sotto forma di burrito. Due anni prima, nel 1976, la navicella spaziale Viking aveva fotografato una formazione rocciosa che sembrava simile. Ha fatto notizia in tutto il mondo; noto come "Faccia su Marte".

Hai mai visto volti tra le nuvole, contorni di animali nelle rocce o messaggi nascosti nei segnali diffusi? Probabilmente. Questo è perfettamente normale: il nostro cervello cerca schemi e regole, e quando non esistono, semplicemente se ne crea lui stesso! Segnali diffusi come il rumore di fondo sul nastro ci rendono più facile individuare i "messaggi nascosti". Venticinque anni dopo aver scoperto la "Faccia su Marte", il Mars Global Surveyor ha restituito immagini chiare che mostrano formazioni rocciose con volti umani che si dissolvono in semplici detriti rocciosi.

Questi esempi stravaganti possono far sembrare innocua l'illusione del raggruppamento; ma è tutt'altro che innocuo.

Consideriamo i mercati finanziari, che producono enormi volumi di informazioni ogni secondo.
A sua insaputa, il mio amico si divertì a spiegare come aveva scoperto un'anomalia tra tutti i dati: moltiplicando la variazione percentuale del Dow Jones per la variazione percentuale del prezzo del petrolio si sarebbe ottenuto il movimento del prezzo dell'oro entro due giorni - cioè se i prezzi delle azioni e il petrolio salgono o scendono simultaneamente, l'oro seguirà l'esempio e salirà il giorno successivo. La sua teoria ha funzionato bene per diverse settimane

finché non ha iniziato a investire somme sempre più grandi e alla fine ha perso tutti i suoi risparmi, percependo uno schema artificiale dove non esisteva!

Il professore di psicologia Thomas Gilovich ha intervistato centinaia di persone per sapere se questa sequenza fosse casuale o pianificata, e la maggior parte di loro ha rifiutato una spiegazione arbitraria poiché credeva che qualche legge ne governasse l'ordine. Secondo il modello fisico dei dadi di Gilovich è in realtà del tutto possibile che quattro lanci consecutivi rivelino un numero; eppure molti faticano ad accettare che tali eventi si verifichino solo per caso.

Durante la Seconda Guerra Mondiale, i bombardieri tedeschi attaccarono Londra utilizzando i razzi V1 – un tipo di drone con navigazione automatica – come una forma di munizione. Ogni attacco prevedeva di tracciare attentamente i siti di impatto sulle mappe per terrorizzare i londinesi; molti pensavano di aver identificato modelli e sviluppato teorie su quali parti di Londra fossero più sicure; tuttavia, le analisi statistiche del dopoguerra dimostrarono che la distribuzione era completamente casuale a causa dell'imprecisione del razzo V1 poiché il suo sistema di navigazione era così impreciso.

Conclusione: quando si tratta di riconoscimento di schemi, tendiamo a reagire in modo eccessivo. Riacquista il tuo scetticismo; se pensi di aver scoperto uno schema, supponi innanzitutto che potrebbe essere accaduto per caso e considera l'analisi statistica prima di prendere una decisione. Allo stesso modo, se le parti croccanti del vostro pancake assomigliano in qualche modo al volto di Gesù, chiedetevi perché non si è mostrato invece qui a Times Square o alla CNN!
Vedi anche Illusione di controllo (cap. 17); Coincidenza (cap. 24); Falsa causalità (cap. 37).

Prova sociale Immagina questo: stai andando a un concerto quando a un incrocio vedi un gruppo di persone che guardano in alto. Senza pensarci due volte, anche tu guardi in alto, senza nemmeno rendertene conto, seguendo inconsciamente l'esempio. Perché? Prova sociale. Durante l'esibizione di un solista eccezionale in una sala da concerto, qualcuno inizia a battere le mani, spingendo anche gli altri nella stanza a unirsi a battere le mani; ti unisci anche tu per nessun altro motivo se non la prova sociale. Al termine dello spettacolo vai a ritirare il tuo guardaroba dove le persone in fila davanti a te lasciano monete anche se il servizio è incluso nel prezzo del biglietto ma anche così... dopodiché, quando vai a ritirare il guardaroba per recuperarlo tu stesso, osservi le persone che se ne vanno monete sui piatti invece nonostante siano ufficialmente incluse nel prezzo del biglietto poiché la mancia è incoraggiata in pratica da molti altri spettatori che lasciano una mancia anche per prova sociale!

La prova sociale o "istinto del gregge" impone che gli individui si sentano convalidati quando i loro comportamenti sono conformi a quelli di altri individui. In poche parole, più persone sostengono o adottano un'idea o un comportamento, più lo percepiamo come vero; allo stesso modo, quando più individui lo mostrano che no. Anche se ovviamente ridicola, questa logica è valida.

La prova sociale è la forza trainante delle bolle finanziarie e del panico del mercato azionario. Si manifesta nella moda, nelle tecniche gestionali, negli hobby, nella religione e nelle diete; a volte portano a conseguenze drammatiche come quando le sette commettono suicidi di massa.

Solomon Asch condusse un interessante esperimento negli anni '50 che dimostrò come la pressione dei pari possa cambiare la realtà. Ai soggetti è stata mostrata una linea tracciata su carta e tre linee identiche, corta, media e lunga, che corrispondono ad essa su diverse parti del loro corpo, tutte contrassegnate con "1, 2" per brevità; rispettivamente più lungo della linea originale e uguale a quello originale. Lui o lei deve scegliere quale delle tre linee corrisponde a quella originale, il che non sorprende data la semplicità del compito. Quando entrano cinque persone, tutti gli attori a lui sconosciuti danno risposte errate rispondendo con il "numero 1", anche se è chiaro che invece dovrebbe essere indicato il numero tre. Quando tocca di nuovo a lui, spesso risponde in modo errato per corrispondere a ciò con cui hanno risposto gli altri - in circa un terzo dei casi dà anche risposte sbagliate.
Perché agiamo in questo modo? In passato, seguire gli altri era spesso vista come la migliore strategia per sopravvivere. Immaginate di viaggiare nel Serengeti insieme ad alcuni cacciatori-raccoglitori 50.000 anni fa quando all'improvviso tutti si dispersero e fuggirono senza preavviso? Come risponderesti allora? Saresti rimasto lì, confuso, chiedendoti se quello

che hai visto fosse davvero un leone o semplicemente qualcosa di innocuo che potrebbe costituire ottimi pasti ricchi di proteine? NO! Invece, probabilmente saresti partito all'inseguimento dei tuoi amici. Più tardi, quando sarai stato al sicuro dagli attacchi, avresti potuto prenderti del tempo per considerare chi era stato veramente il tuo "leone". Chiunque agisse in modo diverso dai suoi coetanei – cosa che sono sicuro che ci fosse – è stato probabilmente eliminato dal nostro pool genetico; siamo i discendenti di coloro che hanno copiato ciò che hanno fatto i loro coetanei. Noi esseri umani siamo cablati con questo modello di prova sociale; quindi lo usiamo anche quando non c'è alcun vantaggio in termini di sopravvivenza; che è la maggior parte delle volte. Ci sono, tuttavia, casi in cui la prova sociale può essere vantaggiosa: ad esempio quando si cena fuori in una città straniera senza conoscere nessun buon ristorante nelle vicinanze e si è affamati, selezionarne uno frequentato dalla gente del posto potrebbe avere più senso e copiare il loro comportamento invece del proprio.

Commedie e talk show utilizzano prove sociali inserendo risate in scatola in punti strategici per incoraggiare gli spettatori a ridere insieme. Forse uno degli esempi più notevoli e inquietanti è il discorso di Joseph Goebbels davanti a un vasto pubblico nel 1943 (guardalo tu stesso su YouTube). Quando la guerra peggiorò per la Germania, Goebbels chiese ai partecipanti: "Vuoi la guerra totale?" Se necessario, sei favorevole alla guerra radicale invece di qualsiasi cosa possiamo immaginare oggi?" La sua richiesta provocò un fragoroso applauso; se ai singoli partecipanti fosse stato chiesto individualmente, probabilmente non avrebbero accettato questa folle proposta!

La pubblicità sfrutta al massimo la nostra propensione alla prova sociale; questo approccio funziona bene quando affrontiamo l'incertezza (come scegliere tra varie marche di automobili, prodotti per la pulizia e prodotti di bellezza senza chiari vantaggi o svantaggi) e quando compaiono persone che appaiono "come noi".

Sii scettico ogni volta che un'azienda afferma che il suo prodotto è superiore perché è popolare: questo argomento ha poco senso se vendere più unità non indica superiorità! E ricordate le sagge parole di W. Somerset Maugham: "Anche se 50 milioni di persone dicono qualcosa di stupido, rimane stupido".
Vedi anche: Pensiero di gruppo (cap. 25); Ozio sociale (cap. 33); Bias in-group-out-group (cap. 79) ed effetto del falso consenso (ch. 77) per ulteriori riferimenti.

PERCHÉ DOVREBBE DIMENTICARE IL PASSATO

Fallacia dei costi irrecuperabili
Dopo aver guardato un film orribile per un'ora e mezza, ho chiesto a bassa voce a mia moglie: "Dai, andiamo a casa". Al che lei ha risposto: 'Assolutamente no; non butteremo via 30 dollari.' A quel punto ho protestato: "Questa non è una ragione per restare - è semplicemente una deformation professionnelle qui in atto - che non dovrebbe avere alcun ruolo nella nostra decisione di restare o di partire!" Naturalmente alla fine ho ceduto e sono ricaduto al mio posto

Il giorno successivo mi sono ritrovato seduto a una riunione di marketing in cui era in discussione una campagna pubblicitaria che era in corso da quattro mesi ma che non era riuscita a raggiungere nemmeno un obiettivo. Mentre io sostenevo la sua eliminazione, il nostro responsabile pubblicitario ha obiettato: 'Ma ci abbiamo già investito così tanti soldi; fermarsi ora significherebbe che tutti i nostri soldi sarebbero stati inutili" - un'altra vittima dell'errore dei costi irrecuperabili.

Uno dei miei amici ha sofferto per anni in una relazione difficile. La sua ragazza lo tradiva ripetutamente, chiedendo ogni volta perdono con pentimento. Tuttavia, il mio amico ha continuato a investire energie nella loro storia d'amore perché sembrava sbagliato buttare via ciò che era già stato investito; un esempio della "fallacia dei costi irrecuperabili".

L'errore dei costi irrecuperabili è particolarmente pericoloso quando abbiamo investito una grande quantità di tempo, denaro, energia o emozioni in qualcosa. Il nostro investimento può diventare la base per continuare nonostante ovvi motivi per smettere; maggiore è il tempo e le risorse investite, maggiori saranno i nostri costi irrecuperabili; da qui la nostra necessità di andare avanti anche se qualcosa sembra impossibile o senza speranza. Più siamo investiti in qualcosa, più forte è la nostra voglia di andare avanti;

Gli investitori spesso cadono vittime della fallacia dei costi irrecuperabili. Le decisioni commerciali possono essere guidate esclusivamente dai prezzi di acquisizione; invocare questo argomento come giustificazione semplicemente non è razionale; ciò che conta più del prezzo dovrebbe essere la performance futura (e altre alternative disponibili per investire) di ogni azione o portafoglio di investimenti: ironicamente, più denaro viene perso, più a lungo gli investitori tenderanno a mantenerlo!
La coerenza è la nostra ragion d'essere; quando qualcosa si discosta da questo modello di pensiero e di azione, troviamo le contraddizioni ripugnanti e scegliamo di annullare a metà piuttosto che ammettere di aver cambiato idea ad un certo punto della vita del progetto. Ritardare una realizzazione dolorosa continuando con progetti senza senso mantiene più a lungo le apparenze.

Il Concorde è stato un esempio iconico di spesa pubblica in deficit. Sia la Gran Bretagna che la Francia sapevano benissimo che il business degli aerei supersonici non avrebbe funzionato, eppure investirono comunque enormi somme per salvare la faccia. Abbandonarlo avrebbe significato ammettere la sconfitta; da qui il suo nome, "effetto Concorde". Porta a errori di giudizio costosi e perfino disastrosi; Gli americani hanno esteso il loro coinvolgimento nella guerra del Vietnam a causa di questo fenomeno: hanno pensato: 'Abbiamo sacrificato così tanto; arrendersi adesso sarebbe sbagliato.'

Stai pensando "Siamo arrivati fin qui?". "Ho già letto così tanto di questo libro..." Se una qualsiasi di queste affermazioni si applica a te, indica che l'errore dei costi irrecuperabili è all'opera nella tua mente.

Naturalmente, investire per finalizzare qualcosa può avere i suoi vantaggi; diffidare solo di farlo esclusivamente per giustificare investimenti non recuperabili. Il processo decisionale razionale richiede di dimenticare i costi passati; in definitiva, quando si effettuano scelte razionali contano solo i costi e i benefici futuri.

Vedi anche: Errore "Diventerà peggio prima che migliori" (cap. 12); Incapacità di chiudere le porte (cap. 68); Effetto dotazione (cap. 23); Giustificazione dello sforzo (cap. 60); Avversione alla perdita (cap. 32) e Outcome Bias (cap. 20) come altri pregiudizi cognitivi che portano a decisioni inappropriate.

Non accettare bevande gratuite

Reciprocità

Di recente, potresti aver incontrato seguaci della setta Hare Krishna che fluttuavano nelle loro luminose vesti color zafferano mentre correvi attraverso aeroporti o stazioni ferroviarie nel tuo viaggio per raggiungere la tua destinazione. Forse un membro ti ha regalato un piccolo fiore e ha sorriso calorosamente mentre lo regalava. Come la maggior parte delle persone, è probabile che tu abbia preso il fiore solo per evitare di essere scortese. Rifiutarsi avrebbe potuto portare a una spiegazione del tipo: 'Prendilo; questo è il nostro regalo per te.' Quando si cercava di smaltire i fiori in un bidone della spazzatura nelle vicinanze, lì c'erano già diverse disposizioni; quando cercavi altrove il suo smaltimento hai scoperto che c'erano già più pile. Quando la tua cattiva coscienza cominciava a tormentarti con più forza, un altro discepolo di Krishna si avvicinava chiedendoti delle donazioni; molti aeroporti alla fine bandirono questa setta grazie a questo successo;

Robert Cialdini può spiegare il successo di queste campagne con la sua ricerca sulla reciprocità. Ha scoperto che le persone trovano molto difficile essere in debito con un altro individuo.

Molte organizzazioni non governative e organizzazioni filantropiche impiegano strategie simili: prima dare, poi prendere. Recentemente ho ricevuto una busta contenente cartoline con paesaggi idilliaci da un'organizzazione ambientalista; la loro lettera di accompagnamento mi assicurava che avrebbero dovuto essere conservati come regali, indipendentemente dalla mia decisione di donare denaro. Anche se comprendevo abbastanza bene le loro tattiche, ci sono volute una notevole forza di volontà e disciplina da parte mia per metterli via senza trarne vantaggio!

Purtroppo questa forma di ricatto gentile, a volte chiamata anche corruzione, è comune. Un fornitore di viti potrebbe invitare potenziali clienti a unirsi a lui in un emozionante gioco sportivo; arriva l'ora dell'ordine un mese dopo, il loro desiderio di non avere debiti è così forte che l'acquirente è d'accordo ed effettua un ordine tramite questa nuova conoscenza.

La reciprocità è un principio antico che si riscontra in tutte le specie con disponibilità alimentari fluttuanti. Immagina di essere un cacciatore-raccoglitore che, un giorno, riesce ad uccidere un cervo e deve dividerlo tra i membri del tuo gruppo; in questo modo potrai beneficiare del bottino altrui se il tuo bottino fosse meno impressionante; servono come frigoriferi.
La reciprocità è una preziosa strategia di sopravvivenza e una forma di gestione del rischio, senza la quale gli esseri umani, così come molte specie di vita animale, perirebbero presto. La reciprocità è al centro della cooperazione tra persone non correlate tra loro ed è parte

integrante della crescita economica e della creazione di ricchezza: senza di essa non ci sarebbe alcuna economia globale! Questo è il vantaggio della reciprocità.

Ma la reciprocità porta con sé anche il suo lato oscuro: la ritorsione. La vendetta genera contro-vendetta finché non scoppia una guerra su vasta scala. Gesù predicò che dovremmo spezzare questo ciclo porgendo l'altra guancia, anche se questo si rivela difficile poiché la reciprocità aiuta anche quando la posta in gioco è molto meno alta.

Anni fa fummo invitati da una coppia che avevamo conosciuto solo casualmente; erano abbastanza carini ma lungi dall'essere divertenti. Sfortunatamente, andò esattamente come immaginato: la loro cena fu più che noiosa; tuttavia ci siamo sentiti obbligati a invitarli nuovamente diversi mesi dopo per reciprocità; solo settimane dopo arrivò un altro loro invito...mi chiedo spesso quante altre cene hanno resistito per mantenere la reciprocità?

Similmente a quando ti avvicini al supermercato, il mio miglior consiglio sarebbe di rifiutare la loro offerta di vino, formaggio o olive a meno che tu non voglia riempire il tuo frigorifero di cose che non ti piacciono nemmeno.

Vedi anche Inquadratura (cap. 42); Tendenza alla super-risposta all'incentivo (cap. 18); Liking Bias (cap. 22) e Motivation Crowding (cap. 56) per saperne di più.

ATTENZIONE AL "CASO SPECIALE"

AL MOMENTO DELLA CRESIMA ATTENZIONE! (Parte 1).

Gil è a dieta per perdere peso. Ogni mattina sale sulla bilancia, controlla i progressi rispetto al piano selezionato e celebra ogni perdita o guadagno come prova che sta funzionando o lo considera normali fluttuazioni. Per mesi di seguito, tuttavia, il suo peso rimane stabile mentre Gil vive nell'illusione che la dieta funzioni nonostante in realtà non faccia nulla: un esempio di pregiudizio di conferma in gioco nella sua forma innocua.

Il bias di conferma è al centro della maggior parte delle idee sbagliate. Si riferisce alla nostra tendenza a interpretare le nuove informazioni in modo che si adattino alle teorie, alle credenze e alle convinzioni esistenti, filtrando efficacemente qualsiasi prova che contraddica le opinioni esistenti (nota come prova disconfermante) che potrebbe metterle in discussione (di cui Aldous Huxley scrisse notoriamente come "I fatti non fanno non cessa di esistere se ignorato") ma questa pericolosa tendenza persiste tra gli esseri umani - il super-investitore Warren Buffett lo spiega meglio: "Gli esseri umani eccellono nell'interpretare tutte le nuove informazioni in modo che le loro conclusioni precedenti rimangano intatte"

Il pregiudizio della conferma è vivo e vegeto nel mondo degli affari oggi. Ad esempio, consideriamo questo: un team esecutivo decide una nuova strategia, apprezzando ogni segno che potrebbe funzionare bene – mentre qualsiasi indicazione che indichi il contrario rimane invisibile o viene rapidamente respinta come eccezioni o casi speciali – fino a quando le prove disconfermanti diventano del tutto invisibili a loro.

Cosa sai fare? Diffidare quando emerge la parola "eccezione"; spesso questo indica che sono presenti prove smentite. Prendete spunto da Charles Darwin: fin dalla prima giovinezza si impegnò sistematicamente a contrastare il pregiudizio di conferma prendendo molto sul serio tutte le osservazioni che erano in conflitto con la sua teoria, registrandole immediatamente non appena apparivano - ben sapendo quanto facilmente il nostro cervello "dimentica" " smentire le prove dopo che è trascorso un po' di tempo - prendendo nota di ogni contraddizione non appena la vedeva apparire e ricercando attivamente le contraddizioni in base alla sua valutazione della sua correttezza - tanto più quanto più guardava attivamente e guardava fuori.

Questo esperimento evidenzia quanto possa essere difficile mettere in discussione le nostre stesse teorie. Un professore ha presentato ai suoi studenti la sequenza numerica 2-4-6. Gli studenti sono stati sfidati dal loro professore a determinare la regola sottostante scritta su un foglio di carta fornendo numeri in sequenza che si adattavano alla regola o no, con risposte del tipo "si adatta alla regola" o "non si adatta alla regola" da parte sua . Mentre gli studenti potevano indovinare numerosi numeri a caso, da 8 a 14, ad esempio (la maggior parte ha suggerito 8 e ha ricevuto la risposta: "Rispetta la regola". Per essere sicuri hanno provato con 10, 12 e 14 e ogni volta il professore gli diceva che erano adatti). Molti conclusero: "La regola è aggiungere due a ogni numero"; solo per vedere il Professore in disaccordo con loro dicendo che questa non è in realtà la regola;

Uno studente esperto ha provato un approccio non convenzionale. Ha testato il numero -2, al quale il suo professore ha risposto dicendo che non corrispondeva alla regola, prima di suggerire che sette si avvicinasse di più rispetto al suo predecessore -2. Quando ciò si rivelò infruttuoso, lo studente sperimentò ulteriormente provando -24, 9, 43... Quando non riuscì a trovare altri controesempi affermò: "La regola è: ogni numero successivo deve superare il suo predecessore". Girando il suo foglio di carta rivelò proprio questa regola!

Cosa distingueva lo studente intraprendente dai suoi coetanei? Mentre la maggior parte degli studenti cercava solo di confermare le proprie teorie, lui cercava attivamente prove che le smentissero. Potresti pensare: "Buono per lui ma non un grosso problema per gli altri". Tuttavia, cadere preda del pregiudizio di conferma non è un reato intellettuale da poco: come rivelato nei capitoli successivi, può influenzare drasticamente la nostra vita quotidiana.

Vedi anche: mes disponibilite Bias (cap. 11); L'effetto positivo (cap. 95); Coincidenza (cap. 24); Effetto Forer (cap. 64) e Illusione di attenzione (cap. 88).

UCCIDERE I VOSTRI CARI

Bias di conferma, parte 2

Nel nostro capitolo precedente abbiamo esplorato uno degli errori principali: il bias di conferma. Gli esseri umani devono formarsi convinzioni sulla vita, sull'economia, sugli investimenti, sulla carriera e molto altro – dalla nostra visione del mondo, alla politica, all'economia, all'arte – che devono poi essere supportate da prove a sostegno di questi presupposti. Sia che si viva credendo che le persone siano intrinsecamente buone o cattive, si troveranno prove a sostegno di entrambe le visioni. Allo stesso modo, filantropi e misantropi filtrano le prove smentitrici favorendo coloro che sostengono la rispettiva visione del mondo, dando priorità a coloro che rafforzano le loro opinioni con i benefattori o i dittatori che le promuovono.

Astrologi ed economisti operano con strategie simili: fare previsioni così vaghe che qualsiasi evento potrebbe confermarle: "nelle prossime settimane proverai tristezza" o "la pressione a medio termine sul dollaro aumenterà" sono entrambe abbastanza vaghe da poter sopportare qualsiasi evento. queste previsioni; misure di deprezzamento contro oro, yen, pesos, grano, prezzi degli immobili residenziali a Manhattan Manhattan, prezzi hotdog di Manhattan

La religione e le credenze filosofiche fungono da terreno fertile per lo sviluppo del pregiudizio di conferma. Qui, nella sua morbida spugnosità, prospera selvaggio e libero - ad esempio, i fedeli trovano sempre prove dell'esistenza di Dio anche se Egli raramente si mostra apertamente - tranne che tra gli analfabeti che vivono in remoti villaggi di montagna; senza mai mostrarsi al pubblico di massa come Francoforte o New York. Le controargomentazioni contro la sua esistenza vengono respinte apertamente dai credenti, dimostrando quanto sia realmente forte questa forza.

I giornalisti economici possono essere particolarmente suscettibili al bias di conferma. Quando creano teorie, i giornalisti economici spesso forniscono spiegazioni facili con poche "prove" a sostegno e poi procedono rapidamente con la scrittura della loro storia - ad esempio: Google ha così tanto successo perché la sua cultura promuove la creatività. Una volta che questa idea è stata messa per iscritto, i giornalisti di solito confermano questa affermazione con esempi di altre aziende prospere che coltivano la creatività mentre raramente cercano prove disconfermanti come aziende in difficoltà con un'enfasi sulla creatività o aziende fiorenti prive di qualsiasi creatività – entrambi i gruppi farebbero grandi cose. storie!
I giornalisti tendono a trascurare più membri di un clan; qualsiasi tentativo da parte loro di evidenziarne solo uno potrebbe far deragliare l'intera trama del loro articolo.

I libri di auto-aiuto e per arricchirsi velocemente sono un altro esempio di narrazione unilaterale. I loro autori esperti accumulano prove a sostegno anche di teorie apparentemente ridicole, come "la meditazione è la chiave della felicità". Qualsiasi lettore alla ricerca di prove che smentiscano non troverebbe alcuna prova del genere qui: da nessuna parte ci sono esempi di persone che conducono vite soddisfatte senza meditazione o di persone che nonostante la praticano provano ancora tristezza.

I siti Internet forniscono un terreno particolarmente fertile per i bias di conferma. Quando navighiamo su siti di notizie e blog per rimanere informati, spesso finiamo per selezionare pagine che rafforzano i nostri valori esistenti, siano essi liberali, conservatori o una via di mezzo. Inoltre, molti siti Web ora adattano i contenuti specificamente agli interessi individuali o alla cronologia di navigazione, rendendo le opinioni nuove o diverse sgradite del tutto e conducendoci lungo percorsi che riaffermano le convinzioni esistenti circondandoci di comunità che la pensano allo stesso modo che rafforzano quelle stesse convinzioni, rafforzando ulteriormente i pregiudizi di conferma. e rafforzare le nostre convinzioni rafforzandole ulteriormente rafforzandole ulteriormente e rafforzando ulteriormente le convinzioni che rafforzano il bias di conferma.

Arthur Quiller-Couch aveva un mantra duraturo: "Uccidi i tuoi cari". Questo consiglio agli scrittori che lottano per tagliare frasi preziose ma ridondanti ha avuto ampia risonanza oltre i critici letterari e gli hacker; il suo consiglio risuona con tutti noi che soffriamo di pregiudizi di conferma. Per combatterlo, prova a scrivere tutte le tue convinzioni – visione del mondo, investimenti, matrimonio, assistenza sanitaria, dieta o strategie di carriera – e inizia a cercare prove disconfermanti contro ciascuna di esse. Tagliare le convinzioni che sentiamo come vecchie amiche è un lavoro difficile ma di vitale importanza!

Vedi anche: Illusione dell'introspezione (cap. 67); Effetto salienza (cap. 83); Dissonanza Cognitiva (cap. 50); Forer Effect (cap. 64) e News Illusion (cap. 99) per maggiori dettagli.

PRENDERE ATTO DELLE PAROLE DELLE AUTORITÀ

In Genesi 1, Dio ci dice cosa succede se disobbediamo a una delle sue figure autoritarie: l'espulsione dal paradiso. Sfortunatamente, anche figure meno divine (esperti politici, scienziati, medici, amministratori delegati, economisti, capi di governo, commentatori sportivi e guru del mercato azionario) vorrebbero farci credere questo.

Lo psicologo Stanley Milgram ha condotto un esperimento che ha illustrato vividamente il pregiudizio dell'autorità. Ai suoi soggetti è stato chiesto di somministrare scosse elettriche crescenti a un individuo seduto dietro una lastra di vetro. Cominciando con 15 volt, è stato chiesto loro di aumentare gradualmente fino a 30 V, 45 V e infine alla dose massima di 450 V - sebbene in realtà non scorresse corrente elettrica - Milgram ha usato un attore come sua vittima; sfortunatamente coloro che somministravano gli shock non ne erano consapevoli. I risultati furono scioccanti: quando la persona nell'altra stanza gemeva di dolore e il soggetto che somministrava lo shock voleva smettere, il professore lo incoraggiava a continuare perché "questo esperimento dipende da questo". La maggior parte delle elettrocuzioni continuate; oltre la metà è andata alla massima tensione per pura obbedienza.

Negli ultimi dieci anni, anche le compagnie aeree sono diventate consapevoli dei pericoli associati ai pregiudizi legati all'autorità. In passato, i capitani regnavano supremi; i loro comandi non avrebbero mai potuto essere contestati e qualsiasi copilota che sospettasse una svista probabilmente non avrebbe mai osato parlarne.
Da quando è stato scoperto questo comportamento, quasi tutte le compagnie aeree hanno implementato il Crew Resource Management (CRM). CRM istruisce i piloti e i loro equipaggi a discutere eventuali prenotazioni in modo aperto e rapido; in altre parole: pregiudizio dell'autorità di deprogrammazione. Negli ultimi decenni il CRM ha contribuito più alla sicurezza del volo che al progresso tecnico.

Molte aziende mancano di lungimiranza. Sono particolarmente a rischio le aziende con amministratori delegati dominanti, dove i dipendenti possono tenere per sé le loro opinioni meno favorevoli, probabilmente a scapito dell'azienda nel suo insieme.

Le autorità cercano riconoscimento e trovano sempre nuovi modi per consolidare il proprio status. Medici e ricercatori spesso indossano camici bianchi. I direttori di banca indossano giacca e cravatta; i direttori delle banche indossano cravatte mentre i re che indossano la corona usano i distintivi di grado dell'esercito; anche i membri delle forze armate spesso sfoggiano distintivi di grado! Oggi più simboli e oggetti di scena vengono utilizzati come indicatori di competenza come apparizioni in talk show o copertine di riviste, tour di libri o voci di Wikipedia; con l'autorità che si evolve proprio come fa la moda e la società se ne accorge di conseguenza.

Conclusione: prima di prendere qualsiasi decisione importante, pensa sempre attentamente a quali autorità potrebbero esercitare un'influenza di grande impatto sul tuo processo di ragionamento e fai del tuo meglio per sfidare chi detiene il potere, se necessario.

Vedi anche: Twaddle Tendency (cap. 57); Conoscenza dell'autista (cap. 16); Illusione previsionale (cap. 40); Illusione dell'abilità (cap.94)

Robert Cialdini racconta nel suo libro Influence la storia di due fratelli di nome Sid e Harry che gestivano un negozio di abbigliamento nell'America degli anni '30; Sid era responsabile delle vendite mentre Harry era a capo dei servizi di sartoria. Sid diventava duro d'orecchi ogni volta che i clienti che stavano davanti al suo specchio erano straordinariamente soddisfatti dei loro abiti, spingendolo a chiedere a Harry: "Harry, quanto costa questo abito?" Harry allora alzava lo sguardo dal tavolo da taglio e rispondeva velocemente gridando che questo bellissimo abito di cotone costava 42 dollari. Sid si comportava in modo confuso e faceva finta di non aver capito. Harry esclamava: "Quarantadue dollari!" Sid poi si voltò e riferì: "Dice 22 dollari". A questo punto, il suo cliente avrebbe messo rapidamente i soldi sul tavolo prima di andarsene rapidamente con il vestito prima che il povero Sid si rendesse conto del suo errore.

Conosci questo esperimento dei tempi della scuola? : Riempi due secchi, uno con acqua tiepida e l'altro con acqua ghiacciata, quindi immergi la mano destra in ciascuno per un minuto. Scambia le mani e immergile entrambe nell'acqua tiepida contemporaneamente: cosa hai notato? La mano destra lo trova caldo mentre la mano sinistra lo trova freddo!

Queste storie illustrano l'effetto di contrasto: quando ci viene presentato qualcosa di brutto, economico o piccolo tendiamo a giudicarlo più bello o costoso; al contrario troviamo difficile il giudizio assoluto.

L'effetto di contrasto è un'illusione diffusa: quando acquisti sedili in pelle per la tua nuova auto, rispetto al prezzo di 60.000 dollari, 3.000 dollari sembrano irrilevanti rispetto al costo complessivo. Tutti i settori che offrono opzioni di aggiornamento sfruttano questa percezione fuorviante per attirare i consumatori e vendere aggiornamenti.

L'effetto di contrasto può svolgere un ruolo vitale anche altrove: gli esperimenti dimostrano che le persone camminerebbero dieci minuti in più se risparmierebbero 10 dollari sul cibo, ma non prenderebbero mai in considerazione l'idea di tornare indietro per aver risparmiato 10 dollari su un abito costoso; una mossa irrazionale poiché 10 minuti equivalgono a 10 dollari a prescindere. Pertanto, il cammino indietro dovrebbe sempre essere intrapreso o semplicemente non avvenire affatto.

Senza l'effetto di contrasto, le attività di discount cesserebbero del tutto di esistere. Esiste una posizione insostenibile quando i prezzi dei prodotti scendono da $ 100 a $ 70 in un istante; il prezzo di partenza non dovrebbe avere alcun ruolo qui. Un investitore una volta mi disse che un titolo aveva un grande valore perché era sceso del 50% al di sotto del prezzo di picco; Ho risposto a tono scuotendo la testa: i prezzi delle azioni non hanno mai punti bassi o alti, tutto ciò che conta è se si muovono verso l'alto o verso il basso da lì in poi.

Se incontriamo contrasti, il nostro cervello risponde proprio come gli uccelli a uno sparo: svolazziamo e ci muoviamo rapidamente. Purtroppo, però, la nostra tendenza è quella di non riconoscere i cambiamenti graduali man mano che si verificano: un illusionista potrebbe far svanire il tuo orologio senza che tu te ne accorga, perché quando viene premuto contro una parte del tuo corpo premendo contro un'altra parte non ti accorgi quando il suo tocco più leggero sul tuo polso rimuovi il tuo orologio Rolex; allo stesso modo non osserviamo come il nostro denaro scompare a causa dell'inflazione che lentamente gli toglie valore, mentre imposte come tasse (che in sostanza lo sono) reagiremmo molto più fortemente contro tali tasse (che in realtà equivalgono).

Il contrasto è una forza pericolosa: una bella donna sposa un uomo più mediocre; ma, poiché i suoi genitori erano individui poco raccomandabili, le sembra una figura straordinaria.

Un ultimo pensiero: con tutte le pubblicità che presentano top model, ora consideriamo le persone belle solo moderatamente desiderabili. Quando cerchi l'amore, non uscire mai con amiche top model perché le persone ti percepiranno meno attraente di quanto sei in realtà se vai da sola o porti con te due amiche brutte.

Vedi anche: Pregiudizio disponibilità (cap. 11); Effetto dotazione (cap. 23); Effetto alone (cap. 38); Bias del confronto sociale (cap. 72); Regressione alla media (cap. 19); Errore di scarsità (cap. 27); Inquadratura (cap. 42)

Dire qualcosa del tipo: "Il fumo non è poi così dannoso se mio nonno è riuscito a sopravvivere fumando tre pacchetti al giorno e vivendo fino a superare i 100 anni" oppure: "Manhattan è davvero sicura; il mio amico vive proprio nel Village senza chiudere a chiave la porta" anche durante le vacanze: il suo appartamento non è mai stato scassinato!" possono essere usati per provare a dimostrare un punto, ma in realtà non dimostrano nulla; così facendo soccombiamo al pregiudizio della disponibilità.

Ci sono più parole inglesi che iniziano con K, o più con essa come terza lettera? Risposta: più del doppio delle parole inglesi che presentano la K in terza posizione rispetto a quelle che iniziano con essa; anche se molti ritengono che questi ultimi siano più numerosi. Le persone credono erroneamente il contrario perché è più probabile che ricordino le parole che iniziano con una K più rapidamente; quindi questi sono più facili per la nostra memoria.

Il bias della disponibilità afferma: la nostra mente tende a creare un'immagine della realtà sulla base di esempi che troviamo più facilmente nella nostra memoria, anche se questi eventi in realtà non accadono più frequentemente perché possono essere facilmente immaginati.

A causa della distorsione della disponibilità, spesso affrontiamo la vita con in mente una mappa del rischio imprecisa. A causa di questo pregiudizio, tendiamo a sopravvalutare i rischi di incidenti aerei, incidenti stradali o omicidi, sottovalutando invece quelli derivanti da cause meno spettacolari come il diabete o il cancro allo stomaco. Gli attacchi bomba sono meno frequenti di quanto crediamo, mentre i tassi di depressione possono essere molto più alti: questo pregiudizio ci porta a dare troppo peso ai risultati spettacolari mentre declassiamo quelli silenziosi o invisibili più facilmente di quanto dovremmo; il nostro cervello preferisce risultati appariscenti più facilmente di quelli banali: questo ci porta a pensare in modo drammatico piuttosto che quantitativo!

Spesso i medici soccombono al pregiudizio della disponibilità: usano i loro trattamenti abituali in tutti i casi possibili, anche se potrebbero esisterne di più adatti ma rimanere nascosti nella loro banca della memoria. Anche i consulenti spesso cadono preda di questo fenomeno: invece di liquidare un caso del tutto sconosciuto dicendo: "Non lo so davvero", fanno del loro meglio per non agire basandosi sull'intuizione ma invece di agire.
Invece di scoprire esattamente cosa dovrebbero dirti, le persone spesso ricorrono a uno dei loro approcci collaudati, non importa se sia l'ideale o meno.

La ripetizione può creare un'impronta a lungo termine nella nostra mente; qualcosa che viene ripetuto abbastanza spesso diventa parte della coscienza collettiva, anche se il suo contenuto è falso; basta chiedere ai leader nazisti quanto spesso hanno ripetuto "La questione ebraica", prima che la gente iniziasse a credere che fosse una questione importante!

Tutto ciò che serve per iniziare a credere in questi concetti è pronunciare le parole UFO, energia vitale o karma abbastanza volte prima che le persone se ne accorgano e ci credano!

Il bias di disponibilità è diventato una caratteristica ben consolidata nei consigli di amministrazione di tutto il mondo. I membri del consiglio tendono a concentrare le loro discussioni su ciò che il management ha presentato – solitamente cifre trimestrali – invece di affrontare questioni più importanti, come mosse della concorrenza, problemi di motivazione dei dipendenti o cambiamenti nel comportamento dei clienti che potrebbero avere un impatto diretto su di loro. Non tendono a discutere di cose fuori dall'ordine del giorno. Le persone tendono a privilegiare informazioni facilmente accessibili – siano essi dati economici o ricette – quando prendono decisioni; fare le proprie scelte su questa base piuttosto che su dati più pertinenti ma di più difficile accesso potrebbe rivelarsi disastroso per le loro decisioni. Esempio: sappiamo da 10 anni che la cosiddetta formula di Black-Scholes per la determinazione del prezzo dei prodotti finanziari derivati non funziona, tuttavia, a causa della mancanza di soluzioni praticabili, continuiamo a utilizzare uno strumento inappropriato. Sarebbe come trovarsi in una città sconosciuta senza una mappa, ma poi trovarne una da qualche parte e usarla invece - preferendo informazioni errate a nessuna informazione - portando così le banche a sostenere perdite miliardarie a causa della distorsione della disponibilità.

Frank Sinatra cantava in modo famoso: "Oh, il mio cuore batte all'impazzata/Tutto a causa tua/Quando non sono vicino alla persona che amo/La amo ancora." Questo è un esempio di pregiudizio della disponibilità: per combatterlo efficacemente abbiamo bisogno del input da altri con esperienze e competenze diverse dalle nostre per superarne gli effetti.
Vedi anche Avversione all'ambiguità (cap. 80); Illusione di attenzione (cap. 88); Bias associativo (cap. 48); Effetto positivo (cap. 95); Bias di conferma (cap. 7-8); Effetto Contrasto (cap. 10); Negligenza della probabilità (cap. 26) per ulteriori informazioni su questo argomento.

PERCHÉ "NO PAIN, NO GAIN" DOVREBBE SUONARE UN CAMPANELLO D'ALLARME

L'errore "Diventerà peggio prima di migliorare"

Una volta, mentre ero in vacanza in Corsica, mi ammalai. I sintomi non erano familiari e il dolore aumentava di giorno in giorno. Quindi ho cercato assistenza medica in una clinica vicina. Un giovane medico iniziò a esaminarmi attentamente, toccandomi lo stomaco, afferrando saldamente spalle e ginocchia e colpendo ogni vertebra per segni di problemi. Il suo esame mi sembrò strano ma perseverai finché non uscì sul suo taccuino con scritto antibiotici: 'Prendi una compressa tre volte al giorno finché i sintomi non scompaiono. Prendi gli antibiotici fino a quando i sintomi non migliorano prima di considerare i farmaci come trattamento!' Una volta finito, sono tornato nella mia camera d'albergo con la prescrizione.

Il dolore è peggiorato nei tre giorni successivi, proprio come previsto dal mio medico. Anche se doveva sapere cosa c'era di sbagliato in me, quando il dolore non diminuiva dopo tre giorni lo chiamai di nuovo per chiedergli cosa fare e mi consigliò di aumentare il dosaggio a cinque volte al giorno perché "potrebbe far male per ancora per un po'". Dopo altri due giorni dolorosi ho deciso di chiamare un'aeroambulanza internazionale dove il medico svizzero mi ha subito diagnosticato un'appendicite prima di operarmi immediatamente, chiedendomi poi: "perché hai aspettato così a lungo?".

"Tutto è andato esattamente secondo quanto previsto dal medico, quindi mi sono fidato del suo consiglio."

"Oh no! Sei caduto nell'errore secondo cui le cose non faranno altro che peggiorare prima di migliorare." Probabilmente il tuo medico corso non ne era a conoscenza; probabilmente è solo un'altra trappola per turisti durante l'alta stagione.'

Prendiamo un altro esempio: un CEO si ritrova frustrato, con le vendite nel cesso, i venditori non motivati e le campagne di marketing che svaniscono completamente. In preda alla disperazione, assume un consulente a $ 5.000 al giorno la cui valutazione include risultati che includono la mancanza di visione del tuo reparto vendite e il posizionamento del tuo marchio non chiaramente - posso risolvere entrambi per te ma potrebbe volerci più tempo prima che si verifichino miglioramenti - molto probabilmente le vendite diminuiranno ulteriormente prima che le cose migliorino' Il CEO assume questo consulente; un anno dopo le vendite diminuiscono ancora una volta prima che si verifichi un progresso, come sottolineato da questo consulente; più volte durante queste consultazioni sottolineano

quanto il progresso sia strettamente connesso con il progresso dell'azienda misurato rispetto ai risultati delle analisi rese disponibili oggi da quest'uomo la cui analisi.
Mentre le vendite continuano la loro spirale discendente nel terzo anno, l'amministratore delegato decide di licenziare il consulente.

L'errore "Diventerà peggio prima che migliori" è semplicemente una scusa, un esempio di bias di conferma. Se il problema continua a peggiorare come previsto, il bias di conferma si conferma mentre se si verifica inaspettatamente un miglioramento inaspettato, il cliente è soddisfatto e l'esperto può prendersi il merito delle sue competenze; in ogni caso vince.

Immagina di essere il presidente di un paese, senza il know-how per gestirlo in modo efficace. Quale sarebbe la tua prima mossa? Magari prevedendo "anni difficili", chiedendo ai cittadini di stringere la cinghia e promettendo miglioramenti dopo questa delicata fase di "pulizia", "depurazione" e "ristrutturazione", lasciando aperta la questione di quanto lungo e duro potrà durare questo periodo?

Il Cristianesimo rappresenta la testimonianza ultima dell'efficacia di questa strategia: i suoi credenti credono che prima di sperimentare il paradiso in Terra, il mondo debba prima essere distrutto attraverso disastri come inondazioni, incendi e morti - tutti questi fanno parte del piano più grande di Dio - qualsiasi peggioramento delle condizioni come un'indicazione che la loro profezia si è avverata; eventuali miglioramenti visti come una benedizione di Dio.

Conclusione: quando qualcuno dice: "La situazione peggiorerà prima di migliorare", dovrebbe far scattare un campanello d'allarme. Attenzione però: esistono situazioni in cui le cose prima peggiorano per poi migliorare nel tempo; ad esempio, un cambiamento di carriera spesso comporta la perdita della retribuzione, mentre anche la ristrutturazione di un'impresa può richiedere tempo. Ma in tutti questi casi possiamo vedere in tempi relativamente brevi se le misure adottate funzionano; le tappe fondamentali forniscono indicatori chiari. Concentrati invece su questi invece di cercare sollievo attraverso soluzioni magiche.

Vedi anche Bias d'Azione (cap. 43); Fallacia dei costi irrecuperabili (cap. 5); Regressione alla media (cap. 19) per ulteriori spiegazioni.

La vita può essere confusa. Considera un marziano invisibile che ti segue in giro con un taccuino altrettanto invisibile per documentare tutto ciò che fai, pensi e sogni. La tua vita sarebbe questa: 'Ho bevuto il caffè con due zuccheri'; "Ho schiacciato una puntina da disegno e ho imprecato come un marinaio", "ho sognato di baciare il mio vicino", "ho prenotato una vacanza alle Maldive ma ora ho quasi finito i soldi", o "ho trovato dei capelli che mi spuntavano da sotto l'orecchio - li ho strappati immediatamente". Queste sarebbero tutte voci nel tuo diario che raccontano ciò che accade ogni giorno: le voci continuerebbero ad arrivare. Le persone si divertono a intrecciare i pezzi della loro vita in un racconto coerente, formando storie da dettagli sparsi che chiamiamo rispettivamente significato e identità. Max Frisch, uno stimato romanziere svizzero, una volta osservò: 'Proviamo le storie come se fossero vestiti.

Come esseri umani, usiamo la narrativa per dare un senso alla storia globale, condensando eventi disparati in una trama coerente. Attraverso questa lente arriviamo a comprendere alcune questioni; ad esempio il motivo per cui il Trattato di Versailles ha contribuito alla Seconda Guerra Mondiale o perché la politica monetaria allentata di Alan Greenspan ha causato il collasso di Lehman Brothers. Le comprensioni possono variare; qui ci riferiamo alle comprensioni come comprensione, ma queste cose non possono essere comprese nel loro stato originale: creiamo significato da loro in seguito. Le storie sono entità altamente soggettive. Spesso distorcono la realtà e filtrano tutto ciò che non va bene, ma senza di loro siamo impotenti. Perché questo non è ancora chiaro. Ciò che sappiamo per certo è che gli esseri umani hanno utilizzato le storie per spiegare il mondo prima di diventare scientifici; rendendo così la mitologia più antica della filosofia e dando origine a pregiudizi nella storia.

I pregiudizi sulle storie dilagano nei resoconti dei media. Per fare un esempio: quando un'auto passa su un ponte e all'improvviso crolla, cosa leggiamo il giorno dopo? Una storia sul suo sfortunato autista; da dove venivano e dove erano diretti; leggiamo la sua biografia (nato da qualche parte, cresciuto altrove, guadagnandosi da vivere altrove); se sopravvive e può rilasciare interviste, otterremo dettagli su cosa ha provato esattamente quando il ponte è crollato - ma nessuno di questi racconti ne spiega la causa - saltateli tutti
Bisogna considerare anche il ponte stesso: dov'era il suo punto debole, se la stanchezza lo ha causato e se ci sono stati danni; è stato utilizzato un design appropriato e c'erano ponti simili simili a questo. Sebbene tutte queste domande siano valide, le loro risposte non creano storie avvincenti; preferiamo le storie ai dettagli astratti. Pertanto, le storie secondarie divertenti hanno la priorità rispetto ai fatti rilevanti (il che, dal lato positivo, significherebbe che leggeremmo solo libri di saggistica!)

Ecco due racconti del romanziere inglese E. M. Forster da prendere in considerazione; quale ricorderesti meglio? A) "Il re morì e la regina morì di dolore." B) "Il re morì e la regina morì di dolore." La maggior parte probabilmente ricorderà più facilmente la storia B poiché le sue due morti non si verificano solo in successione ma sono legate emotivamente; A è più concreto mentre B ha un significato più profondo: la teoria dell'informazione suggerisce che dovremmo ricordare A più facilmente perché è più breve, ma il nostro cervello non funziona in questo modo!

Anche gli inserzionisti hanno imparato a sfruttare questo fatto, creando narrazioni avvincenti sui prodotti piuttosto che solo sui loro vantaggi. Google ha illustrato perfettamente questa tecnica nello spot pubblicitario del Super Bowl del 2010 intitolato "Google Parisian Love" su YouTube: dai un'occhiata tu stesso qui.

Ridurre la realtà in storie dotate di significato distorce la realtà e influenza le nostre decisioni; per correggere questa distorsione esiste un rimedio. Scegli queste narrazioni. Chiediti: cosa stanno cercando di nascondere? Visita una biblioteca e trascorri mezza giornata leggendo vecchi giornali; vedrai che gli eventi che ora appaiono collegati non lo erano in quel momento; prova inoltre a vedere la storia della tua vita fuori contesto: fruga tra vecchi diari e appunti per scoprire che la vita non ha seguito un percorso rettilineo che porta direttamente al presente; si è trattato invece di una serie di esperienze ed eventi non pianificati e imprevedibili – qualcosa che esploreremo ulteriormente nel capitolo 5.

Appena senti un racconto, considera da chi viene e quali sono le sue intenzioni; ciò che non è stato detto; quali dettagli potrebbero essere stati tralasciati che potrebbero essere ancora più pertinenti di quanto presentato, ad esempio quando si parla di crisi finanziarie o di guerra. Un problema con le storie: ci danno un falso senso di sicurezza.
La comprensione ci spinge inevitabilmente a correre rischi maggiori e ad avanzare con cautela attraverso acque inesplorate.

Vedi Falsa causalità (cap.37); "Perché" Giustificazione (cap.52); Personificazione (cap.87); Bias del senno di poi (cap. 14); Errore fondamentale di attribuzione (cap. 36); Errore di congiunzione (cap. 41); Falsificazione della Storia (cap.78); Cherry Picking (cap. 96) e News Illusion (cap. 99) come ulteriori questioni da considerare.

Bias del senno di poi Recentemente mi sono imbattuto nei diari del mio prozio. Nel 1932 si trasferì da un villaggio svizzero a Parigi in cerca di opportunità cinematografiche e fece questo articolo appena due mesi dopo l'invasione della Francia: "Tutti credono che le forze tedesche se ne andranno entro dicembre, con l'Inghilterra che cadrà subito dopo; allora la nostra vita a Parigi potrà finalmente riprendere sotto la Germania». Purtroppo questa occupazione durò quattro anni.

I libri di storia di oggi presentano l'occupazione tedesca della Francia come parte di una strategia militare organizzata; quindi sembra probabile in retrospettiva. Sfortunatamente, siamo caduti preda del pregiudizio del senno di poi.

Consideriamo ora questo esempio del 2007: gli esperti economici prevedevano prospettive brillanti per gli anni successivi, ma nel giro di un anno i mercati finanziari sono implosi. Quando i giornalisti hanno chiesto di spiegare questa crisi, gli esperti ne hanno elencato le cause: l'espansione monetaria di Greenspan; standard permissivi di convalida dei mutui; agenzie di rating corrotte; bassi requisiti patrimoniali e così via: col senno di poi queste spiegazioni sembrano sempre più ovvie.

Il pregiudizio del senno di poi è uno degli errori più pervasivi. Potremmo chiamarlo fenomeno del "te l'avevo detto": quando si guarda indietro tutto diventa evidente e prevedibile. Se un CEO raggiunge il successo grazie al duro lavoro e alla pura fortuna, la sua percezione della probabilità è spesso molto più alta di quanto non fosse in realtà. Dopo la trionfale vittoria elettorale di Ronald Reagan su Jimmy Carter nel 1980, i commentatori predissero la sua nomina nonostante la sua vicinanza fino a pochi giorni prima del giorno della votazione finale. I giornalisti economici di oggi sembrano convinti del futuro dominio di Google, anche se tali previsioni avrebbero fatto ridere se fossero state fatte nel 1998. Un fatto sorprendente: oggi sembra incredibilmente plausibile che un colpo sparato a Sarajevo nel 1914 avrebbe portato a 30 anni di conflitto e costò 50 milioni di vite – qualcosa che viene insegnato a ogni bambino in età scolare – ma allora nessuno si sarebbe sognato. L'escalation sarebbe sembrata troppo assurda.

Cosa rende il pregiudizio del senno di poi così pericoloso? Semplicemente, ci porta a credere che siamo predittori migliori di quanto non siamo in realtà e provoca un'arrogante fiducia eccessiva nelle nostre conoscenze, portandoci a correre troppi rischi con questioni globali così come con quelle locali: "Hai sentito? Sylvia e Chris si sono separati. Andava sempre storto dal momento che avevano personalità così diverse - o semplicemente così simili - o forse passavano troppo tempo insieme o si vedevano a malapena".

Superare i pregiudizi del senno di poi può essere difficile. Gli studi hanno dimostrato che anche le persone consapevoli di ciò spesso ci cascano, quindi mi rammarico sinceramente di averti fatto perdere tempo leggendo questo capitolo.

Se sei arrivato fin qui, ti offro un ultimo consiglio basato sull'esperienza personale piuttosto che professionale: tieni un diario. Registra eventuali previsioni relative a cambiamenti politici, sviluppo della tua carriera, problemi di peso o mercati azionari. Dopo che è trascorso un po' di tempo, rivedere queste previsioni con gli sviluppi effettivi per valutare eventuali discrepanze. Lasciati sorprendere da quanto siano pessime le tue capacità di previsione! Non limitarti a leggere nemmeno i libri di testo di storia: non fare affidamento esclusivamente su teorie retrospettive provenienti da retrospettiva! Diari, storie orali e documenti storici di quel periodo offrono informazioni preziose che sfuggono anche agli esperti! Coloro che non possono fare a meno delle notizie dovrebbero leggere i giornali di cinque, dieci o vent'anni fa: questo fornirà un senso ancora più profondo di quanto possa essere imprevedibile il nostro mondo. Guardare indietro può fornire un conforto temporaneo; ma per rivelazioni più profonde su come funziona tutto, trarremo maggiori benefici guardando avanti.

Vedi anche: Fallacia della causa unica (cap. 97); Falsificazione della Storia (cap. 78); Bias della storia (cap. 13); Illusione previsionale (cap. 40); Outcome Bias (cap. 20) e Self-Serving Bias (cap. 45) come prospettive aggiuntive da considerare quando si sopravvalutano conoscenze e abilità.

PERCHÉ SOPRASTIMIAMO COSTANTEMENTE LE NOSTRE CONOSCENZE E CAPACITÀ?

Johann Sebastian Bach non fu solo un prodigio a colpo singolo; la sua opera è numerosa e sarà discussa ulteriormente alla fine di questo capitolo. Per ora, ecco un semplice compito per provare a stimare quanti concerti ha composto; scegli un intervallo compreso tra 100 e 500, idealmente con stime accurate del 98% e solo il 2-2% di varianze tra le stime.

Quanto dovremmo avere fiducia nella nostra conoscenza? Gli psicologi Howard Raiffa e Marc Alpert hanno posto la stessa domanda a centinaia di persone intervistate attraverso interviste e focus group. Hanno chiesto ai partecipanti di stimare la produzione totale di ovuli negli Stati Uniti o di stimare il numero di medici e chirurghi elencati nell'elenco delle Pagine Gialle di Boston o di stimare le importazioni di automobili straniere negli Stati Uniti o addirittura di stimare la riscossione dei pedaggi del Canale di Panama in milioni di dollari. Ai soggetti è stato chiesto di selezionare qualsiasi intervallo desiderassero con l'obiettivo di non sbagliare più del 2% delle volte, ma in realtà erano sbagliati del 40%! I ricercatori hanno etichettato questo sorprendente fenomeno come un'eccessiva sicurezza.

L'eccessiva fiducia si applica alle previsioni in termini di performance del mercato azionario su un anno o di profitti su tre anni, nonché alle previsioni basate sulla nostra conoscenza e capacità di previsione. Le persone spesso sottovalutano sia la nostra conoscenza e capacità di previsione, sia la nostra fiducia che le stime individuali siano corrette o errate; piuttosto misura ciò che le persone sanno rispetto a quanto si sentono sicure di fare previsioni. Potrebbe sorprendere qualcuno che gli esperti soffrano ancor più dei profani di un'eccessiva fiducia; quando viene chiesto di prevedere i prezzi del petrolio tra cinque anni, un professore di economia può fornire la sua previsione con maggiore convinzione rispetto al suo omologo; eppure, quando gli è stato chiesto di prevedere i prezzi del petrolio tra cinque anni, con una sicurezza ancora maggiore di quella che la loro controparte avrebbe dato con la sua previsione!

L'eccessiva sicurezza va oltre l'economia: i sondaggi rivelano che l'84% dei francesi si ritiene un amante superiore alla media; senza effetti di eccessiva fiducia, quella cifra avrebbe dovuto essere esattamente del 50%; la mediana statistica significa che il 50% dovrebbe posizionarsi più in alto e il 50% più in basso rispettivamente. Un altro sondaggio mostra che il 93% ritiene di essere amanti superiori alla media, nonostante questo effetto di eccessiva sicurezza. Gli studenti statunitensi intervistati si stimano autisti "sopra la media" e il 68% dei docenti dell'Università del Nebraska si classifica nel 25% dei migliori per capacità di insegnamento. Anche gli imprenditori e coloro che desideravano sposarsi si percepivano come superiori: credevano di poter battere le probabilità. Senza l'esistenza di un'eccessiva fiducia, l'attività imprenditoriale probabilmente diminuirebbe drasticamente; ad esempio, ogni ristoratore spera che il proprio ristorante diventi la prossima struttura con una stella Michelin, ma molti falliscono entro tre anni a causa degli scarsi ritorni sugli investimenti che rimangono costantemente al di sotto dello zero.

Quasi nessun progetto importante viene mai completato in tempo e a costi inferiori rispetto alle previsioni. Esempi degni di nota includono l'Airbus A400M, la Sydney Opera House e il Big Dig di Boston. Per capirne il motivo, due forze entrano in gioco contemporaneamente: l'eccessiva fiducia è un fattore; in secondo luogo, coloro che sono direttamente interessati al progetto sono spesso incentivati a sottostimare i costi: consulenti, appaltatori e fornitori cercano tutti più affari. I costruttori si sentono incoraggiati da cifre ottimistiche mentre i politici ottengono maggiore sostegno attraverso queste attività – discuteremo della falsa rappresentazione strategica (Capitolo 89).

Ciò che rende l'eccessiva fiducia così pervasiva e il suo effetto così preoccupante è la sua inesorabilità: non risponde agli incentivi, essendo un tratto istintivo piuttosto che guidato da incentivi; non è presente nemmeno la sua controparte, la "sottostima". Non c'è da stupirsi per alcuni lettori: l'eccessiva sicurezza di sé degli uomini tende ad essere più evidente, mentre le donne non tendono ad esagerare così tanto le proprie conoscenze e capacità; inoltre gli ottimisti non sono i soli quando si tratta di sopravvalutare se stessi: anche i sedicenti pessimisti continuano a sopravvalutarsi, anche se in modo meno estremo.

Conclusione: ricorda di rimanere consapevole che è facile per noi sopravvalutare le nostre conoscenze. Diffidare delle previsioni degli esperti; in tutti i piani, favorisci lo scenario pessimistico poiché questo ti dà la possibilità di giudicare accuratamente le situazioni in modo più realistico.

Tornando alla nostra domanda in questione: Johann Sebastian Bach ha lasciato 1127 opere che sono sopravvissute fino ad oggi, anche se molte potrebbero essere andate perdute nel tempo. Per approfondimenti vedere: Illusion of Skill (cap. 94); Illusione previsionale (cap. 40) e travisamento strategico.
(Capitolo 89); Tendenza alla super-risposta all'incentivo (cap. 18); Bias egoistico (cap. 45).

NON PRENDERE SUL SERIO GLI ANCORATORI DI NOTIZIE

Dopo aver ricevuto il Premio Nobel per la fisica nel 1918, Max Planck fece un giro di conferenze a livello nazionale attraverso la Germania per presentare le nuove teorie della meccanica quantistica. Dovunque andasse teneva la stessa conferenza. Col tempo, il suo autista prese familiarità con il suo discorso: «Il professor Planck deve trovare monotono ripetersi; lasciamelo fare per te a Monaco? Siediti in prima fila con indosso il mio berretto da autista e indossa il mio berretto da autista perché questo darebbe a entrambi un po' di varietà!' Planck fu entusiasta di questa idea, quindi l'autista tenne una conferenza serale sulla meccanica quantistica davanti a un pubblico d'élite. Quando uno dei professori di fisica di Monaco si presentò con una domanda per lui, il suo autista rimase sorpreso: "Non mi sarei mai aspettato che qualcuno da una città così avanzata come Monaco ponesse una domanda così semplice!" Il mio autista sarà lieto di darmi una risposta."

Charlie Munger, uno dei principali investitori mondiali (da cui ho preso questa storia), ha identificato due tipi di conoscenza. La vera conoscenza può essere vista tra coloro che hanno dedicato tempo e sforzi significativi alla comprensione di un argomento; la conoscenza dell'autista si riferisce alla conoscenza di persone che sanno come mettere in scena uno spettacolo con voci impressionanti o acconciature sbalorditive; tuttavia, le loro parole sembrano come se stessero leggendo un copione.

Sfortunatamente, è diventato più difficile che mai distinguere la vera conoscenza da quella dell'autista. I conduttori di notizie forniscono un buon esempio di questa dicotomia; tutti sanno che questi attori stanno semplicemente recitando dei ruoli, eppure continuo a stupirmi del rispetto che questi raffinati lettori di sceneggiature suscitano oltre a moderare panel su argomenti che a malapena comprendono da soli.

I giornalisti presentano più sfide. Alcuni giornalisti possiedono una vera competenza; questi giornalisti veterani di solito si specializzano in un campo per anni. Questi giornalisti si sforzano di comprendere le complessità di un argomento, quindi lo spiegano in modo efficace attraverso lunghi articoli che dettagliano casi ed eccezioni. La maggior parte dei giornalisti, tuttavia, somigliano agli autisti: scrivono rapidamente testi unilaterali utilizzando le ricerche di Google senza fare molte ricerche per ottenere un compenso; i loro testi tendono ad essere unilaterali, brevi e unidimensionali nel contenuto.
Questi individui tendono a mostrare poca conoscenza, pur emanando un'aria di superiorità nel tono.

Gli affari possono spesso mostrare superficialità. Man mano che le aziende diventano più grandi, ci si aspetta che gli amministratori delegati possiedano la "qualità da star". Sfortunatamente, la dedizione, la solennità e l'affidabilità spesso vengono sottovalutate ai vertici. A volte azionisti e giornalisti credono erroneamente che lo spettacolo produca risultati migliori, il che non è certamente vero.

Warren Buffett, socio in affari di Munger, ha trovato un'ottima soluzione: il suo "cerchio di competenza". Ciò che rientra in questo cerchio può essere compreso intuitivamente mentre ciò che si trova al di fuori di esso può avere senso solo parzialmente. Munger consiglia alle persone di rimanere all'interno di quella che definisce la loro cerchia di competenza: capire cosa si capisce e cosa no. Le dimensioni non contano finché sanno dove si trova il loro perimetro.' Munger sottolinea questo punto. Per avere successo in qualsiasi impresa, è necessario comprendere le proprie attitudini. Se giocare contro persone con attitudini maggiori di loro va a tuo discapito, e tu non lo fai, probabilmente finirà con una perdita, questo può essere garantito. Pertanto, trovare un vantaggio e rimanere nella propria cerchia di competenze è della massima importanza.'

Conclusione: fai attenzione alla conoscenza dell'autista. Non confondere i portavoce dell'azienda, i direttori di circo, i giornalisti, gli schmoozer o i venditori di verbosità come esperti con vera conoscenza. Un indicatore chiaro: i veri esperti sanno quando la loro competenza finisce e quando ricomincia; i veri esperti riconoscono anche quando qualcosa esula dalla loro sfera di competenza, e tacciono o parlano liberamente per indicare tali lacune di conoscenza; gli autisti raramente lo fanno per se stessi!

Vedi anche Authority Bias (cap. 9); Dipendenza dal dominio (cap. 76); Twaddle Tendency (cap. 57) per ulteriori esplorazioni.

Ogni notte verso le nove, verso le nove e mezza, un individuo con un cappello rosso si trova in una piazza e inizia ad agitare selvaggiamente il berretto. Dopo cinque minuti scompare e il giorno dopo, quando è stato avvicinato dal poliziotto, questo individuo ha risposto che stava tenendo lontane le giraffe ma non se ne vedeva nessuna qui, quindi deve aver fatto un lavoro efficace!' A questo il poliziotto ha risposto "Bene, allora devo stare bene!"

Un giorno, quando il mio amico con una gamba rotta era costretto a casa e mi chiese di comprargli i biglietti della lotteria, andai in città, controllai alcune scatole, ci scrissi sopra il suo nome e pagai. Però appena gliel'ho dato mi ha obiettato: 'Perché hai fatto questo? Volevo compilarlo io stesso; questi numeri non mi faranno vincere nulla!"

"Pensi davvero che la scelta dei numeri avrà qualche influenza sull'estrazione?" ho chiesto. Il suo volto incontrò senza espressione il mio sguardo.
I giocatori di casinò spesso lanciano i dadi con la massima forza se hanno bisogno di un numero alto, e con più cautela quando sperano in un numero basso: una pratica assurda, proprio come i tifosi di calcio che sperano di poter influenzare una partita gesticolando davanti a un televisore. Sfortunatamente condividono questa illusione con altri che cercano di influenzare gli affari mondiali inviando vibrazioni positive o "karma".

Jenkins e Ward scoprirono nel 1965 l'illusione del controllo, la tendenza a credere di poter influenzare qualcosa su cui non abbiamo alcuna influenza, attraverso un esperimento utilizzando due interruttori e una luce. Azionando gli interruttori erano in grado di influenzare quando e se la luce si accendeva in modo casuale; i soggetti credevano ancora di poterne influenzare la luminosità premendo gli interruttori.

Consideriamo questo esempio: un ricercatore americano ha condotto dei test per studiare la sensibilità acustica al dolore posizionando le persone in cabine sonore e aumentando gradualmente il volume finché i soggetti non gli hanno segnalato di fermarsi. Le sue due stanze (A e B) erano identiche, tranne per il fatto che B aveva un pulsante antipanico rosso sul muro.
Il pulsante era inteso solo come un'illusione di controllo; tuttavia, la sua presenza ha dato ai partecipanti la sensazione di poter modellare la loro situazione e quindi consentire loro di tollerare livelli di rumore significativamente maggiori. Se avete mai letto Aleksandr Solzhenitsyn, Primo Levi o Viktor Frankl, questa scoperta non dovrebbe sorprendere; i loro libri descrivono come anche piccole influenze sul destino incoraggiassero i detenuti a non rinunciare alla speranza.

Attraversare le strade a Los Angeles può essere complicato, ma con il semplice tocco di un pulsante possiamo fermare il traffico - o no? Lo scopo del pulsante è farci credere di avere un certo controllo sui semafori, in modo da poter sopportare un'attesa più lunga senza diventare impazienti o perdere la pazienza nell'attesa che le cose cambino con più pazienza. Trucchi simili vengono utilizzati quando si tratta dei pulsanti di apertura/chiusura della porta dell'ascensore: molti non sono nemmeno collegati a un quadro elettrico! Misure simili sono state adottate anche negli uffici open space: per alcuni potrebbe fare sempre troppo caldo, per altri troppo freddo. I tecnici intelligenti creano l'illusione del controllo installando falsi quadranti della temperatura; questo riduce le bollette energetiche e i reclami. Tali strategie sono diventate note come pulsanti placebo e vengono impiegate ovunque, dagli ascensori agli uffici fino ai negozi con le casse.

I banchieri centrali e i funzionari governativi utilizzano abilmente i pulsanti placebo. Un esempio potrebbe essere il tasso dei fondi federali, un tasso di interesse overnight a brevissimo termine. Sebbene questo tasso non influenzi i tassi di interesse a lungo termine (che dipendono dalla domanda e dall'offerta e sono quindi cruciali nelle decisioni di investimento), ogni suo cambiamento suscita forti reazioni nel mercato azionario. Nessuno capisce perché i tassi di interesse overnight abbiano un tale effetto sui mercati, ma tutti pensano che sia così e così accade. Le dichiarazioni del presidente della Federal Reserve possono avere lo stesso impatto: i mercati si muovono anche se le sue parole forniscono pochi benefici tangibili per l'economia reale; creano semplicemente onde sonore. Eppure permettiamo agli economisti di continuare a giocare con quadranti illusori. Un vero campanello d'allarme arriverebbe se tutte le parti coinvolte capissero che l'economia globale è in definitiva fuori dalle nostre mani e non può essere gestita in modo efficace.

Sei sicuro che tutto sia sotto controllo? Probabilmente meno di quanto pensi
Vedi anche Coincidenza (cap. 24); Trascuratezza della probabilità (cap. 26); Illusione previsionale (cap. 40); Illusione di abilità (cap. 94); Illusione del clustering (cap. 3); L'illusione dell'introspezione (cap. 67) in questo capitolo.

Non pagare mai un incentivo orario al tuo avvocato

Tendenza alla super-risposta

I governanti coloniali francesi di Hanoi nel 19esimo secolo promulgarono una legge per controllare l'infestazione di ratti: per ogni morto portato alle autorità, i suoi cacciatori avrebbero ricevuto una ricompensa. Molti ratti furono distrutti grazie a questa iniziativa, ma molti altri furono allevati appositamente per questo.

Gli archeologi che scoprirono i rotoli del Mar Morto nel 1947 stabilirono un compenso per il ritrovamento di ogni pergamena; invece di scoprire molti altri rotoli, gli archeologi semplicemente strapparono le pergamene esistenti per aumentare il compenso del ritrovatore. Incentivi simili furono offerti in Cina durante il XIX secolo: gli agricoltori trovarono diverse ossa di dinosauro sulla loro terra e poi le fecero a pezzi per incassarle come ricompensa. I moderni consigli di amministrazione delle aziende offrono bonus quando gli obiettivi vengono raggiunti e i manager spendono le loro energie cercando di abbassare gli obiettivi invece di far crescere la propria attività.

Questi esempi illustrano la famosa osservazione di Charlie Munger sugli incentivi che causano tendenze alla super-risposta. Le persone rispondono agli incentivi facendo ciò che è nel loro interesse. Ciò che è notevole, tuttavia, è la rapidità e la significatività con cui il comportamento delle persone cambia quando entrano nuovi incentivi o quando quelli esistenti vengono modificati; inoltre, sembra che le persone rispondano direttamente agli incentivi stessi piuttosto che alle intenzioni più grandiose dietro di essi.

I buoni sistemi di incentivi combinano intenzione e ricompensa; ad esempio, nell'antica Roma gli ingegneri venivano invitati a stare sotto la costruzione del ponte durante le cerimonie di apertura. D'altro canto, sistemi di incentivi inadeguati spesso oscurano o addirittura pervertono l'obiettivo prefissato; censurare un libro può solo rendere il suo contenuto più noto, premiare i dipendenti delle banche per ogni prestito venduto può danneggiare ulteriormente i portafogli di credito e rendere pubblici gli stipendi degli amministratori delegati non ha fatto altro che aumentarli; nessuno voleva essere percepito come "amministratore delegato perdente".

Vuoi cambiare il comportamento di individui o organizzazioni? Predicare valori e visioni o fare appello alla ragione potrebbe funzionare, ma gli incentivi spesso funzionano meglio: non è nemmeno necessario che siano finanziari!
Tutto ciò che si apprende può essere messo a frutto: dai buoni voti ai premi Nobel, al trattamento speciale nell'aldilà.

Molto prima che arrivassi a capire perché i nobili istruiti medievali rinunciassero alle loro vite lussuose per prendere parte alle Crociate, ho lottato per comprendere cosa potesse spingere i nobili istruiti di questo periodo ad abbandonare il loro stile di vita confortevole e a montare a cavallo, conoscendo molto bene il Il viaggio durò almeno sei mesi e passò direttamente attraverso il territorio nemico, ma corsero il rischio. Dopo qualche riflessione ho capito: i sistemi di incentivi hanno giocato un ruolo essenziale. Se sopravvivessero, avrebbero potuto conservare tutto il bottino di guerra e diventare ricchi, mentre coloro che morivano diventavano automaticamente martiri, con tutti i benefici che ne derivavano, oppure andavano direttamente in paradiso come martiri, rendendo possibile questa soluzione vantaggiosa per tutti i partecipanti coinvolti, rendendo possibile questa impresa sarebbe stata redditizia fin dal primo giorno per entrambe le parti coinvolte se entrambi potessero tornare a casa vivi; in ogni caso era una situazione vantaggiosa per tutti

Immaginate per un secondo se guerrieri e soldati addebitassero invece ai nemici tariffe orarie per i servizi resi: li incoraggeremmo effettivamente a impiegare il più tempo possibile, giusto? Allora perché paghiamo tariffe orarie quando assumiamo avvocati, architetti, consulenti, contabili o istruttori di guida? Il mio consiglio: negozia invece accordi sui prezzi fissi prima di avvalerti dei loro servizi.

Diffidare dei consulenti per gli investimenti che sostengono prodotti finanziari specifici; il loro obiettivo potrebbe non essere il tuo benessere finanziario ma il guadagno di commissioni. I piani aziendali degli imprenditori e delle banche d'investimento spesso si rivelano inutili perché i venditori hanno a cuore solo i propri interessi; come dice il vecchio proverbio "Non chiedere mai a un barbiere se hai bisogno di un taglio di capelli".

Tieni d'occhio le tendenze alla super-risposta agli incentivi; quando il comportamento di qualcuno o di un'organizzazione ti confonde, chiedi quali incentivi potrebbero nascondersi dietro e probabilmente sarai in grado di spiegare con facilità il 90% dei casi; il restante 10% potrebbe essere passione, idiozia, psicosi o malizia.

Vedi anche Affollamento motivazionale (cap. 56); Reciprocità (cap. 6); Effetto Overconfidence (cap. 15) per materiale aggiuntivo sull'affollamento motivazionale.

REGRESSIONE ALLA MEDIA

Il suo mal di schiena oscillava tra il miglioramento e il peggioramento. Alcuni giorni erano migliori di altri; c'erano giorni in cui aveva voglia di spostare le montagne, altri in cui anche il minimo movimento era impossibile. Quando questo diventava problematico - cosa che fortunatamente accadeva solo raramente - sua moglie lo accompagnava da un chiropratico; una volta lì, il giorno dopo lo troverebbe più mobile e lo consiglierebbe vivamente a tutti i suoi contatti.

Un altro, un uomo più giovane con un handicap di golf di 12, era entusiasta del suo istruttore, con il quale prenotava un'ora ogni volta che il suo gioco vacillava e subito dopo le sue prestazioni miglioravano significativamente.

Un consulente per gli investimenti di una grande banca ha creato una bizzarra "danza della pioggia", eseguendola ogni volta che le sue azioni si comportavano male in bagno. Sebbene in quel momento sembrasse assurdo, si sentì obbligato a farlo; e le cose dopo sono sempre migliorate.

Ciò che collega i tre uomini insieme è un errore noto come delirio di regressione alla media.

Supponiamo che la tua regione abbia vissuto un periodo insolitamente freddo; è probabile che nei prossimi giorni le temperature ritorneranno gradualmente verso la media mensile. È probabile che lo stesso valga in caso di caldo estremo, siccità o pioggia: il tempo oscilla intorno alla media. Il tempo è solo un indicatore; lo stesso vale per il dolore cronico, gli handicap nel golf, la performance del mercato azionario, la fortuna in amore, i livelli soggettivi di felicità e i punteggi dei test: tutti fluttuano attorno a un certo tipo di media. E allo stesso modo per alleviare il mal di schiena cronico senza visite chiropratiche; handicap che tornano a 12 senza l'aggiunta di lezioni; la performance del consulente per gli investimenti sta tornando verso una performance di mercato media, indipendentemente da eventuali balli in bagno!

Le performance estreme sono intervallate da quelle meno estreme. Anche le scelte di titoli di maggior successo di tre anni fa probabilmente non rimarranno tali tra altri tre. Puoi capire perché alcuni atleti preferirebbero evitare di fare notizia.

I giornali spesso riportano i migliori risultati, ma inconsciamente sanno che la prossima volta potrebbero non ottenere risultati simili - qualcosa che non ha nulla a che fare con l'attenzione dei media; ma è dovuto a variazioni naturali delle prestazioni.

Oppure si consideri il caso di un manager di divisione che cerca di sollevare il morale dei dipendenti inviando il 3% meno motivato della sua forza lavoro a un corso, solo per vedere i livelli di motivazione non tornare come prima (quelli che avevano partecipato non costituiscono più questa percentuale - ci saranno probabilmente ci saranno altri invece di loro stessi in fondo). Ne è valsa la pena il corso? Difficile dirlo poiché i livelli di motivazione torneranno probabilmente alla norma anche senza allenamento; simile ai pazienti ricoverati in ospedale per depressione che spesso se ne vanno sentendosi un po' meglio ma potrebbe benissimo non aver dato alcun contributo!

Esempio 2: A Boston, le scuole con scarso rendimento sono state inserite in un programma di sostegno intensivo. Nel giro di un anno, le loro prestazioni erano migliorate, qualcosa che le autorità attribuivano direttamente a questo sforzo piuttosto che alla naturale regressione verso la media.

Regredire alla media può avere conseguenze distruttive, portando gli insegnanti (o i manager) a credere che la disciplina sia migliore della lode, ad esempio premiando gli studenti con risultati migliori e punendo quelli con risultati scarsi dopo i test. Di conseguenza, gli insegnanti possono concludere che il rimprovero aiuta e la lode ostacola – creando un ciclo ripetitivo in cui la punizione aiuta e la lode ostacola la prestazione – così la loro convinzione diventa "il rimprovero aiuta e la lode ostacola", dando origine a un altro errore che non può essere evitato.

Conclusione: quando si sentono storie come "Mi sono ammalato, sono andato dal medico e gradualmente sono migliorato" o "La nostra azienda ha avuto difficoltà nel corso dell'anno; pertanto abbiamo assunto un consulente e ora i risultati sono tornati alla normalità", potrebbe essere indicativo di un errore di regressione alla media.

Vedi anche Problema con le medie (cap. 55); Effetto Contrasto (cap. 10); Andrà peggio prima di migliorare Errore (cap. 12); Coincidenza (cap. 24); L'errore del giocatore d'azzardo (cap. 29)

Bias del risultato

Immagina un milione di scimmie che investono in borsa; comprare e vendere azioni in modo apparentemente casuale: cosa succede? Dopo una settimana, circa la metà avrà realizzato un profitto mentre l'altra metà avrà subito delle perdite. Possono restare solo le scimmie che hanno realizzato un profitto; chiunque abbia subito perdite dovrebbe essere rimandato a casa. Dopo una settimana, la metà sarà ancora in crescita mentre l'altra metà ha subito perdite e dovrà essere mandata via; questo ciclo continua per tutto. Dopo 10 settimane, rimarranno circa 1000 scimmie che hanno costantemente investito saggiamente i propri fondi. Dopo 20 settimane ne rimarrà solo una e questa scimmia, che chiameremo la Scimmia del Successo, ha scelto costantemente le azioni con cui avrebbe potuto trarre profitto e ora è miliardaria! Chiamiamolo.

Come reagiranno i media? Si avventeranno su questo animale alla ricerca dei suoi "principi di successo", e senza dubbio ne troveranno alcuni: forse la scimmia mangia più banane dei suoi simili primati; forse si siede in un altro angolo della sua gabbia; forse si lancia a capofitto tra i rami, facendo lunghe pause meditative mentre si pulisce; sicuramente deve esistere qualche ingrediente segreto che permetta a questo brillante artista di resistere senza vacillare per venti settimane? Impossibile!

La storia della scimmia illustra la distorsione dei risultati: tendiamo a giudicare le decisioni in base ai loro risultati piuttosto che ai processi, spesso noto come errore storico. Un classico esempio di questo errore sarebbe l'attacco del Giappone a Pearl Harbor; la sua base militare avrebbe dovuto essere evacuata prima di essere attaccata? Oggi: sì. Le prove erano schiaccianti di un attacco imminente; tuttavia, solo in retrospettiva i segnali sono evidenti. A quel tempo, il 1941 fornì molti segnali contraddittori che indicavano un attacco; alcuni lo hanno indicato mentre altri no. Per valutare la qualità di questa decisione nel suo esordio (cioè prima che si verifichi), devono essere considerate solo le informazioni disponibili in quel momento; deve essere preso in considerazione anche tutto ciò che apprendiamo dopo l'attacco.

Un altro esperimento richiede la valutazione di tre cardiochirurghi. Per fare ciò, a ciascuno viene chiesto di effettuare in successione cinque operazioni difficili su se stesso.
Nel tempo, la probabilità di morte per queste procedure si è stabilizzata al 20%. Il chirurgo A non perde nessuno durante l'intervento mentre il chirurgo B perde un paziente mentre il chirurgo C ne perde due. Come dovrebbero essere giudicati questi tre chirurghi l'uno rispetto all'altro? Se sei come la maggior parte delle persone, classificare A come il migliore, B come il secondo migliore e C come il peggiore significa semplicemente cadere in preda a distorsioni

nei risultati, probabilmente a causa del numero insufficiente di campioni esaminati, rendendo i risultati privi di significato. Una valutazione accurata di un chirurgo richiede innanzitutto la conoscenza del suo campo, seguita da un'attenta osservazione durante la preparazione e l'esecuzione degli interventi - in altre parole, è necessario valutare sia il processo che il risultato quando si effettuano tali valutazioni. In alternativa, se ci sono abbastanza pazienti che necessitano di questo particolare intervento chirurgico (100 o 1000 operazioni), è possibile utilizzare un campione di dimensioni maggiori. Al momento è sufficiente capire che per un chirurgo medio c'è il 33% di probabilità che nessuno muoia, il 41% che muoia una persona e il 20% che muoiano due persone; si tratta di un semplice calcolo delle probabilità e non mostra un'enorme varianza tra zero morti e due morti; giudicare questi tre chirurghi esclusivamente in base a questi risultati sarebbe negligente e immorale.

Conclusione: è saggio non giudicare le decisioni esclusivamente in base al risultato, soprattutto quando giocano un ruolo la casualità o le influenze esterne. Un risultato scarso non significa automaticamente una decisione sbagliata, viceversa. Pertanto, invece di lamentarti delle scelte sbagliate fatte o applaudire te stesso per quelle che hanno portato al successo solo accidentalmente o solo per coincidenza, ricorda perché hai scelto quello che hai fatto; le tue ragioni erano razionali e comprensibili? Se questo metodo ha funzionato prima ma non ha prodotto risultati questa volta, seguilo e vedi dove altro può portare!

Vedi anche Errore dei costi irrecuperabili (cap. 5); L'illusione del corpo del nuotatore (cap. 2), il pregiudizio del senno di poi (cap. 14) e l'illusione dell'abilità (cap. 94) come concetti correlati.

PERCHÉ MENO È PIÙ

Da quando mia sorella e suo marito hanno acquistato di recente una casa non finita, possiamo parlare solo di piastrelle del bagno: ceramica, granito, marmo, metallo, pietra, legno, vetro laminato. Mia sorella esclama spesso "Ce ne sono troppi tra cui scegliere", alzando le mani in segno di esasperazione prima di tornare al catalogo come fonte di conoscenza.

La mia ricerca mostra che il mio negozio di alimentari locale offre 48 varietà di yogurt, 134 tipi di vino rosso e 64 prodotti per la pulizia per un totale di 30.000 articoli; Amazon attualmente vanta due milioni di titoli a disposizione delle librerie online. Le persone oggi si trovano di fronte a molte opzioni, dai disturbi mentali alla carriera, alle destinazioni per le vacanze e alle scelte di vita: non c'è mai stata così tanta scelta a loro disposizione!

Nella mia casa d'infanzia in Svizzera c'erano solo tre tipi di yogurt, tre canali televisivi, due chiese, due tipi di formaggio (leggero o forte), trote come unico pesce disponibile e un telefono fornito dalla Posta Svizzera - con il suo quadrante unico servono solo per effettuare chiamate, rendendoci la vita più semplice rispetto ai negozi di oggi pieni di marchi, modelli e opzioni contrattuali!

Ma la selezione è il metro del progresso; ci distingue dalle economie pianificate e dall'età della pietra. Sebbene l'abbondanza possa rendere felici, una volta superata può rovinare la qualità della vita: questo fenomeno è noto come paradosso della scelta.

Lo psicoterapeuta Barry Schwartz spiega nel suo libro con lo stesso titolo perché questo è vero. Una vasta selezione può portare alla paralisi interiore; Per dimostrare questo effetto, un supermercato ha allestito uno stand dove i clienti potevano assaggiare 24 tipi di gelatina, da provare prima di acquistarli a un prezzo scontato. Nel secondo giorno del loro esperimento utilizzando invece sei gusti, le vendite sono decuplicate. Perché? Forse avere così tanta varietà rende il processo decisionale travolgente?
I clienti non riuscivano a prendere una decisione, quindi se ne andavano senza acquistare nulla. Questo esperimento è stato ripetuto più volte con vari prodotti; ogni volta, tuttavia, ha prodotto risultati simili.

In secondo luogo, un'ampia selezione può portare a decisioni sbagliate. Quando i giovani chiedono quali qualità rendono un compagno di vita ideale, molti citano come priorità l'intelligenza, le buone maniere, il calore, la capacità di ascoltare, l'umorismo e l'attrattiva fisica. Ma questi criteri vengono effettivamente presi in considerazione nella scelta di qualcuno? In passato, i giovani provenienti da villaggi di medie dimensioni potevano scegliere tra una ventina di ragazze nella loro fascia di età scolare da prendere in considerazione per il matrimonio. Conosceva le loro famiglie, il che lo ha portato a prendere una decisione basata su una serie di caratteristiche condivise. Ora, nell'era degli appuntamenti online, ci sono milioni di potenziali partner a disposizione di tutti noi. Gli studi hanno dimostrato che il cervello maschile viene sopraffatto dall'enorme selezione di potenziali partner e il loro processo di selezione si restringe a un solo criterio: l'attrattiva fisica. Probabilmente conosci bene questo processo di selezione grazie alle tue esperienze personali o attraverso i resoconti dei media.

Una vasta selezione può portare al malcontento. Come puoi essere certo di fare la scelta giusta quando 200 opzioni ti bombardano e ti lasciano perplesso? Semplicemente non puoi. Con più scelte a portata di mano aumenta l'incertezza e, in ultima analisi, l'insoddisfazione.

Quindi cosa dovresti fare? Pensa attentamente ai criteri desiderati prima di cercare le offerte disponibili, quindi attieniti fermamente ad essi. Tieni inoltre presente che non possono esistere decisioni perfette data la vastità delle scelte disponibili; mira invece al abbastanza buono piuttosto che al perfezionismo! Piuttosto, apprezza le scelte "abbastanza buone", che potrebbero includere compagni di vita (ma solo tu ed io possiamo scegliere esattamente quelli che vogliamo!).

Vedi Fatica decisionale (cap. 53); Cecità alternativa (cap. 71) e Effetto predefinito (cap. 81) per ulteriori letture.

TI PIACCIO MOLTO; NON VUOI DIRMI QUESTO??!

Kevin ha recentemente effettuato un acquisto impulsivo di due scatole di buon vino Margaux. Anche se di solito non beve vini bordolesi, è rimasto così affascinato dal loro commesso; non falso o invadente ma veramente disponibile che ha deciso di acquistare due custodie come regalo per qualcuno di speciale.

Joe Girard è ampiamente considerato il miglior venditore di automobili del mondo. Il suo mantra per il successo: "Non c'è niente di più efficace nel vendere qualcosa che convincere i clienti che sono importanti e che li apprezzi davvero come persone". Invece di limitarsi a parlare, Girard usa carte con una frase letta ad alta voce ogni mese per mostrare il suo affetto: mi piaci'

Il fenomeno dei pregiudizi sui gusti è sorprendentemente semplice da comprendere, ma spesso ne siamo vittime. In poche parole, significa questo: più ci piace qualcuno, più è probabile che compreremo o aiuteremo quell'individuo. Eppure ci si potrebbe chiedere cosa costituisca esattamente "simpatico". Secondo la ricerca, percepiamo le persone come piacevoli se A) possiedono caratteristiche attraenti, B) possiedono background o interessi simili ai nostri e C) condividono i nostri interessi. La pubblicità spesso presenta persone attraenti. Le persone brutte appaiono ostili e non arrivano nemmeno al taglio (vedi A). Anche la pubblicità impiega "persone come noi", cioè simili nell'aspetto, nell'accento o nel background: più sono simili, meglio è! Il mirroring è una tecnica di vendita efficace utilizzata per ottenere esattamente questo effetto. Qui, il venditore tenta di rispecchiare i gesti, il linguaggio e le espressioni facciali del suo potenziale cliente per ottenere il massimo effetto. Se un acquirente parla lentamente e a bassa voce, grattandosi spesso la testa, sarebbe logico che il venditore facesse lo stesso, aumentando così le sue possibilità di concludere un affare. Gli inserzionisti utilizzano spesso i complimenti come parte delle loro proposte di vendita: quante volte hai sentito gli annunci dire qualcosa del tipo: "te lo meriti!"? Ancora una volta, qui entra in gioco il fattore C: le persone ci trovano più attraenti se gli piacciamo; i complimenti fanno magie anche se suonano falsi.

Il marketing multilivello (vendita attraverso reti personali) si basa esclusivamente sulla sua capacità di attirare il gradimento. Anche se sul mercato esistono contenitori di plastica di qualità superiore, il marketing multilivello funziona ancora sfruttando il gradimento. Tupperware vanta un fatturato annuo di due miliardi di dollari, grazie ai suoi prezzi al dettaglio convenienti e alle feste amichevoli organizzate da amici che soddisfano perfettamente entrambi gli standard di simpatia.

Le agenzie umanitarie sfruttano il pregiudizio del gradimento a proprio vantaggio. Le campagne presentano quasi esclusivamente bambini o donne sorridenti; non vedrai mai un guerrigliero ferito, con la faccia di pietra, guardare indietro dai cartelloni pubblicitari, anche se anche lui ha bisogno del tuo sostegno. Le organizzazioni di conservazione utilizzano tecniche simili; non guardare oltre le brochure del World Wildlife Fund con ragni, vermi, alghe o batteri come protagonisti, anche se queste creature in via di estinzione potrebbero essere altrettanto cruciali per l'ecosistema quanto panda, gorilla, koala o foche! Ma non proviamo nulla per queste creature - invece ci connettiamo più fortemente con creature che agiscono in modo simile e si comportano in modo simile a noi di quanto sia estinto qualcosa di estinto come la mosca skipper ossea... è un peccato!

I politici sono maestri nel creare un'atmosfera di simpatia tra il loro pubblico. Basandosi sull'analisi demografica e degli interessi, adattano i messaggi alla zona di residenza, al contesto sociale o alle questioni economiche - e ci lusingano: ogni potenziale elettore viene fatto sentire indispensabile, sentendo parole come: "Il tuo voto conta!" e anche allora solo per una frazione più piccola - a volte al limite dell'irrilevante!

Uno dei miei amici che si occupa di pompe petrolifere legate ad oleodotti mi ha raccontato di come è riuscito a concludere con successo un accordo a otto cifre per un oleodotto in Russia senza ricorrere ad alcuna corruzione per chiuderlo. "Corruzione?" Ho chiesto informazioni, al che il mio amico ha risposto di no: hanno iniziato a chiacchierare di vela e all'improvviso hanno scoperto che entrambi amavamo la navigazione in deriva 470! Da quel momento in poi, il loro accordo si è concluso con l'amicizia di gran lunga superiore alla corruzione."

Quindi, se sei un venditore, fai credere ai tuoi acquirenti che ti piacciono con l'adulazione o altri mezzi. Dal punto di vista del consumatore, giudica sempre i prodotti in modo obiettivo, indipendentemente da chi glieli ha venduti, bandendo i venditori dalla tua mente fingendo che non gli piacciano!
Vedi Reciprocità (cap. 6); Personificazione (cap. 87) per ulteriori letture su questi argomenti.

Effetto dotazione Sono rimasto sbalordito quando ho visto la BMW che troneggiava orgogliosa nel parcheggio di una concessionaria di auto usate, scintillante come nuova con solo poche miglia sul contachilometri e sembrava come nuova. A me sembrava che valesse circa 40.000 dollari. Sfortunatamente, però, il suo venditore voleva $ 50.000 e non si è mosso di un centimetro sul prezzo. Ho deciso di provarci quando mi ha richiamato la settimana successiva e mi ha detto che avrebbe invece accettato $ 40.000, tirandola fuori al primo giro quel giorno e fermandosi a una stazione di servizio dove il proprietario è uscito ammirando la mia macchina - solo per lui poi offrimi 53.000 dollari in contanti in quel momento! Inutile dire che ho gentilmente rifiutato. Mentre tornavo a casa, mi resi conto di quanto fosse stata ridicola la mia decisione: un oggetto del valore di $ 40.000 era entrato in mio possesso ed era diventato immediatamente valente più di $ 53.000! Se il mio pensiero fosse stato guidato dalla pura razionalità, tuttavia, l'auto sarebbe stata venduta immediatamente - ma sfortunatamente per me, a causa di qualcosa noto come effetto dotazione (dove gli oggetti diventano più preziosi una volta posseduti), e quindi tendiamo a far pagare di più quando vendiamo un articolo rispetto a quanto faremmo se lo acquistassimo direttamente noi stessi.

Lo psicoterapeuta Dan Ariely ha condotto un esperimento per testare questa teoria: in una delle sue lezioni, ha messo in palio i biglietti per un'importante partita di basket e ha intervistato gli studenti per valutarne la valutazione; gli studenti a mani vuote stimavano circa $ 170; tuttavia, gli studenti vincitori non venderebbero mai il loro biglietto al di sotto di un prezzo di vendita medio di $ 2.400, poiché la proprietà è associata a prezzi di vendita più alti del previsto.

Il settore immobiliare ha da tempo dimostrato l'effetto dotazione. I venditori si affezionano emotivamente alle loro case, il che spesso li porta a sopravvalutarne il valore e ad aspettarsi che gli acquirenti paghino più di quanto consentito dal prezzo di mercato - qualcosa che semplicemente non può accadere poiché questo eccesso rappresenta solo il valore sentimentale.

Richard Thaler ha condotto un esperimento illuminante in classe alla Cornell University per misurare l'effetto dotazione. Ha distribuito tazze di caffè in modo casuale a metà dei suoi studenti, dicendo loro che potevano prenderle o venderle al prezzo desiderato; a quelli che ne erano sprovvisti è stato poi chiesto quanto sarebbero disposti a pagare per averne uno; in breve, Thaler misurò il cosiddetto effetto dotazione.
Crea un mercato per le tazze da caffè. Si potrebbe supporre che circa il 50% degli studenti commerci, vendendo o acquistando. Ma il risultato è stato molto più basso; solo 1 proprietario su 4 ha venduto meno di $ 5,25 mentre gli acquirenti in genere non pagavano più di $ 2,25 per tazza.

Si può tranquillamente affermare che gli esseri umani sono più bravi a collezionare oggetti che a scartarli, il che spiega sia perché raccogliamo così tanto disordine nelle nostre case sia perché i collezionisti di francobolli, orologi e opere d'arte raramente si separano dai loro beni di valore.

Sorprendentemente, l'effetto dotazione si estende non solo al possesso ma anche alla quasi-proprietà. Case d'asta come Christie's e Sotheby's prosperano grazie a questo fenomeno: chi fa offerte fino all'ultimo minuto sente che un oggetto è praticamente suo e è disposto a pagare molto di più del previsto; qualsiasi ritiro dalla gara è visto come una perdita nonostante tutta la logica. Le grandi aste, come quelle per i diritti minerari o le frequenze radio mobili, spesso mostrano la "maledizione del vincitore", in cui un vincitore iniziale finisce effettivamente per perdere economicamente quando viene coinvolto dal fervore delle offerte e dalle offerte eccessive. Per ulteriori approfondimenti su questo argomento, fare riferimento al capitolo 35!

C'è un fenomeno analogo nel mercato del lavoro. Se fai domanda per un lavoro e non ricevi alcun feedback o vieni rifiutato in una fase di colloquio, la tua delusione può essere ancora più intensificata se ti coinvolgi emotivamente in quello che avrebbe potuto essere un processo di selezione altrimenti di routine. O ottieni il lavoro oppure no; nient'altro dovrebbe avere importanza.

Conclusione: non attaccarsi agli oggetti fisici; considerali come doni temporanei dell'universo che potrebbero scomparire rapidamente senza preavviso. Tienilo a mente e goditi il poco tempo che rimane.
Vedi anche Effetto House-Money (cap. 84); Errore dei costi irrecuperabili (cap. 5); La maledizione del vincitore (cap. 35); Effetto Contrasto (cap. 10); Avversione alla perdita (cap. 32); Dissonanza Cognitiva (cap. 50); Sindrome del non-inventato-qui (cap. 74) e paura del rimpianto (cap. 82)

L'inevitabilità degli eventi improbabili

Coincidenza

Il 1 marzo 1950 alle 19:15 a Beatrice, nel Nebraska, i 15 membri del coro di una chiesa dovevano provare. Per vari motivi sono rimasti tutti in ritardo rispetto al programma; soprattutto perché la famiglia del ministro tardava a stirare il vestito della figlia. Alle 19:25 la chiesa è esplosa, mandando onde d'urto attraverso il villaggio e mandando in frantumi muri e tetto. Miracolosamente nessuno è rimasto ucciso nell'esplosione attribuita dai vigili del fuoco ad una fuga di gas, anche se i membri del coro credevano che si fosse trattato di un intervento divino o di una semplice coincidenza.

Qualcosa la scorsa settimana mi ha ricordato Andy, un vecchio compagno di scuola con cui non parlavo da un po'. Con mio grande stupore e sorpresa, il mio telefono squillò proprio in quel momento e non c'era nessun altro a chiamarlo oltre ad Andy! "Devi essere telepatico!" fu la mia esclamazione eccitata mentre la prendevo per rispondere... Ma era una coincidenza o telepatia?

Il 5 ottobre 1990, il San Francisco Examiner riferì che Intel avrebbe citato in tribunale la sua rivale AMD dopo aver scoperto che avevano intenzione di rilasciare un chip per computer con un acronimo noto come AM386, alludendo chiaramente al chip 386 di Intel. Intel era a conoscenza delle intenzioni di AMD solo per puro caso: entrambe le società impiegavano qualcuno di nome Mike Webb; entrambi gli uomini hanno lasciato lo stesso hotel lo stesso giorno dopo essere stati insieme; la reception ha ricevuto un pacco destinato a Mike Webb ma lo ha invece inviato a Intel, dove è stato immediatamente inoltrato per l'analisi legale e l'azione intrapresa immediatamente contro AMD dagli avvocati dell'ufficio legale degli uffici legali di entrambe le società.

Quanto sono probabili storie come queste? Lo psichiatra svizzero C.G. Jung vide in essi la prova di una forza invisibile che chiamò sincronicità; come dovrebbero affrontare queste storie i pensatori razionali? Preferibilmente con carta e matita; ad esempio, nel caso dell'esplosione di una chiesa, si consideri il disegno di quattro riquadri per rappresentare i potenziali risultati, il primo dei quali è ciò che è realmente accaduto: coro in ritardo e chiesa esplosa (nella realtà); queste quattro caselle possono quindi rappresentare quattro possibili eventi: (1) coro ritardato prima che si verificasse l'esplosione della chiesa (2) possibili ritardi del coro senza che si verificasse l'esplosione (3) possibili eventi di cancellazione del coro che si verificano tra i ritardi del coro prima che la chiesa esplodesse (in realtà questo è stato esattamente ciò che è avvenuto luogo) prima della sua distruzione (prove ritardate del coro, esplosione della chiesa). Ci sono quattro possibili possibilità quando si affrontano tali resoconti con carta e matita: 1) Il coro ha ritardato le prove poi è avvenuta l'esplosione della chiesa (cioè

Stimare le frequenze di questi eventi e scriverli nelle caselle corrispondenti, prestando particolare attenzione a quanto spesso si è verificato "il coro puntuale e la chiesa non è esplosa"; si noti con quanta frequenza milioni di cori si incontrano per le prove e non incontrano circostanze simili a quelle avvenute a Beatrice, nel Nebraska (cosa che potrebbe accadere una volta ogni secolo o più in base alle probabilità statistiche), quindi non può esserci alcun intervento divino (inoltre, è sembra piuttosto sciocco che Dio voglia far saltare in aria una chiesa!)

Applica questo pensiero alle telefonate: pensa a tutte le volte in cui "Andy" pensa a te ma non ti chiama; quando pensi a lui ma non chiama; o quando nessuno di voi pensa a loro ma chiamano comunque?... Potrebbero esserci molti casi in cui nessuno dei due pensa affatto l'uno all'altro - eppure alla fine uno risponde e chiama, specialmente con 100 amici tra cui scegliere!

Stimare le probabilità può essere complicato. Quando qualcuno dice "mai", di solito lo registro come una stima superiore a zero poiché "mai" non può mai essere compensato da probabilità negative.

Quindi non lasciamoci prendere la mano: le coincidenze improbabili sono infatti eventi improbabili ma del tutto possibili; il loro aspetto non dovrebbe sorprendere; ciò che sarebbe sorprendente sarebbe se non si materializzassero mai.

Vedi anche: Falsa causalità (cap. 37); Bias di conferma (capitoli 7-8); Regressione alla media (cap. 19); Illusione di controllo (cap. 17) e illusioni di clustering (cap. 3).

Hai mai sperimentato il pensiero di gruppo in una riunione? Certamente. Sedersi lì, annuire tranquillamente, sperando di non essere la voce perpetua del disaccordo è difficile quando tutti intorno sono d'accordo, quindi decidi di non parlare. Sfortunatamente, qui è in gioco il pensiero di gruppo: quando tutti i membri agiscono in questo modo prendono decisioni sconsiderate perché tutti allineano le loro opinioni con quello che sembra essere un consenso nonostante i singoli membri ne sappiano di più; a sua volta, ciò si traduce nell'approvazione di mozioni che altrimenti non sarebbero state approvate senza il coinvolgimento della pressione dei pari, un effetto di cui abbiamo ampiamente discusso nel capitolo 4.

Nel marzo 1960, i servizi segreti statunitensi iniziarono a reclutare esuli anticomunisti che vivevano a Miami da Cuba come armi contro il regime di Fidel Castro. Pochi giorni dopo il suo insediamento, il presidente Kennedy fu informato di questo piano segreto per invadere Cuba. Tre mesi dopo, in una riunione cruciale della Casa Bianca alla quale parteciparono Kennedy e i suoi consiglieri, tutti votarono a favore di un'invasione. Il 17 aprile 1961, 1.400 cubani in esilio sbarcarono nella Baia dei Porci, sulla costa meridionale di Cuba, con il sostegno delle forze della Marina, dell'Aeronautica Militare e della CIA degli Stati Uniti. All'inizio tutto andò come previsto nel tentativo di rovesciare il governo di Castro. Il primo giorno, tuttavia, nessuna nave di rifornimento raggiunse Cuba; due furono affondati dalle forze aeree cubane prima che altri due tornassero a casa: tutti tornarono indietro, si voltarono o fuggirono del tutto verso l'America. Il secondo giorno Castro circondò e distrusse completamente la loro brigata. Il terzo giorno, tutti i 1.200 sopravvissuti furono catturati e detenuti nelle prigioni militari. L'invasione della Baia dei Porci da parte del presidente Kennedy è ampiamente considerata come uno dei peggiori errori della politica estera americana; la sua concezione e attuazione sembrano assurde anche adesso. Tutte le ipotesi a favore dell'invasione erano false; per esempio, Kennedy e la sua squadra sottovalutarono l'aeronautica cubana con un immenso margine. Come parte della sua strategia di emergenza, era anche previsto che, in caso di epidemia, la brigata potesse fuggire sui monti Escambray e da lì condurre una guerra sotterranea contro Castro. Un rapido sguardo a una mappa mostra che questo potenziale rifugio sicuro si trovava a 100 miglia dalla Baia dei Porci, fornendo molta copertura.
Ma Kennedy e i suoi consiglieri possedevano una notevole intelligenza per guidare un governo americano. Allora cosa andò storto tra gennaio e aprile 1961?

Il professore di psicologia Irving Janis ha condotto studi approfonditi su numerosi fiaschi. Ha trovato un tema comune: i gruppi affiatati sviluppano lo spirito di squadra creando (involontariamente) illusioni. Una di queste delusioni è il senso di invincibilità: se sia il nostro leader [Kennedy] che il gruppo hanno fiducia nel funzionamento del nostro piano, allora la fortuna dovrebbe arrivare dalla nostra parte. L'unanimità contribuisce anche a creare questa illusione: quando tutti sono d'accordo su qualcosa, eventuali opinioni divergenti devono essere non valide. A nessuno piace essere la persona che distrugge l'unità della squadra. Gli individui generalmente apprezzano essere inclusi, quindi esprimere obiezioni potrebbe significare esclusione; un simile esilio significherebbe probabilmente la morte per la nostra specie, da qui il nostro forte istinto di rimanere parte di un gruppo.

Il pensiero di gruppo negli affari non è una novità, come dimostra Swissair. Qui, un gruppo di consulenti ben pagati si è unito al suo ex amministratore delegato e ha sviluppato una strategia di espansione ad alto rischio (che includeva l'acquisto di diverse compagnie aeree europee). Poiché il loro zelo ha costruito un consenso travolgente all'interno della squadra, anche le riserve razionali sono state soppresse fino al suo crollo nel 2001.

Se mai ti trovassi in un ambiente in cui tutti sono d'accordo su tutto, parlare apertamente non solo dovrebbe essere tollerato ma accolto favorevolmente; Mettere in discussione le ipotesi tacite, anche a rischio di espulsione, può anche aiutare a rompere il pensiero stagnante e a stabilire un dialogo significativo. In qualità di leader, valuta la possibilità di assegnare a qualcuno il ruolo di avvocato del diavolo. Anche se potrebbe non essere il membro più popolare, ma potrebbe rivelarsi molto vantaggioso.

Vedi anche: Prova sociale (cap. 4); Ozio sociale (cap. 33); Bias in-group-out-group (cap. 79) e errore di pianificazione (cap. 91).

PERCHÉ PRESTO GIOCERAI A MEGATRILIONI

TRASCURATEZZA DELLA PROBABILITÀ

Immagina due giochi d'azzardo in cui ognuno ti offre la stessa possibilità di vincere $ 10 milioni; quale sceglieresti? Vincere il primo trasformerebbe la tua vita; potresti lasciare il tuo lavoro, licenziare il tuo capo e vivere delle tue vincite; al contrario, vincere $ 10.000 ti darebbe una pausa dal lavoro mentre fai una vacanza indimenticabile ai Caraibi senza il timore che subito dopo la tua cartolina ritorni al lavoro - le probabilità per entrambe sono rispettivamente una su 100 milioni - quindi quale sceglieresti? La probabilità per ciascuno è 1/10000! Quale gioco scegli?

Le emozioni spesso ci portano a scegliere un gioco piuttosto che un altro nonostante la valutazione oggettiva delle loro probabilità (probabilità di vincita prevista). Pertanto, la tendenza è stata verso jackpot sempre più grandi come Mega Millions, Mega Billions o Mega Trillions, indipendentemente dalle piccole probabilità coinvolte.

In un esperimento condotto nel 1972, i partecipanti furono divisi in due gruppi; a quelli assegnati a uno è stato detto che avrebbero potuto subire una scossa elettrica mentre a quelli del secondo è stato detto che c'era solo un rischio del 50% che ciò accadesse. I ricercatori hanno misurato l'ansia fisica (frequenza cardiaca, nervosismo e sudorazione) poco prima di iniziare. Ciò che hanno scoperto è stato sconcertante: non c'era assolutamente alcuna differenza nei livelli di stress tra i due gruppi – tutti i partecipanti di entrambi erano ugualmente sopraffatti dalla preoccupazione. Successivamente, i ricercatori hanno annunciato una serie di diminuzioni della probabilità di shock per il secondo gruppo: dal 50% al 20% e poi al 10% e infine al 5%. Eppure non è stato possibile notare alcuna differenza! Tuttavia, quando a entrambi i gruppi è stato detto che avrebbero aumentato la forza della corrente prevista, i livelli di ansia sono aumentati di nuovo, più o meno nella stessa misura. Ciò mostra come reagiamo agli eventi in base alla magnitudo prevista piuttosto che alla loro probabilità; ci manca una comprensione intuitiva della probabilità.

Trascurare la probabilità porta a errori nel processo decisionale. Investiamo nelle start-up perché i loro potenziali profitti attirano il nostro interesse, ma trascuriamo (o siamo troppo pigri) per indagare se le nuove imprese raggiungono effettivamente tale crescita. Oppure, a seguito di un'ampia copertura mediatica di un incidente aereo, cancelliamo i voli senza considerare appieno le nostre opzioni.
Poiché è improbabile che si verifichi un crollo (e quindi non modifica i loro rendimenti), gli investitori amatoriali spesso confrontano gli investimenti esclusivamente in base al rendimento: ad esempio, le azioni di Google con un rendimento atteso del 20% sono considerate due volte più desiderabili rispetto alle proprietà con rendimenti del 10%. le loro

menti. Sfortunatamente, questo approccio trascura i rischi, qualcosa che la nostra intuizione naturale non ci dice di considerare adeguatamente.

Torniamo all'esperimento con la scossa elettrica: nel Gruppo B, la probabilità di ricevere una scossa elettrica è stata gradualmente ridotta dal 5% al 4% al 3% fino a raggiungere lo zero; solo allora il gruppo B ha reagito diversamente dal gruppo A; questo sembrava infinitamente preferibile che rischiare anche solo l'1%!

Mettiamolo alla prova considerando due approcci al trattamento dell'acqua potabile. Supponiamo che un fiume abbia due affluenti ugualmente grandi, entrambi trattati utilizzando i metodi A e B che riducono i rischi di morte a causa della contaminazione rispettivamente di 5 punti percentuali e 2 punti percentuali; e B che lo riduce da 1 punto percentuale a zero, eliminandolo completamente, ovvero eliminando completamente la minaccia. Sembrerebbe sensato per la maggior parte delle persone scegliere B; tuttavia ciò sarebbe sciocco dato che con la misura A muoiono tre volte meno persone che con B; mentre il metodo A è tre volte migliore! Questo errore è noto come bias a rischio zero

Un esempio iconico è il Food Act degli Stati Uniti del 1958, che vietò gli alimenti contenenti agenti cancerogeni per raggiungere un rischio di cancro pari a zero. Sebbene inizialmente efficace, questo divieto ha portato all'introduzione di additivi alimentari più pericolosi (ma non cancerogeni). Paracelso dimostrò nel XVI secolo che l'avvelenamento è sempre una questione di dosaggio, rendendo sostanzialmente inefficace qualsiasi legge che proibisca l'avvelenamento poiché non ci sarebbe modo di eliminare ogni molecola vietata dai prodotti alimentari. Ogni azienda agricola dovrebbe funzionare come una fabbrica di chip per computer ipersterile e il costo del cibo salirebbe alle stelle; dal punto di vista economico, il rischio zero raramente ha senso; con l'eccezione dei virus mortali che fuggono dai laboratori biotecnologici o delle forti tempeste che distruggono un raccolto agricolo.

Gli esseri umani non hanno una comprensione intuitiva del rischio e quindi distinguono male tra le minacce. Percepiamo un aumento del rischio come meno rassicurante quando si affronta un tema emotivo come la radioattività; due ricercatori dell'Università di Chicago hanno dimostrato questo risultato.
La paura della contaminazione da parte di sostanze chimiche tossiche è spesso una risposta irrazionale; tuttavia rimane comprensibile.

Vedi anche Bias di disponibilità (cap. 11); Trascuratezza del tasso di base (cap. 28), Problema con le medie (cap. 55), Bias di sopravvivenza (cap. 1), Illusione di controllo (cap. 17) Crescita esponenziale (cap. 34) e Avversione all'ambiguità (cap. 80).

PERCHÉ L'ULTIMO BISCOTTO NEL BARATTOLO FA ACQUA IN BOCCA

Una sera, a casa di una mia amica, per un caffè, i suoi tre figli iniziarono a lottare sul pavimento e noi facemmo del nostro meglio per coinvolgerli in una conversazione mentre i loro corpi litigavano su chi avrebbe preso l'ultima biglia dal mio sacchetto di biglie di vetro - mi sono ricordato di aver portato alcuni e li distribuirono nella speranza che giocassero pacificamente insieme; con mia grande incredulità, scoppiò un'accesa discussione! Ciò che era accaduto era del tutto inaspettato: tra tante biglie blu ce n'era solo una blu alla quale i bambini si affrettavano; tutte le altre biglie avevano esattamente le stesse dimensioni e luminosità, ma quella blu aveva il vantaggio di essere unica nel suo genere; mi ha fatto ridere a crepapelle per quanto potessero essere infantili i bambini!

Non appena ho sentito che Google avrebbe lanciato il suo servizio di posta elettronica nell'agosto del 2005, sapevo di volerne uno (cosa che alla fine è stata fatta). All'epoca, però, i nuovi account erano estremamente limitati e concessi solo su invito: questo rendeva il mio desiderio ancora più grande! Non che avessi bisogno di un altro account di posta elettronica (a quel punto ne avevo già quattro); non perché Gmail fosse superiore alla concorrenza; solo che non tutti ne avevano accesso e questo ha reso la mia voglia di averne uno ancora più grande! Ripensandoci, questo mi fa sorridere; gli adulti a volte possono essere infantili!

Rara sunt cara, come dicevano i romani. Raro è prezioso. In effetti, gli esseri umani soffrono da tempo di questa percezione errata della scarsità. Il mio amico con tre figli lavora part-time come agente immobiliare; ogni volta che ha potenziali acquirenti che non sanno decidere tra due opzioni immobiliari, chiama e dice che "Un medico di Londra l'ha visitato ieri". "Gli è piaciuto moltissimo. E tu, sei ancora interessato?"' Il medico londinese (a volte può essere anche professore o banchiere) è ovviamente di fantasia; tuttavia il suo effetto può essere molto reale: i potenziali clienti vedono un'opportunità scomparire davanti a loro e agiscono rapidamente per concludere un accordo, sempre a causa della potenziale carenza di offerta; questa situazione non può essere spiegata oggettivamente poiché o vogliono il terreno al prezzo stabilito oppure no; indipendentemente da eventuali medici fittizi di Londra che potrebbero apparire.

Il professor Stephen Worchel ha diviso i partecipanti in due gruppi per testare la qualità dei biscotti: uno ha ricevuto un'intera scatola mentre il secondo ne ha ricevuti solo alcuni. Il sottogruppo B comprendeva solo due cookie; quando è stato chiesto di valutare la loro qualità, questi soggetti hanno superato di gran lunga quelli del Gruppo 1. L'esperimento è stato ripetuto più volte con risultati simili ogni volta.

Le pubblicità spesso recitano: "Solo fino ad esaurimento scorte". I manifesti spesso ci avvertono di agire rapidamente quando si verificano errori di scarsità. I galleristi approfittano di questo errore posizionando punti rossi "venduti" sotto la maggior parte dei dipinti, rendendo i pochi pezzi rari e desiderabili rimasti ancora più desiderabili e creando così errori di scarsità che dovrebbero essere recuperati rapidamente prima che diventino oggetti più scarsi che devono essere acquistati. velocemente. Collezionisti di francobolli, appassionati di monete e di auto d'epoca spesso collezionano francobolli, monete e automobili anche se questi non hanno più un uso pratico: l'attrazione deriva da errori di scarsità piuttosto che da qualcosa di pratico! Tutto questo si somma.

Agli studenti è stato chiesto di disporre 10 poster in base all'attrattiva, con la consapevolezza che in seguito avrebbero potuto conservarne uno come ricompensa per la partecipazione. Cinque minuti dopo sono stati informati che uno non era disponibile, mentre tre non erano disponibili perché erano stati ritirati dal personale di sicurezza. Successivamente, è stato chiesto loro di rivedere tutti e dieci i poster da zero, e un poster che non esisteva più è diventato improvvisamente il più bello. Gli psicologi chiamano questo fenomeno reattanza: di fronte a scelte che non possiamo avere, il nostro cervello spesso reagisce assegnando maggiore attrattiva ad alternative che non esistono più: un atto di sfida contro la perdita di controllo su un'opzione. L'effetto Romeo e Giulietta è ben noto: la storia d'amore proibita tra adolescenti shakespeariani li porta a un desiderio irrefrenabile che non conosce confini. Non necessariamente di natura romantica: in America le feste studentesche sono piene di studenti ubriachi disperati a causa del divieto delle leggi sul consumo di alcolici minorenni.

Conclusione: in risposta alla scarsità, la maggior parte delle persone tende a prendere decisioni con poca lucidità. Quando si effettuano acquisti e decisioni basati esclusivamente sull'analisi costi-benefici, qualsiasi segno che un articolo potrebbe scomparire rapidamente non dovrebbe avere importanza; né i medici londinesi dovrebbero interessarsene.
Note sull'effetto di contrasto (cap. 10); Paura del rimpianto (cap. 82) e effetto denaro in casa (cap. 84) Per ulteriori approfondimenti, quando senti il battito degli zoccoli non aspettarti una zebra!

NEGLIGENZA DEL TASSO DI BASE

Immagina che Mark sia un uomo magro tedesco con gli occhiali a cui piace ascoltare Mozart. Molto probabilmente è: A) un camionista in Germania, o B) un professore di letteratura a Francoforte? La maggior parte indovinerà B, il che sarebbe errato poiché la Germania ha 10.000 volte più camionisti che professori di letteratura, il che significa che più probabilmente dovrebbe essere un camionista! Le nostre menti sono state ingannate da descrizioni dettagliate che ci allontanavano dalla realtà statistica; gli scienziati chiamano questo errore logico trascuratezza del tasso di base che ci allontana dal considerare i livelli di distribuzione fondamentali - uno dei nostri errori di ragionamento più frequenti! Molti giornalisti, economisti e politici ne cadono regolarmente vittime, con il risultato che vengono prese decisioni sbagliate quando si fanno ipotesi su quale risultato potrebbe verificarsi dalle nostre ipotesi riguardanti i livelli di distribuzione fondamentali che vengono ignorati quando si prendono decisioni che potrebbero portarci su questa strada!

Ecco un altro scenario in cui un giovane viene pugnalato a morte: quale opzione è più probabile? A) Un aggressore potrebbe essere un immigrato russo illegale che importa coltelli da combattimento illegalmente, o B) Un aggressore proviene dalla classe media americana che importa questi coltelli illegalmente - l'opzione B è molto più probabile dato che ci sono milioni di americani di classe media in più rispetto ai coltelli russi importatori.

La negligenza del tasso di base gioca un ruolo fondamentale in medicina. L'emicrania, ad esempio, potrebbe indicare qualsiasi cosa, da un'infezione virale o un tumore al cervello a problemi cardiaci; i medici di solito valutano le infezioni virali prima di eseguire i test per i tumori per garantire il benessere del paziente. I residenti delle scuole di medicina dedicano molto tempo all'eliminazione del tasso di abbandono; un motto spesso ripetuto ai futuri medici negli Stati Uniti è "Quando senti il rumore degli zoccoli dietro non ti aspetti di vedere una zebra!" il che significa: indaga prima sui disturbi più probabili prima di diagnosticare quelli esotici, anche se quella specialità lo richiede.

I medici sono gli unici professionisti ad avere accesso a una formazione così ampia; sfortunatamente, poche persone nel mondo degli affari ricevono una presentazione del genere. Spesso mi emoziono quando leggo i piani aziendali di imprenditori di alto livello che potrebbero diventare il prossimo Google! Eppure, dopo un esame più attento, mi rendo conto che la probabilità che la loro azienda sopravviva ai primi cinque anni è solo del 20%; quindi anche la loro probabilità di sopravvivenza deve riflettere questa realtà.
Warren Buffett una volta spiegò perché non investe in aziende biotecnologiche: "Quante di queste aziende realizzano un fatturato di diverse centinaia di milioni di dollari?"

Semplicemente non succede?...?Lo scenario più probabile per queste aziende rimarrà probabilmente una via di mezzo.' Questo è un chiaro modo di pensare basato sul tasso di base. Il tasso di abbandono della maggior parte delle persone può essere attribuito al bias di sopravvivenza (capitolo 1): tendono a vedere solo individui e aziende di successo poiché i casi infruttuosi tendono a non essere segnalati (o sottostimati), portandoli così a trascurare quei casi più "invisibili" che esistere dentro.

Immaginate questo: quando si degusta vino in un ristorante, l'etichetta su ogni bottiglia è stata rimossa, lasciando solo un indicatore della sua origine: la Francia è tipicamente tre quarti dei vini offerti quindi, senza saperlo meglio, molto probabilmente sceglieresti la Francia al posto di Opzioni cilene o californiane.

A volte ho lo sfortunato piacere di parlare davanti a studenti di prestigiose business school. Alla domanda sui loro obiettivi di carriera, molti rispondono che nel medio termine si vedono nei consigli di amministrazione di aziende globali - risposte simili hanno dato i miei compagni di studio quando abbiamo partecipato. Quando vengono fornite queste informazioni, gli studenti di solito rispondono che con una laurea conseguita in questa scuola le possibilità di ottenere un posto nel consiglio di amministrazione di un'azienda Fortune 500 sono inferiori allo 0,1% - che molto probabilmente finiranno invece da qualche parte all'interno del middle management - il che suscita sempre sguardi scioccati ma penso di aver dato un piccolo contributo per mitigare le loro future crisi di mezza età!
Vedi anche: hesitez 1 26 Gambler's Fallacy (cap. 29); Errore di congiunzione (cap. 41); Problema con le medie (cap. 55) Bias informativo (cap. 59); Avversione all'ambiguità (cap. 8) (Teoria delle sciocchezze 29 - Un fatto provato).

L'errore del giocatore d'azzardo Qualcosa di straordinario accadde a Monte Carlo nel 1913: grandi folle riunite attorno al tavolo della roulette rimasero stupite nel vedere la pallina cadere sul nero venti volte consecutive! I giocatori hanno tratto pieno vantaggio da questo fenomeno, piazzando rapidamente i soldi sul rosso, ma ancora una volta la pallina si è fermata sul nero nonostante più persone avessero scommesso sul rosso rispetto a prima - fino al ventisettesimo giro, quando la pallina si è finalmente fermata sul rosso - lasciando milioni in gioco e giocatori in bancarotta in pochi minuti.

Immagina questo: il QI medio degli alunni in una grande città è 100. Per indagare ulteriormente, prendi un campione casuale di 50 studenti con un bambino testato con un QI di 150 e osserva i loro progressi per diversi mesi. La maggior parte delle persone indovina 100; forse pensare che lo studente super-intelligente sarà compensato da qualcuno che ha un QI medio di 50 o da due studenti inferiori alla media che hanno rispettivamente un QI di 75 - tuttavia questo scenario è altamente improbabile; piuttosto dobbiamo aspettarci che ciascuno dei nostri restanti 49 rappresenterà la propria popolazione avendo ciascuno un QI medio di 100 dandoci un punteggio medio di 101 per i nostri 50 studenti.

Gli esperimenti di Monte Carlo e del QI dimostrano come le persone tendano a credere che esista una "forza equilibratrice dell'universo" invisibile; questo è noto come errore del giocatore d'azzardo. Con eventi indipendenti, tuttavia, non esiste tale forza: le palline non riescono a ricordare quanto spesso finiscono sul nero. Eppure uno dei miei amici inserisce i suoi numeri settimanali di Mega Millions in un foglio di calcolo Excel prima di giocare a quelli che sono apparsi meno spesso - tutto questo lavoro per niente - anche lui cade vittima dell'errore del giocatore d'azzardo!

Una battuta illustra questo fenomeno: un matematico che teme di volare a causa del rischio di un attacco terroristico prende ogni volo con una bomba nel bagaglio a mano nel caso in cui dovesse succedere qualcosa a bordo; con questa misura in atto, la sua probabilità di averne uno a bordo aumenta in modo significativo.
"Le possibilità che due bombe si trovino su un aereo sono estremamente remote!" Afferma inoltre.

Immagina di essere costretto a spendere migliaia di dollari dei tuoi soldi scommettendo sul risultato del prossimo lancio della moneta, ottenendo ogni volta testa. Dato questo scenario, molte persone probabilmente sceglierebbero croce anche se testa è altrettanto probabile. L'errore del giocatore d'azzardo ci fa credere che qualcosa debba cambiare!

Ancora una volta qualcuno ti obbliga a piazzare una scommessa. Scegli testa o croce questa volta? Ora che hai visto alcuni esempi, hai familiarità con il gioco; sapendo che potrebbe andare in entrambi i modi. Sfortunatamente, ci siamo appena imbattuti in un'altra trappola della deformazione professionnelle dei matematici (supervisione professionale); la logica dice che testa è probabilmente l'opzione più saggia poiché la moneta appare truccata contro croce.

Articoli recenti hanno esaminato la regressione alla media. Ad esempio, considera questo scenario: se nella tua zona si registra un freddo record, è probabile che la temperatura ritorni ai valori normali nei prossimi giorni, proprio come in un casinò! I complessi meccanismi di feedback nell'atmosfera garantiscono che gli estremi si equilibrino nel tempo mentre gli estremi a volte si intensificano – ad esempio quando i ricchi diventano ancora più ricchi e le azioni che esplodono creano domanda aggiuntiva a causa della loro eccellenza – creando una sorta di effetto di compensazione inversa.

Sii consapevole degli eventi indipendenti e interdipendenti nel tuo ambiente. Eventi puramente indipendenti esistono solo nei casinò, nelle lotterie e in contesti teorici: questi possono esistere nei casinò, nelle lotterie o a livello teorico; la vita reale spesso ci presenta eventi correlati che si influenzano a vicenda: pensiamo ai mercati finanziari o alla salute. Gli eventi passati influenzano quelli futuri. Per quanto possa sembrare un'idea confortante, semplicemente non esiste una forza di equilibrio là fuori per proteggere eventi indipendenti dalle influenze negative; non esiste nemmeno il concetto "ciò che va in giro, torna in giro"! Vedi anche: Medie (cap. 55); Negligenza del tasso di base (cap. 28); Deformazione Professionnelle (cap. 92); Regressione alla media (cap. 19); Simple Logic (cap. 63) per ulteriori discussioni su questi argomenti. 29

PERCHÉ LA RUOTA DELLA FORTUNA CI FA SPIRALE?

Dove è nato Abramo Lincoln? Senza accesso immediato a una risposta e con la batteria del tuo smartphone appena scarica, come risponderesti a una domanda del genere? Forse sapere che fu presidente durante la guerra civile americana nel 1860 e che divenne il primo presidente degli Stati Uniti mai assassinato ti basta? Vedere il Lincoln Memorial a Washington non evoca immagini di un giovane energico, ma più simili a quelle di un veterano anziano di 60 anni. Poiché fu assassinato tra il 1860 e il 1864 (morì nel 1809), il 1805 è il nostro anno di nascita stimato (in realtà dovrebbe essere il 1809). Come lo abbiamo capito? Usando un punto di ancoraggio come il 1865 come punto di partenza e lavorando a ritroso da lì per fare una stima plausibile.

Quando dobbiamo indovinare qualcosa, ad esempio la lunghezza del fiume Mississippi, la densità di popolazione in Russia o il numero delle centrali nucleari in Francia, utilizziamo le ancore. Partendo da qualcosa di familiare esploriamo da lì un territorio sconosciuto. Quale altro modo potrebbe esserci per farlo se non togliendo numeri casuali dalla nostra testa? Sarebbe del tutto irrazionale!

Sfortunatamente, anche gli ancoraggi possono essere utilizzati in modo improprio. Ad esempio, in una lezione un professore ha chiesto ai suoi studenti di annotare le ultime due cifre dei loro numeri di previdenza sociale prima di decidere se fare un'offerta per una bottiglia di vino all'asta in base a tali cifre, portandoli a fare un'offerta quasi due volte di più se il loro numero era più alto rispetto a quelli più bassi! Dimostrando così come i numeri di previdenza sociale fungano da ancora; anche se in modo indiretto o ingannevole.

Lo psicologo Amos Tversky ha condotto un esperimento utilizzando la ruota della fortuna. I partecipanti lo lanciavano e poi veniva loro chiesto quanti stati membri hanno le Nazioni Unite; le loro ipotesi confermarono l'effetto ancoraggio: gli individui che avevano lanciato numeri alti sulla ruota avevano fornito stime più elevate rispetto a coloro che non avevano lanciato numeri così alti.

Russo e Shoemaker hanno condotto una ricerca volta a scoprire quando Attila l'Unno fu sconfitto in Europa, in modo simile a chiedere agli studenti in quale anno la previdenza sociale iniziò ad essere implementata.
Ai partecipanti venivano quindi assegnati punti di ancoraggio in base alle ultime cifre del loro numero di telefono, con quelli con numeri più alti che sceglievano gli anni successivi e viceversa (Attila fu ucciso nel 453)

Le ancore abbondano e tutti ci aggrappiamo ad esse. Ad esempio, molti prodotti contengono un "prezzo al dettaglio consigliato" pubblicizzato, che funge da punto di ancoraggio. I professionisti delle vendite sanno che devono stabilire i prezzi in anticipo, molto prima che venga presentata un'offerta, per garantire il successo delle vendite. Inoltre, la ricerca ha dimostrato che conoscere i voti precedenti degli studenti influenza il modo in cui gli insegnanti valutano il nuovo lavoro: gli ultimi voti fungono da punto di partenza.

I miei primi anni li ho trascorsi presso una società di consulenza. Il mio capo era abile nell'usare le ancore. Nella sua conversazione iniziale con qualsiasi cliente, fissava un prezzo di apertura che, per legge, superava di gran lunga i nostri costi interni: "Affinché non si sorprenda quando riceverà il suo preventivo, signor Tal dei tali: ha recentemente completato un un progetto simile per un vostro concorrente ammontava a circa cinque milioni di dollari". Poi quell'ancora è stata lasciata cadere: le trattative sui prezzi sono iniziate esattamente a questo importo.

Vedi anche Inquadratura (cap. 42).

Inizialmente il timido animale sembra scettico; alla fine, tuttavia, la sua resistenza diminuisce e iniziano a mangiarsi regolarmente l'uno dall'altro. Alla fine, però, i loro sospetti scendono e la loro fiducia diventa più forte di prima. Dopo diversi mesi, l'oca arriva a credere che il suo allevatore abbia a cuore i suoi migliori interessi, poiché ogni giorno in più di alimentazione conferma questa supposizione. Rimase esterrefatta quando il giorno di Natale lo tirò fuori dal suo recinto, per poi massacrarla! David Hume usò un'allegoria che coinvolgeva le oche di Natale come avvertimento contro il pensiero induttivo, la tendenza a dedurre verità universali da osservazioni individuali. Sebbene la sua storia possa sembrare rilevante solo nel periodo natalizio, le sue lezioni si estendono ben oltre questo simbolico uccello festivo. Ma il ragionamento induttivo non riguarda solo le oche.

Un investitore acquista il titolo X e inizialmente si insospettisce quando il prezzo delle sue azioni sale alle stelle, sospettando che possa esistere una bolla. Ma col passare del tempo e continuando la sua traiettoria ascendente, il suo sospetto lascia il posto all'eccitazione: questo titolo potrebbe non scendere mai! In appena sei mesi vi impegna tutti i suoi risparmi, senza tenere conto del rischio associato all'investimento dei risparmi di una vita, solo per poi pagare a caro prezzo decisioni così sciocche prese per avidità e ignoranza.

Il pensiero induttivo non ha bisogno di condurti lungo un percorso verso il disastro; in effetti, potresti trasformare il pensiero induttivo in una fonte di profitto inviando e-mail con previsioni sia per i prezzi in aumento il prossimo mese che per quelli in calo, prevedendo che potrebbero scendere. Invia la prima email a 50.000 persone e poi a un gruppo separato di 50.000 persone dopo un mese, quando gli indici erano diminuiti in modo significativo. Ora invia un'altra email, ma questa volta solo alle 50.000 persone che hanno ricevuto previsioni accurate nella loro prima email. Dopo 10 mesi rimarranno circa 100 dei tuoi clienti. Dal loro punto di vista, hai dimostrato i tuoi poteri profetici. Alcuni si fideranno di te con i loro soldi: prendili e ricomincia a vivere la vita in Brasile.
Tuttavia, non veniamo ingannati solo da sconosciuti ingenui; anche noi stessi possiamo essere ingannati; coloro che si ammalano raramente si credono immortali. Gli amministratori delegati che registrano trimestri consecutivi di aumento dei profitti tendono a ritenersi imbattibili, così come i loro dipendenti e azionisti. Una volta avevo un amico a cui piaceva il base jumping. Si lanciava da scogliere, antenne, edifici, ecc., tirando il cordino solo all'ultimo momento prima di atterrare sano e salvo sulla terra. Un giorno, gli ho chiesto quale fosse il livello di rischio che comportava lo sport che aveva scelto e la sua risposta è stata piuttosto casuale: "Ho più di 1.000 salti al mio attivo e non mi succede mai nulla". Due mesi dopo morì lanciandosi da una scogliera particolarmente pericolosa in Sud Africa: questo tragico evento smentì tutte le teorie ripetutamente dimostrate.

Il pensiero induttivo può avere ripercussioni disastrose, eppure dipendiamo da esso ogni giorno per sopravvivere. Quando saliamo a bordo di un aereo restano valide le leggi aerodinamiche; confidiamo che non avvengano attacchi casuali per strada; il nostro cuore dovrebbe battere ancora domani – sono garanzie essenziali senza le quali la vita non andrebbe avanti – ma bisogna sempre ricordare che solo le certezze come la morte e le tasse sono permanenti; Benjamin Franklin lo disse meglio: "Niente è certo tranne la morte e le tasse".

L'induzione può indurci a credere cose del tipo: "L'umanità è sempre sopravvissuta, quindi saremo in grado di affrontare anche qualsiasi sfida futura". Sebbene ciò sembri logico in teoria, ciò che molti non riescono a riconoscere è che tali affermazioni possono provenire solo da specie sopravvissute fino a questo punto; supporre che la nostra sopravvivenza oggi indichi la sopravvivenza futura sarebbe un errore epico e forse l'errore di ragionamento più grave di sempre.

Falsa causalità (cap.37); Qui vengono trattati anche i bias di sopravvivenza (cap. 1).

PERCHÉ IL MALE COLPISCE PIÙ DIFFICILE DEL BENE?

Avversione alla perdita Come ti senti attualmente su una scala da 1 a 10? Ora immagina cosa ti porterebbe fino a 10 anni, come quel viaggio ai Caraibi che hai sempre desiderato o un aumento nell'avanzamento di carriera? Continuando questo esercizio: cosa potrebbe ridurre il tuo punteggio dello stesso numero? Paralisi, morbo di Alzheimer, cancro, depressione, guerra, fame, tortura, rovina finanziaria, danno, perdita di reputazione, rapimento di un amico, cecità, morte sono solo alcune delle opzioni disponibili che causerebbero grande dispiacere; semplicemente pensare a tutte queste possibilità ci rende consapevoli di quanti ostacoli esistano in termini di mantenimento dello spettro della felicità rispetto a tutte quelle influenze positive; tutto questo elenco evidenzia quanti ostacoli esistano e i loro effetti molto più gravi dei benefici; non c'è da stupirsi che non cerchiamo la felicità come mai pensavamo di fare prima.

Ad un certo punto del nostro passato evolutivo, questo era ancora più vero: un piccolo errore poteva portare alla morte istantanea. Qualsiasi cosa potrebbe causare la tua rapida partenza dalla vita: pratiche di caccia imprudenti, infiammazioni ai tendini o esclusione dal gruppo. Le persone imprudenti o imprudenti spesso morivano prima di trasmettere i propri geni alle generazioni future; solo quelli cauti sono sopravvissuti e sono i nostri discendenti oggi.

Quindi è comprensibile il motivo per cui temiamo la perdita più del guadagno; perdere $ 100 ci costa una felicità molto più grande di qualsiasi gioia che potremmo portarci se invece ce li dessi. In effetti, gli studi hanno dimostrato che una risposta emotiva pesa il doppio di qualsiasi guadagno simile: gli scienziati sociali chiamano questo fenomeno avversione alla perdita.

Per questo motivo, quando cerchi di convincere qualcuno di qualcosa, non concentrarti sui suoi benefici; sottolineano invece come ciò li aiuta a evitare gli svantaggi. Una campagna per promuovere l'autoesame del seno (BSE) ha utilizzato due diversi volantini distribuiti tra le donne per diffondere informazioni sulla BSE. L'opuscolo A affermava: "La ricerca indica che le donne che partecipano alla BSE hanno una maggiore possibilità di scoprire tumori in uno stadio precoce e più curabile". L'opuscolo B affermava: "La ricerca ha rivelato che le donne che si astengono dal praticare la BSE hanno una maggiore possibilità di trovare tumori cancerosi in stadi precoci e più curabili". Lo studio indicava che la narrazione dell'opuscolo B (scritta da un "quadro di perdita") ha creato una consapevolezza significativamente maggiore e cambiamento di comportamento rispetto all'opuscolo A (scritto in una "cornice di guadagno").
La paura della perdita motiva le persone più della prospettiva di ottenere qualcosa di pari valore, quindi se la tua azienda offre prodotti per l'isolamento domestico, un modo efficace

per incoraggiare i clienti all'acquisto è mostrare loro quanti soldi potrebbero perdere senza isolamento invece di quanto potrebbero perdere. potrebbe risparmiare, anche se entrambi gli importi rimarrebbero gli stessi.

Sul mercato azionario, gli investitori spesso ignorano le perdite sulla carta poiché una perdita non realizzata è meno dolorosa di una reale; quindi rimangono investitori anche se le possibilità di ripresa o di ulteriore declino potrebbero essere scarse. Una volta ho incontrato un multimilionario che era molto turbato per aver perso 100 dollari in un istante; eppure il suo portafoglio oscillava almeno di questo importo ogni secondo! Ho provato a spiegargli che questa emozione è ingiustificata poiché il suo portafoglio oscilla ogni secondo almeno di questo importo!

I manager delle grandi aziende in genere spingono i dipendenti a essere più audaci e più intraprendenti, ma in realtà molti dipendenti tendono ad essere avversi al rischio. Dal loro punto di vista, questo ha senso: perché rischiare qualcosa che potrebbe portare a un aumento del bonus o peggio: una ricevuta rosa? Nella maggior parte dei casi e delle situazioni, la protezione della carriera supera qualsiasi potenziale ricompensa, quindi se sei rimasto perplesso sul motivo per cui l'assunzione di rischi da parte dei tuoi dipendenti sembra carente, ora sai perché (anche se quando i dipendenti si assumono rischi significativi questo spesso si presenta sotto la maschera di decisioni di gruppo - scopri di più nel capitolo 33 sull'ozio sociale).

Il male è più potente e prevalente del bene; tendiamo a reagire in modo più forte quando ci capitano cose negative rispetto a quando arrivano cose positive; i volti spaventosi tendono a risaltare di più per strada rispetto a quelli sorridenti; ricordiamo i comportamenti scorretti più a lungo, tranne quando riguardano noi stessi!
Vedi anche Effetto House-Money (cap. 84); Effetto dotazione (cap. 23), Loafing sociale, (cap. 33) Effetto predefinito, Errore dei costi irrecuperabili e Framing nonché Euristica degli affetti nel capitolo 42 per ulteriori approfondimenti. (Cap. 66) .

PERCHÉ I MEMBRI DEL TEAM SONO PIGRI

Ozio sociale

Nel 1913, l'ingegnere francese Maximilian Ringelmann condusse una ricerca sulle prestazioni dei cavalli. Con suo grande stupore, due cavalli che trainavano una carrozza non equivalevano al doppio di quello di un cavallo da solo. Perplesso da questo risultato, Ringelmann rivolse le sue ricerche all'uomo; avendo più individui che tiravano insieme le corde contemporaneamente mentre misurava la forza applicata da ciascuno individualmente, scoprì che quando due persone tiravano insieme investevano una media del 93% della loro forza individuale nel tirare insieme; con tre messi insieme l'investimento è sceso all'86%; quando tre messi insieme solo il 49%!

La scienza si riferisce a questo fenomeno come all'effetto di ozio sociale. Ciò si verifica quando la prestazione individuale non è immediatamente evidente, quando i contributi individuali si fondono nello sforzo collettivo anziché essere visibili direttamente agli osservatori. L'ozio sociale si verifica spesso nelle gare di voga, ma non nelle gare a staffetta in cui i contributi individuali diventano evidenti. L'ozio sociale può essere un comportamento razionale: perché investire tutta la tua energia quando ne basterà la metà? Anche prendere scorciatoie senza che nessuno se ne accorga è una pratica comune, come i cavalli di Ringelmann! Nel complesso, l'ozio sociale può essere visto come una forma di imbroglio di cui tutti noi siamo colpevoli di essere coinvolti inconsciamente, proprio come fece Ringelmann quando lavorava contro di loro contro gli avversari!

Man mano che le persone lavorano insieme, le prestazioni individuali tendono a diminuire, cosa che non dovrebbe sorprendere, ma ciò che dovrebbe risaltare è il nostro contributo continuo nonostante la diminuzione delle prestazioni individuali. Cosa ci impedisce di arrenderci completamente e di lasciare tutto il duro lavoro agli altri? Conseguenze: una prestazione zero verrebbe notata e potrebbe comportare conseguenze gravi come l'esclusione da un gruppo o la denigrazione; L'evoluzione ci ha dato sensi finemente sintonizzati che ci permettono di discernere quanto l'ozio può passare inosservato da noi stessi o rilevarlo negli altri.

L'ozio sociale si estende ben oltre la prestazione fisica; ci rilassiamo anche mentalmente. Ad esempio, le riunioni in cui sono presenti troppi partecipanti tendono a vedere una partecipazione individuale più debole rispetto a quando sono presenti solo 20 o 100; una volta superata questa soglia, però, i livelli di prestazione si stabilizzano. Non importa se un gruppo è composto da 20 o 100 membri, poiché abbiamo raggiunto la massima inerzia e il massimo potenziale di prestazione.

Resta una domanda fastidiosa: chi ha originato l'idea che i team surclassano gli individui? Forse giapponese. Trenta anni fa.
Gli economisti aziendali hanno esaminato il miracolo industriale del Giappone e hanno osservato che le sue fabbriche erano organizzate in squadre. Gli economisti aziendali hanno poi tentato di copiare questo modello con alterne fortune: alcuni team hanno ottenuto risultati eccezionalmente buoni, ma non altri (probabilmente perché lì raramente si verificava ozio sociale), mentre in Europa i team composti da persone diverse ma specializzate hanno ottenuto i risultati complessivamente migliori; all'interno di tali gruppi le prestazioni individuali potrebbero essere facilmente identificate e ricondotte.

L'ozio sociale può avere profonde ramificazioni. I membri del gruppo tendono a limitare sia la partecipazione che la responsabilità per misfatti del gruppo o decisioni sbagliate. Nessuno vuole assumersi la colpa da solo. Un esempio eclatante è il processo contro i nazisti al processo di Norimberga; in modo meno controverso, si consideri qualsiasi consiglio di amministrazione o gruppo dirigente. Spesso ci nascondiamo dietro le decisioni del team per evitare di assumerci responsabilità; questa pratica è nota come diffusione della responsabilità. Le dinamiche di gruppo li inducono anche a correre rischi maggiori di quelli che correrebbero individualmente; i membri tendono a credere che non saranno ritenuti personalmente responsabili se qualcosa va storto, il che porta a cambiamenti rischiosi. Questo fenomeno è particolarmente rischioso tra gli strateghi delle aziende e dei fondi pensione con miliardi in gioco e tra i dipartimenti della difesa in cui i gruppi decidono quando dovrebbero essere schierate le armi nucleari.

Conclusione: le persone si comportano diversamente quando sono in gruppo rispetto a quando sono sole (altrimenti non ci sarebbero gruppi). Gli aspetti negativi dei gruppi possono essere compensati rendendo il più possibile visibili le performance individuali: viva la meritocrazia! Viva la società dello spettacolo!

Affollamento motivazionale (cap. 56); Prova sociale (cap. 4); Pensiero di gruppo (cap. 25); Avversione alla perdita (cap. 32)

CIRCONDATO DA CARTA?

CRESCITA ESPONENZIALE

Immagina di piegare un foglio di carta ripetutamente in due, solo che questa volta lo pieghi di nuovo su se stesso - 50 volte in totale? Quale stima sarà il suo spessore dopo averlo piegato 50 volte? Prendi nota della tua ipotesi prima di continuare a leggere.

Secondo compito. Seleziona una delle due opzioni dal basso. A) Nei prossimi 30 giorni ti darò \$ 1.000 al giorno. B) Darò un centesimo al giorno a partire dal Giorno 1, seguito da due centesimi il Giorno 2, poi quattro centesimi e così via fino all'arrivo del Giorno 31 e il totale della tua ricompensa raggiungerà gli otto centesimi ogni giorno successivo. Ma decidere rapidamente tra A o B?

Sei preparato? Supponendo che un foglio di carta da copia misuri circa 0,004 pollici di spessore, il suo spessore dopo 50 pieghe supera i 60 milioni di miglia; che equivale alla distanza tra la Terra e il Sole misurata con una calcolatrice. Nel rispondere alla domanda 2, la scelta dell'opzione B può sembrare meno allettante ma produrrà più ricompense in soli 30 giorni rispetto ad A; scegliendo l'opzione A ti darebbero \$ 30.000 ma B più di \$ 5 milioni!

La crescita lineare è intuitivamente compresa. Ma non abbiamo il senso della crescita esponenziale (o percentuale), probabilmente perché i nostri antenati prima non ne avevano bisogno! Le loro esperienze tendevano ad essere lineari: dedicare il doppio del tempo alla raccolta delle bacche fruttava il doppio dei guadagni e uccidere due mammut invece di uno allungava la caccia della metà. Ma oggi la crescita esponenziale non è più una cosa rara! Nell'età della pietra le persone raramente incontravano una crescita esponenziale. Ora le cose sono diverse.

"Ogni anno gli incidenti stradali aumentano del 7%", avverte un politico. Per capire intuitivamente cosa significa, usiamo una formula semplice: 70 diviso 7 = 10 anni - che indica che gli incidenti stradali raddoppiano ogni decennio (sezione note per ulteriori spiegazioni sul perché quel numero 70?). Ciò indicherebbe uno scenario allarmante! Se questa cifra non ti sembra familiare, prendi nota del logaritmo; la sua definizione può essere trovata lì).

Un altro esempio: l'inflazione è al 5%, portando molte persone a pensare che non rappresenti una minaccia eccessiva, finché non si calcola il tempo di raddoppio: 70 diviso 5 = 14 anni, il che significa che tra 14 anni un dollaro varrà solo valere la metà: un vero disastro per chiunque abbia un conto di risparmio!

Immagina di essere un giornalista che riferisce che le registrazioni di cani registrati nella tua città stanno aumentando del 10% ogni anno; come racconterai ai lettori questa notizia? A nessuno importa, quindi annunciano invece: "Diluvio di cani: raddoppia il numero di bastardi in 7 anni!" A nessuno importerà più di tanto: alla gente non importerà nemmeno che le registrazioni siano aumentate del 10%.

Niente di ciò che cresce in modo esponenziale continuerà per sempre; molti politici, economisti e giornalisti dimenticano questa verità. Tale crescita alla fine raggiunge il suo limite; per esempio, l'Escherichia coli si divide ogni venti minuti e potrebbe coprire il pianeta in pochi giorni ma non può continuare perché consuma più ossigeno e zucchero di quelli disponibili. Pertanto la sua crescita alla fine raggiunge un punto di impasse e si interrompe.

Gli antichi persiani comprendevano la difficoltà associata alla crescita percentuale. Ecco un'interessante storia locale: un saggio cortigiano presentò in dono al re una scacchiera e chiese come avrebbero potuto ringraziarlo; la sua risposta? Coprilo con il riso coprendo un chicco su ogni quadrato prima di aumentare con due chicchi aggiuntivi due volte per ogni quadrato da allora in poi! Sorpreso, il re Dario rispose che era davvero un onore per loro che richieste così modeste provenissero da cortigiani così degni!

Ma di quanto riso ha bisogno? All'inizio stimò circa un sacco. Quando i suoi servitori iniziarono il compito - ponendo a turno un chicco su ogni quadrato finché non ci furono quattro chicchi per quadrato e così via - si rese conto che aveva bisogno di più chicchi di quelli disponibili sulla terra.

Quando si tratta di tassi di crescita, non fare affidamento sull'intuito: non ne hai. Accettalo invece. Ciò che aiuta veramente è usare una calcolatrice o, nei casi con tassi di crescita bassi, usare 70 come numero magico.

Vedi anche Logica semplice (cap. 63); Trascuratezza della probabilità (cap. 26); La legge dei piccoli numeri (cap. 61)

LA MALEDIZIONE DEL VINCITORE

Il Texas negli anni '50. Dieci compagnie petrolifere competono per un appezzamento di terreno messo all'asta del valore compreso tra 10 e 100 milioni di dollari; quando i prezzi aumentano durante le offerte, più aziende abbandonano le offerte fino a quando finalmente una società presenta l'offerta più alta e vince l'asta con i tappi di champagne che stanno saltando!

La "Maledizione del vincitore" sostiene che i vincitori delle aste spesso finiscono per perdere, come evidenziato dagli analisti del settore che hanno notato aziende che sono sempre risultate vincenti nelle aste dei giacimenti petroliferi pagate in eccesso e poi sono fallite - qualcosa che non dovrebbe sorprendere quando le stime variano tra $ 10 milioni e $ 100 milioni; le stime spesso si trovano nel mezzo; spesso, le offerte elevate dell'asta superano il loro valore reale; in Texas, tuttavia, i manager del settore petrolifero hanno celebrato quella che, dopo tutto, è diventata una vittoria costosa.

Oggi questo fenomeno riguarda tutti noi. Da eBay a Groupon a Google AdWords, i prezzi sono fissati dalle aste: da eBay a Groupon a Google AdWords; le guerre di offerte sulle frequenze dei cellulari portano le società di telecomunicazioni più vicine alla bancarotta; gli aeroporti affittano i propri spazi commerciali al miglior offerente; o quando Walmart pianifica un lancio di detersivi richiedendo offerte a cinque fornitori (in effetti un'asta con il rischio associato alla vincita e all'essere maledetti con la maledizione del vincitore!). Anche Walmart introduce i prodotti attraverso le aste - chiedere ai fornitori le offerte di cinque fornitori è solo un'altra asta - solo che questa volta rischia di essere maledetto!

Le aste su Internet della vita quotidiana si sono estese anche ai commercianti. Quando avevo bisogno di dipingere le mie pareti, invece di cercare un qualsiasi pittore nelle vicinanze, ho pubblicato il mio annuncio online: 30 pittori da oltre 300 miglia hanno gareggiato per questo, offrendo preventivi così bassi che è diventato impossibile per me accettare - per gentilezza verso il centro commerciale! L'offerta migliore è arrivata da uno così povero che per simpatia l'ho rifiutata per risparmiargli la maledizione del vincitore!

Anche le offerte pubbliche iniziali (IPO) e le fusioni e acquisizioni, più comunemente denominate fusioni e acquisizioni, possono essere viste come aste. Sfortunatamente, secondo uno studio di McKinsey, più della metà delle acquisizioni ha distrutto valore!
Perché soccombiamo alla maledizione del vincitore? Ci sono un paio di fattori in gioco. Innanzitutto, i valori reali di molte cose rimangono incerti. Inoltre, più parti interessate aumentano le probabilità che venga presentata un'offerta eccessivamente entusiasta. Il secondo è la competizione tra i venditori; un amico proprietario di una fabbrica di

micro-antenne ha raccontato come Apple abbia istigato un'intensa guerra di offerte per i fornitori durante lo sviluppo dell'iPhone: tutti volevano un contratto ufficiale anche se questo avrebbe potuto significare perdite finanziarie lungo la strada per i fornitori vincenti.

Quanto offriresti per $ 100? Supponiamo che tu e un avversario siate invitati a un'asta in cui vince chi fa l'offerta più alta ed entrambi gli offerenti devono presentare le loro offerte finali a quel punto: quanto sarebbe alta la tua offerta? Dal tuo punto di vista, ha senso offrire $ 20, $ 30 o $ 40; il tuo avversario fa lo stesso e anche $ 99 sembrano ragionevoli quando si parla di banconote da $ 100, eppure ora propongono di offrire invece $ 100! Se questa rimane l'offerta più alta, andrà in pareggio (pagando $ 100 per $ 100), mentre tu dovrai solo sborsare $ 99. Finché questa rimane l'offerta più alta, entrambi i giocatori usciranno alla pari. Quindi continui a fare offerte. A $110 hai una perdita garantita di $10; il tuo avversario dovrebbe presentare $ 109 (la sua ultima offerta), il che significa che entrambi continueranno a giocare finché uno o entrambi non rinunceranno del tutto a giocare: quando smetterai di puntare e quando smetterà di puntare il tuo concorrente? Provalo con gli amici!

Warren Buffett ha dato qualche buon consiglio riguardo alle aste: "Non andateci". Se le aste sono necessarie nel tuo settore, stabilisci un prezzo massimo e deduci da esso il 20% come compensazione contro la maledizione del vincitore; annotare questo numero e non superarlo in alcun modo.

Vedi Effetto dotazione (cap. 23) per ulteriori informazioni.

GLI SCRITTORI NON DOVREBBERO MAI CHIEDERE ALLO SCRITTORE SE IL SUO ROMANZO È AUTOBIOGRAFICO

ERRORE DI ATTRIBUZIONE FONDAMENTALE

Aprendo il tuo giornale, vieni a sapere di un altro CEO costretto a lasciare a causa degli scarsi risultati. Nel frattempo, nella sezione sportiva leggi che il giocatore X o l'allenatore Y hanno contribuito in modo significativo alla stagione vincente della tua squadra, mentre i libri di storia ti dicono che Napoleone fu responsabile di guidare e guidare il suo esercito con così tanto successo nella Francia degli inizi del 1800. "Ogni storia ha un volto" sembra una regola irrinunciabile di ogni redazione; i giornalisti (e i loro lettori) approfondiscono questo principio cercando ogni possibile "angolo delle persone". Come risultato di questo "punto di vista delle persone", molti giornalisti (e lettori) cadono preda di un errore di attribuzione fondamentale: un errore causato dalla sopravvalutazione dell'influenza individuale mentre si sottostimano i fattori esterni e situazionali.

I ricercatori della Duke University hanno condotto un esperimento nel 1967: i partecipanti hanno letto argomenti che lodavano o denigravano Fidel Castro da un autore assegnato indipendentemente dalle sue reali opinioni; tuttavia, la maggior parte del pubblico credeva che ciò che diceva rappresentasse le sue vere opinioni e ignorasse i fattori esterni, vale a dire i professori che le avevano create.

L'errore fondamentale di attribuzione è particolarmente efficace nel semplificare gli eventi negativi in unità gestibili. Spesso attribuiamo la colpa delle guerre a singoli individui - come l'assassino jugoslavo di Sarajevo che ha sulle spalle la prima guerra mondiale o Hitler che ha iniziato la seconda guerra mondiale da solo - anche se le guerre sono eventi imprevedibili con dinamiche complesse che probabilmente non comprenderemo mai appieno - proprio come i mercati finanziari. e questioni climatiche!

Quando le aziende annunciano risultati positivi o negativi, tutti gli occhi tendono a concentrarsi sul loro CEO nonostante conoscano la verità: il successo economico dipende molto di più da fattori al di fuori del loro controllo, come l'attrattiva del settore. È notevole la frequenza con cui le aziende nei settori in difficoltà sostituiscono il proprio amministratore delegato rispetto a quanto raramente ciò avvenga nelle aziende più fiorenti.
Le industrie in difficoltà sono meno attente nelle loro pratiche di reclutamento? Tali decisioni non sembrano meno irrazionali di quanto avviene tra gli allenatori di calcio e i loro club.

La mia città natale, Lucerna in Svizzera, mi offre tantissimi deliziosi recital di musica classica che non smettono mai di stupire. Tuttavia, durante l'intervallo le conversazioni tendono a concentrarsi quasi esclusivamente su direttori d'orchestra e solisti, mentre la composizione raramente fa notizia; tranne durante le prime mondiali quando i compositori possono discuterne apertamente. Perché? Il vero miracolo della musica sta nella composizione: nella creazione di suoni, stati d'animo e ritmi apparentemente dal nulla; tuttavia spesso viene sottovalutato a causa della nostra incapacità di considerare che le partiture non hanno volti da confrontare con direttori e solisti quando in realtà questi due elementi costituiscono le esecuzioni di quella partitura (a differenza dei direttori o solisti o direttori/solisti).

Come scrittore di narrativa, mi imbatto in questo fondamentale errore di attribuzione ogni volta che, dopo aver dato letture (che di per sé può essere controverso), quando le persone chiedono: "Quale parte del tuo romanzo è autobiografica?" In momenti come questi vorrei poter rispondere: "Non si tratta di me, ma di questo libro, del testo, del linguaggio e della storia!" ma la mia educazione non permette tali esplosioni abbastanza spesso.

Gli errori di attribuzione non dovrebbero essere giudicati severamente. La nostra preoccupazione per gli altri deriva dal nostro passato evolutivo: l'appartenenza ad un gruppo era essenziale per la sopravvivenza - la riproduzione, la difesa, la caccia ai grandi animali erano impossibili senza l'aiuto della propria tribù - l'esilio significava morte certa; anche coloro che optavano per una vita da solista spesso affrontavano una certa rovina.

Ma anche i sopravvissuti alla fine abbandonarono il pool genetico, rendendo la vita ancora più dura per le generazioni successive. Le nostre vite dipendevano e ruotavano attorno agli altri; questo spiega perché oggi siamo così preoccupati per loro, al punto da dedicare circa il 90% del nostro tempo a pensare agli altri e solo il 10% a considerare altri fattori e contesti.

Conclusione: anche se troviamo avvincente lo spettacolo della vita, i suoi abitanti sono lunghi dall'essere personaggi ideali che prendono decisioni senza bisogno di aiuto esterno. Passano da una situazione all'altra invece di agire di propria volontà. Per comprendere veramente qualsiasi opera teatrale o musical attuale, guarda oltre i suoi interpreti e presta molta attenzione a come le influenze modellano i personaggi degli attori.
Vedi anche Story Bias (cap. 13); Illusione del corpo del nuotatore (cap. 2), Effetto salienza (cap. 83), Illusione di notizie (cap. 99), Effetto alone (cap. 38) e Errore di cause singole (cap. 97)

PERCHÉ NON DOVREBBE CREDERE A QUELLO CHE RACCONTA IL CANTASTORIE

FALSA CAUSALITÀ

I pidocchi erano parte integrante della vita nelle isole Ebridi a nord della Scozia e la loro assenza causava la febbre e la malattia dei loro ospiti. Per combattere la malattia e la febbre, i malati aggiungevano intenzionalmente i pidocchi nei loro capelli in modo da liberarsi della febbre; una volta che questi nuovi pidocchi hanno messo radici e si sono ristabiliti, i pazienti hanno iniziato a mostrare miglioramenti.

Gli studi condotti in una città hanno indicato che, maggiore era il numero dei vigili del fuoco intervenuti per combattere gli incendi, maggiore era il danno. A seguito di questi risultati, il sindaco ha immediatamente disposto un blocco immediato delle assunzioni e una conseguente riduzione del budget antincendio.

Entrambe le storie provengono dal libro dei professori di fisica tedeschi Hans-Peter Beck-Bornholdt e Hans-Hermann Dubben (purtroppo non esiste una versione inglese). Entrambe le storie illustrano come la causalità possa diventare confusa; quando i pidocchi lasciano la testa di un malato perché ha la febbre, la loro presenza diventa temporanea perché subentrano i piedi caldi; una volta passata la febbre ritornano! E gli incendi più grandi richiedono più vigili del fuoco, non viceversa!

La falsa causalità spesso ci fuorvia e gli autori e i consulenti di libri di business spesso operano utilizzando questo pensiero fuorviante per venderci false narrazioni sulla causalità. Prendiamo ad esempio il titolo: "La motivazione dei dipendenti porta a profitti aziendali più elevati". Ciò regge davvero o le persone potrebbero semplicemente diventare più motivate quando la loro azienda va bene? Allo stesso modo, un'altra affermazione afferma che le donne nei consigli di amministrazione sono correlate a un aumento della redditività: ma è davvero così che funziona o queste aziende sono semplicemente più propense a reclutare più donne nei consigli di amministrazione rispetto alle aziende meno redditizie? Questi autori e consulenti di libri aziendali spesso operano utilizzando simili causalità false (o almeno confuse) quando scrivono o consultano libri aziendali o forniscono consigli.

Alan Greenspan era venerato come capo della Federal Reserve negli anni '90. Le sue oscure dichiarazioni davano alla politica monetaria l'apparenza di una scienza esatta che manteneva l'America sulla strada ascendente verso la prosperità, attirando elogi da politici, giornalisti e leader aziendali. Sfortunatamente per questi commentatori, però, gli stretti legami dell'America con la Cina (un produttore a basso costo che ha prontamente acquistato il debito statunitense) hanno giocato un ruolo molto più importante di quanto si pensasse

inizialmente; Greenspan è stato semplicemente fortunato che le sue politiche abbiano funzionato così bene.
Ha servito così bene il suo mandato.

Gli scienziati hanno recentemente condotto studi che suggeriscono che i ricoveri ospedalieri prolungati sono dannosi per la salute dei pazienti. Questa informazione ha soddisfatto gli assicuratori sanitari; che desiderano soggiorni brevi. Ma i soggiorni più lunghi non sembrano affatto dannosi poiché i pazienti che possono dimettersi immediatamente sono più sani di quelli che necessitano di ulteriori trattamenti - e quindi i soggiorni lunghi possono effettivamente avere esiti positivi!

Oppure prendi questo titolo: "Fatto: le donne che usano regolarmente lo shampoo XYZ hanno capelli più forti". Sebbene le prove scientifiche possano supportare tali affermazioni, questa affermazione non ci dice molto, soprattutto che lo shampoo rende i tuoi capelli più forti! Forse le donne con riccioli forti tendono a usare questo particolare marchio, forse perché sulla sua bottiglia c'è scritto "appositamente progettato per capelli spessi".

Recentemente ho letto che gli studenti le cui case contengono molti libri tendono ad ottenere voti più alti a scuola. Sebbene questo studio possa aver dato una spinta ai rivenditori di libri, questa ricerca ha dimostrato una falsa causalità: i genitori più istruiti tendono ad attribuire maggiore valore all'istruzione dei propri figli, così come le persone istruite generalmente hanno più libri a casa; anche così, una copia coperta di polvere di Guerra e pace non cambierà i voti di nessuno; ciò che conta sono il livello di istruzione di entrambi i genitori e i geni!

La falsa causalità ha raggiunto il suo culmine in Germania tra il tasso di natalità e il numero di coppie di cicogne in declino dal 1965 al 1987. Entrambe le tendenze sembravano quasi correlate; potrebbe significare che la cicogna porta davvero i bambini? Senza dubbio no; piuttosto questa correlazione potrebbe essere stata semplicemente accidentale.

Conclusione: la correlazione non equivale alla causalità. Osserviamo più da vicino gli eventi legati da correlazione: a volte ciò che sembra la causa si rivela essere l'effetto, e viceversa; altre volte potrebbe addirittura non esserci alcuna connessione causale apparente, come nel caso delle cicogne e dei bambini.

Vedi anche Coincidenza (cap. 24); Bias associativo (cap. 48); Illusioni di clustering (cap. 3); Distorsioni della storia (cap. 13) * Induzione (cap. 31) e fortuna del principiante (cap. 49)

L'azienda Cisco della Silicon Valley un tempo veniva celebrata dai giornalisti economici come un'icona della nuova economia, ricevendo recensioni entusiastiche per il suo fantastico servizio clienti, l'eccellente strategia, le acquisizioni tempestive, la vivace cultura aziendale e il carismatico CEO. Nel marzo del 2000 era diventata l'azienda di maggior valore al mondo.

Quando le azioni di Cisco crollarono dell'80% l'anno successivo, i giornalisti cambiarono tono. Ora i suoi vantaggi competitivi venivano percepiti come carenze dannose: il servizio clienti scadente, una strategia poco chiara, acquisizioni imprudenti, una cultura aziendale debole e un CEO poco interessante venivano accusati – ma né la sua strategia né il CEO erano cambiati; la domanda era semplicemente diminuita grazie al crollo delle dot-com e questo cambiamento non aveva nulla a che fare con loro.

L'effetto alone si verifica quando un aspetto di un tutto ci abbaglia e altera il modo in cui ne percepiamo la totalità. Cisco è stato un caso eccezionale in cui questo fenomeno si è manifestato: i giornalisti sono rimasti sconcertati dai prezzi delle sue azioni e hanno ritenuto che tutta la sua attività fosse altrettanto notevole senza condurre ulteriori indagini approfondite al riguardo.

L'effetto alone funziona tipicamente in questo modo: prendiamo un dettaglio facile da comprendere o sorprendente di un'azienda, come la sua situazione finanziaria, e da lì estrapoliamo conclusioni su aspetti più difficili da valutare come il merito del management o la fattibilità della strategia. Da qui traiamo conclusioni che possono essere accurate o meno, ad esempio se il merito della gestione o la fattibilità della strategia è merito. A volte il successo e la superiorità vengono concessi dove non sono dovuti, ad esempio quando acquistiamo prodotti da produttori semplicemente per la loro buona reputazione - un altro esempio è credere che gli amministratori delegati di un settore prospereranno in altri settori pur essendo eroi anche nella loro vita personale!

Edward Lee Thorndike scoprì l'effetto alone quasi 100 anni fa. La sua osservazione era che una qualità individuale (bellezza, status sociale o età) può creare percezioni positive o negative che travolgono tutto il resto, come l'aspetto. La ricerca ha confermato questa scoperta attraverso numerosi studi che confermano il nostro pregiudizio verso le persone di bell'aspetto come più piacevoli, oneste e intelligenti; le persone attraenti spesso godono anche di un maggiore successo nella vita in generale.
Questi risultati non sono correlati ad alcun mito secondo cui le donne "dormono per raggiungere il successo"; infatti, gli insegnanti danno involontariamente voti più alti agli studenti attraenti rispetto a quelli meno attraenti.

La pubblicità ha trovato un alleato nell'effetto alone: basti pensare a tutte le celebrità che vediamo sorridere negli spot televisivi, nei cartelloni pubblicitari e nelle riviste. Ciò che rende i tennisti professionisti come Roger Federer un tale esperto di macchine da caffè rimane incerto; tuttavia ciò non ha sminuito il successo delle loro campagne. Man mano che ci abituiamo a vedere le celebrità sostenere prodotti arbitrari senza chiedersi perché il loro sostegno possa essere così importante; è proprio così che funziona l'effetto alone: nel subconscio. Tutto ciò che dobbiamo registrare nella nostra mente sono volti attraenti con stili di vita da sogno associati a quel prodotto - quindi boom - boom - successo!

D'altro canto, l'effetto alone può portare a grandi ingiustizie e stereotipi quando la nazionalità, il genere o la razza diventano il punto focale. Non c'è bisogno di essere razzisti o sessisti: lasciamo che l'effetto alone offuschi la nostra vista; giornalisti, educatori e consumatori ne cadono troppo facilmente vittime.

Hai mai sperimentato l'innamoramento? Se è così, allora capisci l'euforia di trovare quella "persona perfetta". Sembrano attraenti, intelligenti, simpatici e affettuosi, mentre altri potrebbero evidenziare difetti evidenti; tutto quello che vedi sono stranezze accattivanti!

Per ridurre questo effetto alone e acquisire chiarezza sulle vere caratteristiche, guarda oltre il valore nominale per eliminare le caratteristiche più sorprendenti che attirano la tua attenzione. Le orchestre spesso lo fanno selezionando i candidati davanti a uno schermo in modo che sesso, razza, età e aspetto non influenzino le loro decisioni; i giornalisti economici dovrebbero fare altrettanto e considerare di guardare oltre i dati trimestrali (il mercato azionario lo prevede già). Scavare più a fondo: investire tempo ed energia nella ricerca spesso produce risultati inaspettati ma spesso educativi.

Vedi anche: Errore fondamentale di attribuzione (cap. 36); Effetto salienza (cap. 83); L'illusione del corpo del nuotatore (cap. 2) Effetto di contrasto (cap. 10); Aspettative (cap. 62)

Congratulazioni! Hai vinto la roulette russa

Percorsi alternativi

Immagina di organizzare un incontro con un oligarca russo fuori dalla tua città, nella foresta vicina. Arriva poco dopo portando sia una valigia che una pistola; appoggiando la valigia sul cofano della macchina in modo da poterne vedere il contenuto: 10 milioni di dollari in totale in contanti! Quando ti chiede se ti piacerebbe giocare alla roulette russa, suggerisce questa strategia invitandoti a premere un grilletto per vincere tutto: un proiettile con cinque camere attualmente vuote renderebbe tutto tuo con una sola pressione del grilletto! Consideri tutti i possibili risultati: 10 milioni di dollari cambierebbero tutto; Non dover mai più lavorare o passare dal collezionare francobolli collezionare francobolli collezionare francobolli collezionare francobolli collezionare francobolli collezionare francobolli collezionare francobolli al collezionare auto sportive!

Accettando la sfida, hai puntato la pistola alla tempia e hai premuto il grilletto, sentendo un clic udibile prima di sentire l'adrenalina scorrere attraverso il tuo corpo, ma non è successo nulla; la camera era vuota! Ora, con i soldi in mano, ti trasferisci in una delle città più pittoresche che conosci dove probabilmente costruiranno ville lussuose che causeranno turbamento tra i residenti locali.

Uno dei tuoi vicini la cui casa ora si trova nelle vicinanze è un abile avvocato, che lavora dodici ore al giorno per 300 settimane all'anno a tariffe non insolitamente impressionanti per gli avvocati: $ 500 l'ora. I suoi risparmi netti annuali, al netto delle tasse e delle spese di soggiorno, ammontano a mezzo milione dopo aver preso in considerazione tutte le spese. Sorridi dentro di te ogni volta che passa nel tuo vialetto: gli ci vorranno vent'anni solo per raggiungerti!

Immagina questo: dopo 20 anni, il tuo vicino laborioso è riuscito ad accumulare 10 milioni di dollari. Un giorno arriva un giornalista e scrive un articolo sui residenti più ricchi della tua zona, con foto di edifici spettacolari e seconde mogli che tu e il tuo vicino avete acquisito, caratteristiche di interior design e squisiti dettagli paesaggistici; ma una differenza fondamentale rimane nascosta alla vista: il rischio che si nasconde dietro ciascuno dei loro conti da 10 milioni di dollari; affinché questo pezzo abbia un senso, dovrebbero riconoscere i percorsi alternativi a disposizione di ciascuno.

Ma non sono solo i giornalisti a non avere questa capacità: lo siamo tutti.
I percorsi alternativi si riferiscono a tutti gli esiti che avrebbero potuto verificarsi ma che non si sono verificati. Quando si gioca alla roulette russa, quattro possibili percorsi portano alla vincita di 10 milioni di dollari, mentre altri cinque potrebbero portare alla morte, il che fa una

netta differenza. Al contrario, per gli avvocati che esercitano la professione forense, i percorsi possibili tendono ad essere più vicini; guadagnare $ 200 l'ora in ambienti rurali; ma nella New York urbana lavorare per una delle maggiori banche d'investimento potrebbe fruttare loro 600 dollari l'ora senza rischiare un percorso alternativo che potrebbe costare loro la fortuna o la vita.

I percorsi alternativi potrebbero non essere sempre visibili e raramente li prendiamo in considerazione. Tuttavia, coloro che speculano su obbligazioni spazzatura, opzioni e credit default swap per fare milioni dovrebbero tenere a mente le numerose strade alternative che portano direttamente alla rovina. Una mente razionale sosterrebbe che il valore di 10 milioni guadagnati con mezzi più rischiosi sarebbe inferiore a quello guadagnato con un lavoro più banale (anche se un contabile potrebbe non essere d'accordo).

Recentemente ho partecipato a una cena con un amico americano che ha proposto di lanciare una moneta per vedere chi dovrebbe pagare il conto. Purtroppo per lui ha perso e quindi questa situazione imbarazzante è diventata per me ancora più problematica quando è stato mio ospite in Svizzera. "La prossima volta", ho promesso, "sia qui che a casa a New York, coprirò metà del conto da solo." Ci ha pensato e mi ha detto: "Considerando percorsi alternativi potresti aver già pagato la metà".

Conclusione: il rischio può spesso essere invisibile, quindi valuta sempre i possibili percorsi alternativi prima di prendere decisioni che coinvolgano operazioni rischiose. Sebbene il successo ottenuto con mezzi così rischiosi possa sembrare inizialmente attraente, per una mente razionale non dovrebbe essere paragonato al successo ottenuto con mezzi più laboriosi (ad esempio diventando avvocato, dentista, maestro di sci, pilota, parrucchiere o consulente). Mentre vedere altri percorsi da un punto di vista esterno è impegnativo; guardare dentro te stesso è quasi impossibile poiché il tuo cervello farà gli straordinari per convincerti del suo valore nonostante i rischi percepiti coinvolti e bloccherà attivamente i pensieri di intraprendere percorsi diversi da quelli considerati al momento.

Vedi anche Cigno Nero (cap. 75); Avversione all'ambiguità (cap. 80), Paura del rimpianto (cap. 82) e Bias di autoselezione (cap. 47)

FALSI PROFETI

Ogni giorno gli esperti ci bombardano di previsioni, ma quanto sono realmente affidabili? Fino a poco tempo fa nessuno si prendeva la briga di indagare; ma poi arrivò Philip Tetlock. In un periodo di 10 anni ha valutato 28.361 previsioni di 284 professionisti autoproclamati; i suoi risultati hanno indicato solo un miglioramento marginale rispetto ai generatori di previsioni casuali in termini di accuratezza; i beniamini dei media hanno avuto risultati particolarmente mediocri, mentre i profeti di sventura come quelli che hanno predetto il collasso del Canada, della Nigeria, della Cina, dell'India, dell'Indonesia, del Sud Africa, del Belgio o persino dell'UE. Nessuno è imploso!

John Kenneth Galbraith affermò notoriamente: "Esistono solo due tipi di meteorologi: quelli che non sanno nulla e quelli che non si rendono conto di non sapere nulla", guadagnandosi ampie critiche nella sua professione. Il gestore del fondo Peter Lynch lo riassume ulteriormente in modo eloquente: "In America ci sono circa 60.000 economisti impiegati a tempo pieno nel tentativo di prevedere recessioni e tassi di interesse; se lo avessero fatto due volte con successo, a quest'ora sarebbero tutti milionari; eppure la maggior parte continua a svolgere un'attività retribuita, il che ci dice qualcosa. Questo è stato pubblicato dieci anni fa: oggi questo numero potrebbe triplicare senza alcun effetto sulla qualità delle previsioni!

Il problema è che gli esperti godono di una discrezione illimitata con poche ripercussioni. Se un esperto infrange un'aspettativa o viola le normative, le sue azioni potrebbero avere gravi ripercussioni difficili da gestire e gestire in modo efficace.
Quando lo fanno bene, gli esperti raccolgono pubblicità, offerte di consulenza e accordi di pubblicazione; quando lo mancano completamente, non si applicano sanzioni, finanziarie o reputazionali. Questo incentivo li motiva a sfornare quante più profezie possibile; infatti, più le previsioni generate si avverano per coincidenza! Idealmente, gli esperti dovrebbero versare una sorta di fondo per le previsioni, ad esempio $ 1000 per previsione; se le loro previsioni si avverano, recuperano il loro investimento più gli interessi mentre il denaro perso a causa di previsioni imprecise va invece in beneficenza.

Quindi cosa si può prevedere esattamente e cosa no? Alcune cose sono abbastanza facili da prevedere; So approssimativamente quanto peso peserò l'anno prossimo. Tuttavia, con l'aumento della complessità e dei tempi, aumenterà anche la nostra capacità di prevederne il futuro, inclusi il riscaldamento globale, i prezzi del petrolio o i tassi di cambio; le invenzioni sono altrettanto inconoscibili: se avessimo saputo quali tecnologie avremmo inventato in futuro, le avremmo già create.

Sii scettico quando incontri previsioni. Faccio sempre attenzione a sorridere ogni volta che ne sento uno e poi mi pongo due domande sulle previsioni fatte dagli esperti: 1) quale incentivo hanno a continuare a fare previsioni errate? e 2) se un esperto lavora come dipendente potrebbe rischiare il posto se le sue previsioni continuano a fallire? Sono consulenti pagati con credenziali in libri e conferenze, o guru autoproclamati che si guadagnano da vivere attraverso l'autopubblicazione o conferenze pubbliche? Coloro che fanno affidamento sull'attenzione dei media tendono a fare previsioni con profezie scioccanti che spesso non vengono riportate dai media. In secondo luogo, qual è stato il loro tasso di successo nell'arco di cinque anni - quante previsioni ha fatto il meteorologo e quante hanno avuto successo rispetto a quali non erano corrette - queste informazioni non dovrebbero mai non essere riportate dai media, quindi per favore non pubblicare previsioni senza fornire track record da esperti.

Tony Blair una volta lo affermò in questo modo: "Non faccio previsioni; non l'ho mai fatto, non lo farò mai.
Vedi anche Aspettative (cap. 62); Errore di pianificazione (cap. 91); Bias dell'autorità (cap. 9); Bias del senno di poi (cap. 14); Effetto di eccessiva fiducia (cap. 15); Illusione di controllo (cap. 17); Tapis roulant edonico (cap. 46) e Cigni neri (cap. 75)

Chris ha 35 anni. Ha studiato filosofia sociale da adolescente e da allora ha sviluppato un interesse per i paesi in via di sviluppo. Dopo la laurea, Chris ha lavorato due anni con la Croce Rossa nell'Africa occidentale prima di tornare alla sede centrale di Ginevra come capo del dipartimento per gli aiuti all'Africa per altri tre anni prima di conseguire un MBA e scrivere la sua tesi sulla responsabilità sociale delle imprese. Ora sembra probabile che A) Chris lavori per una delle principali banche di cui supervisiona anche la fondazione del Terzo Mondo oppure B). Quale scenario sembra più probabile?

La maggior parte delle persone tende a selezionare l'opzione B, tuttavia questa è la risposta errata. B afferma sia che Chris lavora per una grande banca sia che è stata soddisfatta una condizione aggiuntiva: i dipendenti che lavorano all'interno della fondazione di una banca del Terzo Mondo comprendono un piccolo sottoinsieme di banchieri; l'opzione A sarebbe quindi più probabile. I premi Nobel Daniel Kahneman e Amos Tversky hanno studiato approfonditamente questo fenomeno.

Come esseri umani, siamo attratti dalle narrazioni che sembrano piacevoli o plausibili; le storie persuasive o convincenti su Chris, l'operatore umanitario, aumentano il rischio di falsi ragionamenti. Se avessi posto la domanda in modo diverso avresti riconosciuto come eccessivi tutti questi dettagli extra; magari per esempio: 'Chris ha 35 anni e lavora A) in una banca di New York con un ufficio al ventiquattresimo piano con vista su Central Park oppure B) in nessuna delle due'

Ancora una volta, prendiamo come esempio la chiusura dell'aeroporto di Seattle e la cancellazione del volo: quale scenario è più probabile? In questo caso, A è più probabile poiché B implica che è stata soddisfatta una condizione aggiuntiva: il maltempo. Considerare anche altre possibilità potrebbe chiuderlo come minacce di bombe, incidenti o scioperi; ma molto probabilmente non consideriamo tali questioni quando consideriamo storie plausibili come A o B. Ora che hai capito meglio questo processo, fallo con gli amici per vedere quale risultato preferisci!

Anche gli esperti possono cadere vittime dell'errore della congiunzione. In una conferenza internazionale per la ricerca futura nel 1982, gli esperti - tutti accademici - furono divisi in due gruppi in un evento organizzato da Daniel Kahneman: il gruppo A ricevette la sua previsione secondo cui il consumo di petrolio sarebbe diminuito del 30%; il gruppo B ha affermato che "un drammatico aumento del prezzo del petrolio farà diminuire i consumi del 30%". Entrambi i gruppi dovevano quindi indicare quanto sembrava probabile ciascuno scenario; divenne subito evidente che il gruppo B si sentiva molto più forte riguardo alle sue previsioni rispetto al gruppo A.

Kahneman crede in due tipi di pensiero. Un tipo è intuitivo, automatico e diretto; la seconda cosciente, razionale, lenta, laboriosa e logica. Sfortunatamente, il pensiero intuitivo trae conclusioni molto prima della mente cosciente; L'ho sperimentato personalmente dopo gli attacchi dell'11 settembre al World Trade Center quando cercavo polizze assicurative di viaggio con l'aggiunta di una speciale "copertura antiterrorismo". Anche se altre polizze coprivano tutti i possibili incidenti, compresi gli atti terroristici (ma comunque mi sono innamorato della loro offerta!). Ciò che lo ha reso ancora più ridicolo è stata la mia disponibilità a pagare di più per quello che sembrava un componente aggiuntivo attraente ma non necessario!

Conclusione: non confondere il cervello sinistro e destro; il pensiero intuitivo e quello cosciente differiscono molto di più. Quando prendi decisioni importanti, tieni presente questa distinzione quando fai scelte importanti: inconsciamente tendiamo a preferire storie plausibili; cerca dettagli convenienti e lieto fine che ti sembrano plausibili, piuttosto che quelli che richiedono condizioni aggiuntive per essere soddisfatte. Ricorda: condizioni aggiuntive ridurranno anziché aumentare la probabilità.

Vedi anche Base-Rate Neglect (cap. 28); Bias della storia (cap. 13) 42

Considera queste due affermazioni durante l'inquadratura:

"Ehi, il bidone della spazzatura è traboccante!"

"Sarebbe davvero meraviglioso se potessi svuotare la spazzatura, tesoro."

La tonalità fa la musica: ciò che conta è come viene comunicato un messaggio; messaggi comunicati in modo diverso verranno ricevuti in modo diverso anche dai loro destinatari: questa tecnica è nota in gergo psicologico come framing.

Kahneman e Tversky condussero un esperimento negli anni '80 in cui presentarono due opzioni per una strategia di controllo dell'epidemia; ai partecipanti è stato detto che erano in gioco 600 vite e che l'opzione A o l'opzione B ne avrebbero salvate 200. L'opzione B offriva solo una probabilità del 33% che tutti i 600 individui sopravvivessero e una probabilità del 66% che nessuno ne uscisse vivo, con 200 sopravvissuti che sarebbero riusciti a superare entrambi gli scenari; la maggior parte degli intervistati ha scelto l'opzione A rispetto alla B per le maggiori possibilità di sopravvivenza, credendo nella saggezza secondo cui avere qualcosa di tangibile è meglio che perderlo in seguito. Riformulare le stesse opzioni è diventato estremamente affascinante: "L'opzione A uccide 400 persone", mentre "l'opzione B offre una probabilità del 33% che nessuno muoia e una probabilità del 66% che moriranno tutte e 600". A quel punto, solo una minoranza scelse A e la maggior parte scelse B; i ricercatori hanno notato una notevole inversione di rotta tra quasi tutti i partecipanti; a seconda che la frase (sopravvivere o morire) abbia cambiato completamente il processo decisionale.

Un esempio: i ricercatori hanno presentato a un gruppo di persone due tipi di carne etichettati come contenenti il 99% di grassi e l'1% di grassi, quindi hanno chiesto loro quale fosse più salutare. Riuscite a indovinare quale hanno scelto? Hai indovinato: gli intervistati hanno scelto la prima opzione indipendentemente dal suo contenuto di grassi più elevato!

La lucidatura è una forma di incorniciatura sempre più popolare. Secondo le sue regole, un prezzo delle azioni in calo diventa oggetto di correzione mentre un prezzo di acquisizione pagato in eccesso diventa "avviamento".
Ogni corso di management trasforma magicamente i problemi in opportunità o sfide; essere licenziato diventa un'opportunità per "rivalutare la mia carriera" o trattare con i soldati caduti è visto come un'opportunità per creare opportunità o affrontare sfide.

La morte sul campo di battaglia diventa l'equivalente dello status di eroe di guerra; indipendentemente dalla sua causa o modalità. Il genocidio diventa "pulizia etnica", mentre gli atterraggi di emergenza, ad esempio sul fiume Hudson, vengono celebrati come trionfi dell'aviazione (anche se certamente un atterraggio da manuale conterebbe ancora di più come tali trionfi!). Un atterraggio di emergenza riuscito, ad esempio sul fiume Hudson, è ampiamente celebrato come un risultato del genere (una pista di aeroporto non dovrebbe essere considerata un trionfo ancora più grande dell'aviazione?)

Hai mai dato un'occhiata più da vicino ai prospetti e alle brochure degli ETF (fondi negoziati in borsa)? Di solito la brochure illustra le recenti statistiche sulla performance con dettagli storici appena sufficienti per creare un'attraente curva al rialzo, nota come framing. Un semplice pezzo di pane può servire come un altro ottimo esempio: a seconda della sua rappresentazione come corpo simbolico o reale di Cristo, può creare discordia all'interno della religione, come si è visto durante il periodo della Riforma del XVI secolo.

L'inquadratura può essere impiegata efficacemente anche nel commercio. Prendiamo i venditori di auto usate: il loro messaggio porta i consumatori a concentrarsi solo su determinati fattori quando considerano l'acquisto, sia attraverso messaggi consegnati dal venditore, cartelli che pubblicizzano caratteristiche specifiche o criteri propri. Ad esempio, quando si considerano le auto usate con un basso chilometraggio e buoni pneumatici come punti di forza - spesso senza tener conto dello stato del motore, delle condizioni dei freni, dello stato degli interni, ecc. - e ci si concentra più sul chilometraggio/pneumatici che su qualsiasi altro aspetto. Sfortunatamente può essere difficile considerare tutti i possibili pro/contro quando prendiamo le nostre decisioni di acquisto; se fossero stati utilizzati altri telai durante la vendita dell'auto, avremmo potuto fare scelte diverse rispetto a quelle che abbiamo fatto.

Gli autori sono abili corniciai. Un romanzo poliziesco diventerebbe presto noioso se tutte le sue pagine mostrassero semplicemente ogni omicidio così come è avvenuto: "pugnalata dopo pugnalata". Anche se scopriamo gradualmente i movènti e le armi del delitto, l'inquadratura aggiunge drammaticità e suspense alla storia.

Conclusione: sii consapevole che qualsiasi comunicazione contiene un certo grado di inquadratura; ogni fatto, sia esso fornito da amici fidati o pubblicato su giornali credibili, può anche essere influenzato da effetti di framing - anche il contenuto di questo capitolo!

Vedi anche Effetto Contrasto (cap. 10); Avversione al contrasto (cap. 21); Paura del rimpianto (cap. 82); Avversione alla perdita (cap. 32); Reciprocità (cap. 6); L'Effetto Ancora (cap. 30) e l'Effetto Dormiente (cap. 70).

GUARDARE E ASPETTARE È DOLOROSO

BIAS DI AZIONE

Nelle situazioni di rigore calcistico, la palla impiega meno di 0,3 secondi per viaggiare dal calciatore originale al portiere; limitando così il suo tempo per osservarne la traiettoria prima di prendere la decisione su quando deve essere respinto di nuovo. I calciatori che tirano i calci di rigore tendono a mirare i loro tiri un terzo delle volte al centro, un terzo su entrambi i lati e un terzo fuori centro rispetto alla porta, cosa che non è passata inosservata ai portieri che si tuffano a sinistra o a destra a seconda da dove i giocatori tirano. Raramente i giocatori rimangono al centro, anche se circa un terzo di tutte le palline cadono lì. Perché dovrebbero rischiare di risparmiare rigori non candidandosi? Semplicemente perché rende la televisione migliore; l'aspetto gioca un ruolo importante. Tuffarsi da un lato piuttosto che congelarsi sul posto può sembrare più impressionante e sentirsi meno imbarazzante; questo si chiama pregiudizio dell'azione: sembrare attivi anche se non ne risulta nulla di concreto.

Questa ricerca proviene dal ricercatore israeliano Michael Bar-Eli, che ha condotto test approfonditi sui calci di rigore. Non solo i portieri sono suscettibili ai pregiudizi d'azione: immagina se un gruppo di giovani esce da una discoteca e inizia a urlare e gesticolare l'uno contro l'altro prima di diventare litigioso e coinvolto in discussioni tra di loro. La situazione è sull'orlo della violenza su vasta scala, e gli agenti di polizia giovani e anziani rimangono in attesa, monitorando a distanza finché non emergono vittime e intervenendo quando necessario. Se questa situazione fosse lasciata solo nelle mani di ufficiali giovani e inesperti, potrebbe diventare rapidamente violenta; Gli ufficiali giovani ed entusiasti che soccombono alla propensione all'azione possono reagire immediatamente e precipitarsi a capofitto, spesso provocando vittime. Secondo i risultati della ricerca, un intervento successivo facilitato dagli ufficiali superiori può comportare una riduzione delle vittime.

La propensione all'azione viene amplificata quando ci si confronta con qualcosa di non familiare o poco chiaro. All'inizio, molti investitori si comportano in modo simile a giovani ed entusiasti agenti di polizia fuori da una discoteca: la loro inesperienza significa che non possono valutare il mercato azionario, quindi compensano con l'iperattività; purtroppo questo fa perdere tempo prezioso; Charlie Munger ha riassunto questo approccio dicendo: "Abbiamo bisogno di disciplina per evitare di fare qualsiasi cosa solo perché l'inattività diventa insopportabile".

La propensione all'azione esiste anche tra i circoli altamente istruiti. Quando una malattia colpisce un paziente, anche i medici con titoli di studio avanzati spesso rispondono negativamente e ritardano nel cercare cure mediche adeguate per lui.

Non appena una condizione non può essere diagnosticata correttamente e i medici devono scegliere tra intervenire (cioè prescrivere qualcosa) o aspettare e vedere, le loro decisioni di intervenire tendono ad agire immediatamente piuttosto che sedersi e aspettare finché non accada qualcosa di definitivo. Tali decisioni non riflettono il profitto, ma rappresentano invece la tendenza umana ad agire piuttosto che rimanere dormienti di fronte all'incertezza.

Quindi cosa sta guidando questa tendenza? Nel nostro ex ambiente di cacciatori-raccoglitori (che ci si adattava perfettamente), le azioni prevalevano sulla riflessione. Le reazioni fulminee erano essenziali per la sopravvivenza; la deliberazione potrebbe rivelarsi fatale. Quando i nostri antenati videro qualcosa ai margini della foresta che assomigliava alla sagoma di una tigre dai denti a sciabola, agirono rapidamente; invece di riflettere se potesse esserci qualcosa lì, si sono semplicemente messi in salvo, scappando velocemente invece di soffermarsi troppo a lungo su potenziali minacce, a differenza di noi oggi dove il nostro istinto potrebbe dirci il contrario.

Sebbene la nostra società riconosca sempre più la contemplazione come preziosa, la totale inazione rimane un peccato capitale. Se prendi la decisione giusta aspettando, non ti aspetterà nessuna medaglia o statua con sopra il tuo nome; al contrario, dimostrare risolutezza e rapidità di giudizio quando le cose migliorano può portare riconoscimenti da parte di datori di lavoro, statisti o persino sindaci; Le azioni avventate tendono a vincere più spesso nella società in generale rispetto alle prudenti strategie di attesa.

Conclusione: di fronte a circostanze nuove o incerte, il nostro istinto potrebbe essere quello di fare qualcosa, qualsiasi cosa, indipendentemente dalle conseguenze, solo per non sentirci impotenti o turbati. Sfortunatamente, questa tendenza spesso si ritorce contro portandoci su percorsi che peggiorano le cose invece di migliorarle. Anche se l'attesa potrebbe non fare notizia di per sé, se una situazione rimane poco chiara potrebbe essere più saggio restare con le mani in mano finché non sarà possibile fare una valutazione più chiara delle tue opzioni; secondo Blaise Pascal "tutti i problemi umani derivano dall'incapacità dell'uomo di sedersi tranquillamente in una stanza da solo" nel suo studio di casa.
Vedi anche Omission Bias (cap. 44); Pensare troppo (cap. 90); Procrastinazione (cap. 85); Andrà peggio prima di migliorare Errore (cap. 12); e l'incapacità di chiudere le porte (cap. 68) come possibili fattori di problemi di comunicazione mal gestita.

BIAS DA OMISSIONE

Immagina di essere su un ghiacciaio con due alpinisti. Uno scivola e cade in un crepaccio; chiedere aiuto può averlo salvato, ma tu non - invece di spingerli entrambi nei burroni dove muoiono entrambi subito dopo - quale morte ti pesa di più sulla coscienza?

Una considerazione razionale rivela che entrambe le opzioni sono ugualmente ripugnanti e portano alla morte i tuoi compagni. Eppure qualcosa ci spinge a valutare l'opzione passiva in modo più favorevole; questo fenomeno è noto come Omission Bias e si verifica quando sia le azioni che l'inazione portano a esiti fatali; tendiamo a preferire l'inazione perché i suoi risultati sembrano meno preoccupanti.

Immagina di essere il capo della Federal Drug Administration e di dover decidere se approvare o meno un farmaco per pazienti malati terminali con effetti collaterali potenzialmente mortali: queste pillole hanno ucciso il 20% immediatamente, salvando vite umane dell'80% in più in un breve lasso di tempo. . Quale sarebbe la tua decisione?

La maggior parte probabilmente negherebbe l'approvazione; per loro, passare attraverso un farmaco che uccide un paziente su cinque sembra molto peggio che non riuscire a somministrare la sua cura al restante 80%. Tali decisioni illustrano perfettamente il pregiudizio dell'omissione. Immaginate di prendere coscienza di tale pregiudizio ma di decidere comunque di approvarlo in nome della ragione e della decenza, solo perché quando muore uno dei vostri pazienti ne segue uno scandalo e vi ritrovate senza lavoro! In quanto funzionari pubblici o politici sarebbe più saggio – anzi essenziale – per loro – prendere sul serio questa forma pervasiva di pregiudizio e addirittura incoraggiarla ulteriormente!

La giurisprudenza mostra la profondità di tale "distorsione morale". L'eutanasia, anche quando desiderata da coloro che stanno morendo, è illegale mentre il rifiuto deliberato delle misure salvavita (ad esempio in seguito agli ordini DNR – ordini di non rianimare) rimane legale.

Tale ragionamento spiega perché così tanti genitori ritengono che sia del tutto accettabile non vaccinare i propri figli, anche se è stato dimostrato che la vaccinazione riduce sostanzialmente i rischi associati alla trasmissione della malattia.
Sebbene la vaccinazione comporti un rischio molto piccolo di effetti collaterali avversi, la vaccinazione nel complesso ha senso; non solo per il bene degli individui ma per la società nel suo insieme: gli individui immuni non possono infettare altre persone con la loro malattia e, a loro volta, diffonderla ulteriormente. Naturalmente se i bambini non vaccinati

contraessero una qualsiasi malattia potrebbero accusare i loro genitori di aver loro fatto del male rifiutando la vaccinazione - ma questo sembrerebbe meno grave che se infettassero intenzionalmente i loro figli stessi!

Il pregiudizio dell'omissione è alla radice delle delusioni: preferiamo aspettare che lo facciano gli altri invece di agire noi stessi per agire di conseguenza. Gli investitori e i giornalisti economici sono più indulgenti nei confronti delle aziende che non producono nuovi prodotti che nei confronti di quelle che ne producono di scadenti, anche se entrambi i percorsi portano alla rovina. Sedersi passivamente su azioni miserabili è meglio che acquistare attivamente quelle cattive; non costruire filtri per le emissioni nelle centrali a carbone sembra preferibile rispetto ad adottare misure come rimuoverne uno per ragioni di costo; non riuscire a isolare le case sembra preferibile piuttosto che bruciare tutto quel carburante in più; non dichiarare l'imposta sul reddito è meno spiacevole che presentare documenti fiscali falsi, anche se entrambi i percorsi portano in ogni caso a perdite statali.

Abbiamo esplorato il bias dell'azione nel capitolo 7. Tuttavia, è l'opposto del bias dell'omissione? Non esattamente; il pregiudizio all'azione ci porta a compensare la mancanza di chiarezza con un'inutile iperattività quando le cose sembrano poco chiare o contraddittorie; mentre il pregiudizio di omissione si manifesta spesso dove le informazioni sono facilmente distinguibili: un'intuizione potrebbe rivelare future disgrazie che potremmo evitare attraverso l'azione diretta, ma questa intuizione non genera in noi la stessa motivazione per prendere posizione contro di essa.

Il bias di omissione può essere difficile da individuare; l'azione è solitamente più evidente dell'inazione. I movimenti studenteschi degli anni '60 coniarono uno slogan efficace contro questo fenomeno: "Se non sei parte della soluzione, allora sei parte del problema".

Note sull'errore volontario (cap. 65); Bias di azione (cap. 43); Procrastinazione (cap. 85).

NON BIASIMARMI

BIAS EGOISTICO

Leggi regolarmente i resoconti annuali, concentrandoti in particolare su ciò che ha detto il CEO? In caso contrario, è un peccato perché lì si possono trovare numerosi esempi di un errore che troppo spesso entra in gioco: il pregiudizio egoistico. Ogni volta che l'azienda sperimenta il successo, il CEO si prende del tempo per evidenziare tutti i suoi sforzi, come prendere decisioni intelligenti, lavorare instancabilmente e coltivare una cultura aziendale innovativa. Se un'azienda ha avuto un anno infruttuoso, leggiamo di una serie di fattori che hanno contribuito al suo declino: fluttuazioni dei tassi di cambio, interventi governativi, pratiche commerciali cinesi che violano gli standard occidentali sulla proprietà intellettuale, tariffe nascoste che riducono la fiducia dei consumatori, ecc. In breve: le nostre menti attribuiscono il successo e i fallimenti esternamente piuttosto che internamente: questo è un pregiudizio egoistico al lavoro!

Anche se non hai mai sentito questo termine, le scuole superiori hanno insegnato a molti studenti il significato di pregiudizio egoistico. Se ottenevano una A, il loro successo si rifletteva esclusivamente su di loro, mentre il fallimento implicava l'utilizzo di procedure di test ingiuste da parte di amministratori ed educatori.

Ma i voti sembrano non avere più importanza: forse il mercato azionario ha preso il loro posto. Quando il tuo portafoglio realizza un profitto, applaudi te stesso; quando funziona male, la colpa viene attribuita direttamente al "mercato" (qualunque cosa ciò implichi) o forse a quel fastidioso consulente per gli investimenti. Io stesso sono un abile utilizzatore di pregiudizi egoistici: quando il mio nuovo romanzo sale alle stelle fino allo status di bestseller, lo celebro come il mio miglior libro fino ad ora; se fallisce tra le nuove uscite deve significare che i lettori semplicemente non lo riconoscono o che i critici sono gelosi e hanno qualcosa contro di me che non riconosce la buona letteratura nei miei libri!

I ricercatori hanno condotto un test della personalità e hanno assegnato casualmente ai partecipanti punteggi alti o bassi; coloro che hanno ricevuto un punteggio elevato lo hanno trovato accurato e corretto; coloro che hanno ricevuto voti bassi lo hanno trovato completamente inutile. Perché attribuiamo il successo a noi stessi e il fallimento altrove? Esistono varie teorie e forse una semplice spiegazione è questa: ci si sente bene! Inoltre, l'evoluzione probabilmente l'avrebbe affrontata molto prima.
Nel corso di centomila anni, il pregiudizio egoistico è stato sradicato con l'avanzare della società umana, ma nel nostro mondo moderno, con molti rischi nascosti, potrebbe riemergere e portare rapidamente alla catastrofe. Richard Fuld, spesso definito l'autoproclamato "padrone dell'universo", potrebbe benissimo sostenere questo punto di vista; dopo essere stato amministratore delegato di Lehman Brothers fino alla dichiarazione

di fallimento nel 2008, potrebbe ancora rivendicare questo titolo, incolpando come causa l'azione del governo.

Gli studenti che sostengono i test SAT ottengono in genere tra 200 e 800 punti. Quando un anno dopo viene loro chiesto di aggiornare i propri punteggi, molti tendono ad aumentarli di circa 50 punti, senza mai mentire o esagerare i numeri, semplicemente "migliorandoli" finché non arrivano a credere loro stessi al nuovo numero.

Il mio palazzo ospita un appartamento condiviso da cinque studenti, che vedo spesso in ascensore. Uno ha detto che portava fuori la spazzatura ogni due o tre volte; un altro: ogni terza o quarta volta; mentre il coinquilino n. 3 ha affermato di farlo circa il 90% delle volte! La somma delle loro risposte avrebbe dovuto raggiungere il 100%, ma invece il totale è stato impressionante: 320%! Ogni ragazzo sopravvalutava il proprio ruolo, qualcosa che tutti gli esseri umani tendono a fare. Gli studi hanno dimostrato questo fenomeno anche tra le coppie sposate in cui ciascuna presume di contribuire per oltre il 50% alla salute del matrimonio.

Allora come possiamo superare i pregiudizi egoistici? Hai amici che dicono la verità senza esclusione di colpi? Se è il tuo caso, considerati fortunato. In caso contrario, invita almeno un nemico a prendere un caffè e chiedi la sua onesta opinione sui tuoi punti di forza e di debolezza; sarai sempre grato di averlo fatto!

Vedi anche Hindsight Bias (cap. 14); Effetto di eccessiva fiducia (cap. 15); Sindrome del non-inventato-qui (cap. 74); Bias di sopravvivenza (cap. 1), Fortuna del principiante (cap. 49) Dissonanza cognitiva (cap. 50); Effetto Forer (Capitolo 64); Introspezione Ilusion (Cap. 67) e Cherry-Picking (Cap. 96) con cui acquisire familiarità.

GUARDA TUTTO QUELLO CHE DESIDERI!

Immagina che un giorno il telefono squilli e una voce entusiasta ti dica che hai vinto un jackpot della lotteria di 10 milioni di dollari! Come ti farebbe sentire e per quanto tempo durerebbe? Oppure potrebbe verificarsi un altro scenario: qualcuno ti chiama per informarti della perdita di un migliore amico; ancora una volta come reagiresti e per quanto tempo durerebbero gli effetti?

Nel capitolo 40 abbiamo esaminato la scarsa accuratezza delle previsioni in vari campi come la politica, l'economia e gli eventi sociali. Siamo giunti alla conclusione che gli esperti autoproclamati non sono migliori dei generatori di previsioni casuali nel fornire previsioni accurate. Passiamo ora a un'altra area: con quanta precisione possiamo prevedere i nostri sentimenti? Siamo esperti di noi stessi? Vincere alla lotteria ci renderebbe più felici per gli anni a venire? Lo psicologo di Harvard Dan Gilbert suggerisce il contrario; i suoi studi sui vincitori della lotteria indicano che qualsiasi effetto positivo si dissipa rapidamente nel giro di mesi, lasciando le persone contente o scontente come prima dopo aver ricevuto l'assegno - questo fenomeno viene definito "previsione affettiva"; la nostra incapacità di prevedere correttamente le nostre emozioni.

Un dirigente di banca decise di costruirsi una nuova casa fuori città con le sue ampie entrate, sognando di creare una villa con dieci stanze, piscina e splendida vista sul lago e sulle montagne. Il suo piano è diventato realtà. A poche settimane dal suo acquisto, era raggiante di eccitazione. Sfortunatamente, quell'entusiasmo svanì presto e sei mesi dopo era più infelice che mai. Perché era successo questo? Ebbene, le ricerche ci dimostrano che la felicità svanisce rapidamente dopo pochi mesi, lasciando che la villa non rappresenti più i suoi sogni; tornando a casa ogni giorno e trovandosi di fronte a una realtà sgradita: aprire la porta e non sapere dove lo portava... Povero ragazzo: i suoi sentimenti verso la villa erano indifferenti rispetto a quelli verso il suo monolocale per studenti. Inoltre, ora dovevano affrontare due spostamenti di un'ora al giorno! Gli studi rivelano che la guida può essere un'immensa fonte di malcontento e stress e che la maggior parte delle persone non si abitua mai a questa esperienza. Pertanto, coloro che non hanno un'affinità naturale per il pendolarismo probabilmente sopporteranno due lunghi spostamenti ogni giorno (come minimo). Pertanto, la villa dei sogni della mia amica ha avuto un effetto complessivamente negativo sulla sua felicità.

Molti altri non se la passano meglio: gli individui che cambiano o avanzano nella loro carriera spesso subiscono un destino simile.

Gli scienziati chiamano questo fenomeno il tapis roulant edonico: lavoriamo duro, avanziamo finanziariamente e otteniamo più ricchezza, ma niente di tutto ciò ci rende più felici.

Quindi che impatto hanno su di noi eventi negativi come le lesioni del midollo spinale e la perdita di amici? In genere, sopravvalutiamo la loro durata e intensità: ad esempio, quando una relazione finisce può sembrare che la vita non sarà più la stessa, ma nel giro di circa tre mesi i due tornano a frequentarsi e a ritrovare la felicità.

Non sarebbe meraviglioso se sapessimo esattamente quanto ci renderà felici una nuova macchina, una carriera o una relazione? Fortunatamente questo è qualcosa che possiamo misurare in parte. Prendi queste linee guida scientificamente valide come guida quando prendi decisioni migliori e più brillanti: 1) Evita cose negative a cui non puoi adattarti nel tempo, come il pendolarismo, l'inquinamento acustico o lo stress cronico. 2) Non fare troppo affidamento su beni materiali come automobili, case, vincite alla lotteria, bonus o premi come fonti di felicità a lungo termine. 3) Cercare quanta più libertà e autonomia possibile poiché cambiamenti positivi e duraturi spesso derivano dall'intraprendere azioni positive di propria iniziativa. Persegui le tue passioni anche se ciò significa rinunciare a qualche reddito; investire nelle amicizie; la maggior parte delle persone trova una felicità duratura attraverso lo status professionale purché questo non cambi immediatamente il gruppo dei pari - in altre parole, se si sale al ruolo di CEO mentre si fraternizza solo con altri dirigenti, l'effetto diminuisce rapidamente.

Illusione previsionale (cap. 40); La Neomania (cap. 69) e l'Invidia (cap. 86) dovrebbero essere viste come segnali di pericolo e non dovrebbero essere trattate con leggerezza.

Mentre viaggiavo da Filadelfia a New York, rimasi bloccato nel traffico. "Perché devo sempre essere io?", mi lamentavo, mentre osservavo i conducenti diretti a sud che sfrecciavano a velocità impressionante sul mio lato opposto. Mentre trascorrevo un'ora strisciando in avanti a passo di lumaca con frequenti soste per frenate e accelerazioni, la mia mente vagava. Sono stato davvero sfortunato nella vita o era semplicemente una mia percezione? Con le file di banche, uffici postali e negozi di alimentari che apparentemente mi sceglievano più spesso di altri o erano solo semplici percezioni?

Immagina che su questa autostrada si formi un ingorgo nel 10% dei casi; le mie possibilità di rimanere bloccato non sono maggiori della sua probabilità, ma la mia probabilità di rimanere bloccato in qualsiasi punto del mio viaggio supera questa cifra a causa della limitazione del mio movimento in avanti durante tali situazioni; inoltre, una volta che se ne presenta uno e rimango bloccato, diventa molto più evidente per me che se fosse rimasto in movimento alla sua velocità normale.

Una logica simile vale per gli sportelli bancari o i semafori: in un viaggio medio tra A e B con 10 semafori, uno sarà sempre rosso mentre gli altri verdi; tuttavia, potresti trascorrere oltre il 10% del tempo di viaggio aspettando al semaforo rosso, anche se questo potrebbe non sembrare corretto; immagina di viaggiare quasi alla velocità della luce: probabilmente passeresti il 99,99% (non il 10%) del tempo ad aspettare e imprecare al semaforo rosso!

Non appena ci lamentiamo della sfortuna, è saggio diffidare dei pregiudizi di autoselezione. Quando i miei amici maschi si lamentano della mancanza di donne nelle loro aziende e le mie amiche si lamentano del numero insufficiente di uomini, ciò non ha nulla a che fare con la sfortuna: questi brontoloni fanno parte di un campione che mostra la probabilità che la maggior parte dei lavoratori maschi lavori in settori dominati da prevalentemente uomini (o viceversa per le lavoratrici). Inoltre, vivere in paesi come la Cina o la Russia con grandi percentuali di entrambi i sessi significa che potresti diventare parte di quel gruppo più ampio e sentirti sconfitto. Quando si vota durante le elezioni, questo fenomeno diventa più evidente;
Al momento della votazione, è molto probabile che il tuo voto corrisponda al voto di maggioranza della maggioranza vincente.

Gli esperti di marketing spesso cadono preda di pregiudizi di autoselezione. Gli esperti di marketing possono caderci dentro attraverso indagini di marketing che tentano di valutare il valore della loro newsletter per il cliente, ma raggiungono solo gli attuali abbonati che sono pienamente soddisfatti, hanno tempo e non hanno cancellato. Pertanto, questi sondaggi si rivelano inefficaci.

Le osservazioni fatte dal mio amico piuttosto triste hanno recentemente toccato un comune pregiudizio di autoselezione; solo gli esseri viventi possono fare tali osservazioni; le nullità spesso non pensano molto alla loro inesistenza. Eppure questa stessa illusione costituisce la base di molte opere filosofiche che si meravigliano anno dopo anno dello sviluppo del linguaggio; Sono solidale con il loro stupore ma trovo il loro stupore ingiustificabile; il linguaggio semplicemente non esisterebbe senza che noi ne venerassimo il miracolo; la sua meraviglia diventa tangibile solo attraverso l'esposizione all'ambiente circostante - il suo miracolo diventa tangibile solo attraverso la sua esistenza nel suo ambiente - come il suo miracolo della creazione o distruzione da parte delle menti umane!

Divertente è questa recente indagine telefonica: un'azienda l'ha condotta per accertare, in media, quanti telefoni (fissi e cellulari) possiede ciascuna famiglia. Rimasero stupiti nello scoprire che nessuna famiglia affermava di non averne! Davvero un risultato sorprendente.

Vedi anche Percorsi alternativi (cap. 39); Effetto positivo (cap. 95); L'illusione del corpo del nuotatore (cap. 2) per ulteriori discussioni.

Bias associativo

Kevin ha presentato tre volte i risultati della sua divisione al consiglio di amministrazione dell'azienda e ogni volta tutto è andato alla perfezione - e Kevin crede che questi boxer verdi a pois siano le sue mutande fortunate!

Kevin non ha potuto resistere all'acquisto dello splendido anello di fidanzamento che lei gli ha mostrato; anche se 10.000 dollari erano ben oltre il suo budget per il secondo matrimonio, qualcosa in quella donna glielo rendeva irresistibile; forse associare questo bellissimo oggetto a qualcuno ispirerebbe la speranza per le future spose che anche lei possa essere di una bellezza mozzafiato?

Ogni anno Kevin va dal medico per un controllo e di solito gli viene detto che, a 44 anni, la sua salute è in buona forma. Due volte però se n'è andato con notizie allarmanti: una volta per la sua appendice (che è stata rapidamente rimossa); e un altro per una prostata inizialmente gonfia che, dopo un'ulteriore ispezione, si rivelò essere una semplice infiammazione piuttosto che un cancro - entrambe le volte Kevin se ne andò preoccupato ed entrambi i giorni erano straordinariamente caldi; da allora ogni volta che la temperatura inizia ad aumentare intorno ad uno dei suoi appuntamenti di controllo, lo annulla immediatamente!

I nostri cervelli sono macchine di connessione. Ad esempio, quando consumiamo un frutto sconosciuto e successivamente proviamo nausea, la nostra mente crea conoscenza. Tuttavia, questo metodo crea anche una falsa conoscenza. Lo scienziato russo Ivan Pavlov fu il primo a studiare questo fenomeno utilizzando campanelli per misurare la salivazione nei cani; più tardi, però, anche solo il suono provocava la salivazione; creando collegamenti tra due funzioni apparentemente non correlate come il suono delle campane e la produzione di saliva all'interno del cervello degli animali - come il fatto che il suono da solo sia sufficiente a indurre la salivazione in loro.

Il metodo di Pavlov si applica altrettanto bene agli esseri umani. La pubblicità crea collegamenti tra prodotti ed emozioni, come la Coca-Cola. Di conseguenza, le pubblicità mostrano persone di Coca-Cola dai volti felici che appaiono insieme, al contrario di volti accigliati o corpi rugosi che potresti vedere altrove nella vita reale. I consumatori di cocaina appaiono in grandi gruppi rispetto alla vita reale.

Le false associazioni sono causate da pregiudizi associativi, che compromettono anche la nostra qualità decisionale. Potremmo associare automaticamente i portatori di cattive notizie al loro contenuto (nota come sindrome dello spara al messaggero). Alcuni amministratori delegati e investitori potrebbero, consciamente o inconsciamente, evitare di ricevere notizie negative, il che porta a un'immagine imprecisa della realtà. Per evitare di cadere preda di false connessioni ed evitare di cadere preda di false piste quando si guidano gruppi di persone, istruisci i membri del tuo staff a dare solo cattive notizie il più rapidamente possibile in modo da contrastare la sindrome dello spara al messaggero - abbi fiducia che ci saranno abbastanza notizie positive vieni ancora dalla tua parte! Superare le false connessioni compensando eccessivamente la sindrome dello spara al messaggero compensando eccessivamente con messaggi positivi - compensando eccessivamente compensando eccessivamente con buone notizie!

Prima che esistessero la posta elettronica e il telemarketing, i venditori ambulanti utilizzavano metodi di vendita porta a porta. Un giorno George Foster si imbatté in una casa vuota dove una perdita invisibile la riempiva di gas da settimane - a sua insaputa, il campanello danneggiato causò una scintilla quando George la premette, provocando un'esplosione che mandò George direttamente in ospedale, anche se alla fine si riprese rapidamente. Sfortunatamente, però, la sua paura dei campanelli persisteva così forte che anche anni dopo non poteva tornare al lavoro; sforzandosi perché poteva solo creare un altro attaccamento emotivo che non poteva invertirsi nonostante sapesse che ciò non era probabile.

Mark Twain ha catturato magnificamente questo importante messaggio: "Dovremmo raccogliere da ogni esperienza solo le lezioni contenute all'interno; affinché non diventiamo come il gatto che si siede sul coperchio del fornello caldo e si brucia, e non si siederà mai più né su quello caldo né su quello freddo».

Diffidare quando le cose iniziano bene; prendi nota del Contagion Bias (cap. 54); Falsa causalità (cap. 37); La fortuna del principiante (capitolo 49), nonché il bias di disponibilità e l'euristica degli effetti. (Vedi il capitolo 54 per ulteriori letture su questi argomenti).

ATTENZIONE QUANDO LE COSE COMINCIANO AD ACCADERE VELOCEMENTE

La fortuna del principiante

Recentemente abbiamo esplorato il pregiudizio associativo, ovvero la nostra tendenza a vedere connessioni dove non ne esistono. Ad esempio, nonostante tutto il successo di Kevin con grandi presentazioni indossando mutande verdi a pois, non possono garantirgli il successo ogni volta.

Veniamo ora a una delle forme più complicate di pregiudizio associativo: creare un collegamento artificiale con il passato. I giocatori di casinò conoscono bene questa tattica: la chiamano fortuna del principiante. Le persone nuove a un gioco che perdono nei turni iniziali spesso abbandonano saggiamente, mentre chi ha fortuna tende a continuare. Tuttavia, quando i principianti sono fortunati, la loro fiducia può portarli ad aumentare ulteriormente la posta in gioco, solo per scoprire in seguito che le probabilità sono tornate ai livelli medi subito dopo!

La fortuna del principiante gioca un ruolo essenziale nel successo economico. Immaginate la società A, che acquisisce successivamente le società più piccole B, C e D senza incidenti e completa con successo ogni acquisizione - costruendo la propria fiducia poiché ogni fusione si rivela troppo impegnativa da gestire e stima sinergie impossibili da realizzare nonostante le prove oggettive che puntano in questa direzione dalle acquisizioni precedenti - solo per la fortuna dei principianti che li accecano da questa realtà.

Tendenze simili si sono verificate con la Borsa. Attratti dal suo successo iniziale, molti investitori hanno investito i risparmi di una vita e persino i prestiti in azioni Internet durante la fine degli anni '90, ignari del fatto che i loro notevoli profitti in quel momento non erano dovuti ad alcuna capacità di selezione dei titoli basata sulla conoscenza, ma semplicemente a una tendenza al rialzo del mercato. ; anche quelli senza alcuna conoscenza pregressa in materia di investimenti spesso hanno ottenuto enormi vittorie quando le cose alla fine sono andate al ribasso. Quando però quello slancio alla fine svanì, molti si ritrovarono ad affrontare montagne di debiti dot-com.

Come si è visto durante il recente boom immobiliare negli Stati Uniti, molti individui sono caduti in questa trappola: dentisti, avvocati, insegnanti e tassisti hanno abbandonato la loro carriera per "ribaltare" le case a scopo di lucro, acquistandole a prezzi stracciati e rivendendole immediatamente a prezzi più alti. prezzi – che li conduce lungo un percorso inebriante verso grossi profitti ma in realtà con poca rilevanza per la vita reale o la loro carriera.

Il boom immobiliare ha permesso anche agli intermediari dilettanti di prosperare; gli investitori si sono indebitati enormemente acquistando ville sempre più grandi, e quando la bolla alla fine è scoppiata si sono ritrovati con solo proprietà invendibili come asset.

La storia ci fornisce ampie prove della fortuna dei principianti: né Napoleone né Hitler si sarebbero imbarcati in campagne contro la Russia senza precedenti vittorie in battaglie minori a loro sostegno.

Ma come distinguere la fortuna del principiante dal vero talento? Sebbene non esista una regola fissa per aiutarti a prendere tale decisione, due suggerimenti possono rivelarsi efficaci: in primo luogo, se le tue prestazioni superano costantemente quelle degli altri per un lungo periodo, probabilmente il talento gioca un ruolo. In secondo luogo, quando ci sono più concorrenti che competono per la tua attività, aumentano le possibilità che qualcuno raggiunga il successo e assuma la leadership del mercato per più anni, forse tu! Quando ciò accade tra dieci concorrenti, sii orgoglioso di celebrare te stesso come leader di mercato! Tuttavia, essere tra i migliori attori (nei mercati finanziari) può essere visto come una prova di talento; ma se ti ritrovi il primo tra 10 milioni di giocatori in un anno particolare - cosa che potrebbe accadere abbastanza facilmente con tutti i tipi di giocatori partecipanti - non iniziare ancora a visualizzare un impero come Buffett; è probabile che tu sia stato semplicemente fortunato!

Guardate e aspettate prima di trarre conclusioni definitive. La fortuna del principiante può essere devastante; per proteggermi da idee sbagliate e confutare le teorie come farebbe uno scienziato efficace, ho inviato il mio romanzo Trentacinque a un editore dove è stato immediatamente accettato; per un momento mi è sembrato un successo geniale (le probabilità che questo editore lo accettasse erano 1/15.000. Per testare ulteriormente la mia teoria ho quindi inviato copie ad altri 10 grandi editori... e ho ricevuto 10 lettere di rifiuto riportando la mia idea tornare rapidamente con i piedi per terra.

Vedi anche: Bias di sopravvivenza (cap. 1); Bias egoistico (cap. 45); Bias associativo (cap. 48); Falsa causalità (cap. 37); Illusione dell'abilità (cap.94)

PICCOLE BUGIE DOLCI

DISSONANZA COGNITIVA

Una volpe si avvicinò lentamente a una vite e guardò con desiderio i suoi abbondanti grappoli viola. Appoggiò le zampe anteriori contro il tronco, allungò il collo e cercò di raggiungerle, ma erano troppo in alto. Irritato, fece un altro tentativo: la sua mascella si schioccò solo in aria. Alla fine fece un balzo con tutte le sue forze per poi ricadere di nuovo a terra con un tonfo udibile; nemmeno una foglia si era mossa. Tenendo la testa alta, si ritirò nella foresta - o almeno così pensava la volpe.

Esopo, il poeta greco, creò questa favola per evidenziare uno degli errori più diffusi nella logica. Si è verificata una discrepanza quando la volpe ha deciso di fare qualcosa ma ha fallito, creando un'incoerenza che può essere risolta solo in tre modi: A) mettere le mani su dell'uva in qualche modo B) accettare che le sue capacità potrebbero non essere sufficienti C) ammettere le sue incompetenza

C) reinterpretando retrospettivamente quanto accaduto. Questo approccio rappresenta la dissonanza cognitiva o la sua risoluzione.

Immagina di acquistare una nuova auto per poi pentirti presto della tua scelta: il suo motore sembra in decollo e il sedile del conducente è scomodo. Cosa fai allora? Restituirlo sarebbe un'ammissione di errore e probabilmente non ti restituirebbe tutti i soldi; quindi come approccio alternativo potresti convincerti che i motori rumorosi e i sedili scomodi fanno parte delle sue caratteristiche di sicurezza, impedendoti di addormentarti al volante; senza dubbio queste scelte intelligenti sono state acquisti ben ponderati che hanno portato con sé esperienze gioiose!

Leon Festinger e Merrill Carlsmith della Stanford University una volta chiesero ai loro studenti di svolgere un'ora di lavoro noioso e monotono prima di dividerli in due gruppi. I membri del Gruppo A ricevettero 1 dollaro (era il 1959) come compenso; quelli del gruppo B hanno ricevuto $ 20; in seguito hanno dovuto rivelare come avevano realmente trovato il tutto: sorprendentemente, coloro che hanno ricevuto solo un dollaro lo hanno trovato molto più divertente e coinvolgente!
Perché l'hanno fatto? Semplicemente perché un misero dollaro non era un incentivo sufficiente per mentire apertamente; così invece si convinsero che il lavoro non era poi così male; allo stesso modo in cui la volpe di Esopo ha reinterpretato la situazione in modo diverso, proprio come questi studenti. Inoltre, coloro che ricevevano di più non avevano bisogno di giustificare ciò che avevano fatto, avendo già commesso una bugia mentre

ricevevano un risarcimento di 20 dollari come giusto dovuto. Questi studenti non hanno sperimentato alcuna dissonanza cognitiva.

Immagina di fare domanda per un lavoro e di perdere a favore di un altro candidato. Invece di riconoscere che potrebbero essere stati più qualificati per quello di te, ti convinci che non eri veramente interessato ad assumere quel particolare ruolo; fin dall'inizio è stato solo un esperimento per vedere se il tuo "valore di mercato" poteva farti ottenere un invito per un colloquio.

Recentemente ho sperimentato qualcosa di simile quando mi sono trovato a dover scegliere tra investire in due azioni. Quello che ho selezionato ha subito perso valore poco dopo l'acquisto, mentre le azioni di un altro, non investito, sono salite alle stelle: semplicemente non riuscivo a riconoscere il mio errore! In realtà, al contrario: ricordo vividamente di aver convinto un amico che, anche se il titolo stava attraversando problemi iniziali, nel complesso aveva ancora un potenziale maggiore. La dissonanza cognitiva può spiegare questa reazione apparentemente irrazionale. Come mi ha ricordato il mio amico, il "potenziale" sarebbe stato ancora maggiore se avessi ritardato fino ad oggi l'acquisto di azioni. Esopo aveva messo in guardia contro questo scenario: "Puoi provare a essere intelligente quanto vuoi, ma alla fine non otterrai alcun grappolo d'uva".

Vedi anche Effetto dotazione (cap. 23); Bias egoistico (cap. 45); Bias di conferma (cap. 7-8); "Perché la giustificazione" (cap. 52) e la giustificazione dello sforzo (cap. 60).

Goditi ogni momento come se fosse l'ultimo; ma solo la domenica!

Sconto iperbolico

Hai sentito il detto "Vivi ogni giorno come se fosse l'ultimo"? Sembra apparire almeno tre volte sia nelle riviste di lifestyle che nei manuali di auto-aiuto; eppure un proverbio così perspicace non giova al tuo ingegno! Immagina cosa accadrebbe se seguissi alla lettera questo consiglio: non ti laveresti più i denti, non ti laveresti i capelli, non puliresti l'appartamento, non ti presenteresti al lavoro e non pagheresti più le bollette in tempo? Senza dubbio, in un batter d'occhio diventeresti sul lastrico, malato e forse anche dietro le sbarre, ma il suo significato rimane intrinsecamente nobile; esprime desiderio e desiderio di immediatezza che troppo spesso hanno la priorità rispetto al pensiero razionale; vivere la vita al massimo oggi senza preoccuparsi del domani semplicemente non è un consiglio di vita sensato.

Preferiresti ricevere $ 1.000 in un anno o $ 1.100 in dodici anni e un mese? La maggior parte delle persone probabilmente opterebbe per quest'ultima, con il suo tasso di interesse mensile del 10% annuo! Inoltre, l'attesa di due settimane in più potrebbe fornire grandi ritorni, prendendo una decisione più saggia che aspettare troppo a lungo!

Altre due domande. Preferiresti ricevere $ 1.000 oggi in contanti o aspettare un mese e ricevere $ 1.100 in più? Molto probabilmente, oggi la maggior parte delle persone preferirebbe i contanti; eppure questo è sorprendente perché anche aspettare un mese in più frutta $ 100 extra in entrambi i casi; in uno scenario sembra abbastanza ovvio, mentre in un altro potrebbe essere necessaria pazienza e considerazione prima di rispondere di conseguenza. "Cos'è un altro anno?" potresti chiederti. Non in questo caso; quando introduciamo "adesso", tuttavia, il nostro cervello spesso prende decisioni incoerenti e la scienza definisce questo fenomeno come sconto iperbolico. In parole povere, man mano che le ricompense si avvicinano, il nostro "tasso di interesse emotivo" aumenta e diventiamo disposti a rinunciare di più in cambio di esse. Sfortunatamente, la maggior parte degli economisti ancora non riesce a capire che gli esseri umani rispondono in modo incoerente e soggettivo ai tassi di interesse; di conseguenza, i loro modelli si basano su tassi di interesse costanti, il che è altamente discutibile.

Lo sconto iperbolico, o il nostro desiderio di ricompense istantanee, deriva dal nostro passato animalesco. Gli animali non rifiuterebbero mai una ricompensa immediata che potrebbe aiutarli a sopravvivere più rapidamente.
I tuoi ratti non rispondono bene all'addestramento; non rinunceranno ad un pezzo di formaggio oggi per riceverne di più domani. Sì, gli scoiattoli raccolgono il cibo e lo conservano per un consumo successivo; tuttavia, quel comportamento non ha nulla a che fare con il controllo degli impulsi o l'apprendimento.

E che dire dei bambini? Negli anni '60 Walter Mischel condusse un esperimento sulla gratificazione ritardata che potete trovare cercando su YouTube con "esperimento marshmallow". A un gruppo di bambini di quattro anni è stato dato ciascuno un marshmallow da consumare immediatamente o attendere diversi minuti e riceverne un altro; purtroppo per la maggior parte dei bambini l'attesa era impossibile; In modo ancora più impressionante, tuttavia, Mischel ha scoperto che la capacità di gratificazione ritardata è un indicatore del futuro successo professionale, dimostrando così che la pazienza è davvero una virtù.

Con l'età arriva un maggiore autocontrollo, rendendo più facile posticipare le ricompense. Invece di aspettare dodici mesi per portare a casa altri 100 dollari, potremmo aspettarne volentieri tredici se dovesse verificarsi una ricompensa immediata; come i tassi di interesse esorbitanti delle banche sui debiti delle carte di credito o i prestiti personali a breve termine che sfruttano il nostro desiderio di gratificazione immediata.

Conclusione: sebbene i premi istantanei possano essere molto allettanti, lo sconto iperbolico rimane un difetto. Quando acquisiamo il controllo sui nostri impulsi, ad esempio quando beviamo alcolici, meglio riusciamo a evitare questa trappola; altrimenti diventiamo vulnerabili. D'altro canto, se vendi prodotti di consumo, dai ai clienti l'accesso immediato ad essi poiché alcuni potrebbero pagare un extra solo per non dover aspettare, qualcosa di cui Amazon trae pieno vantaggio; parte del supplemento per la consegna il giorno successivo finisce direttamente nelle loro casse! Un promemoria ogni settimana può aiutare a evitare questa trappola:

Vedi Fatica decisionale (cap. 53); Logica semplice (cap. 63) e procrastinazione (cap. 85).

RAGIONE E GIUSTIFICAZIONE

L'ingorgo stradale tra Los Angeles e San Francisco dovuto alle riparazioni superficiali ha richiesto trenta minuti del mio viaggio prima di svanire nel caos nello specchietto retrovisore - o almeno così pensavo. Mezz'ora dopo, però, erano ripresi altri lavori di manutenzione ma, stranamente, il mio livello di frustrazione era diminuito notevolmente perché cartelli rassicuranti lungo la strada annunciavano: "Stiamo rinnovando questa autostrada per te!"

La marmellata mi ha ricordato un esperimento condotto dalla psicologa di Harvard Ellen Langer negli anni '70. Per questo, è entrata in una biblioteca e ha aspettato accanto a una fotocopiatrice finché non si è formata una fila attorno prima di avvicinarsi al primo utente e dire: 'Mi scusi, ho cinque pagine da copiare; posso usare la tua macchina fotocopiatrice?" La sua percentuale di successo era del 60%. Per aumentarlo al 94% ha ripetuto l'esperimento offrendo una giustificazione: 'Mi scusi. Ho bisogno che vengano stampate cinque copie adesso. Posso usare la tua macchina Xerox a causa del poco tempo a disposizione?' In quasi tutti i casi le è stato permesso di procedere. Questo era comprensibile: le persone che hanno fretta spesso arrivano in prima fila senza mai capire veramente il perché. Provò ancora, questa volta dicendo: "Scusate, ma posso precedervi perché mi servono delle copie?". Con sua grande sorpresa, questo ha avuto successo quasi sempre (93%).

Giustificare il nostro comportamento aumenta la tolleranza e la disponibilità. Usare una giustificazione come "perché" sembra sufficiente; non importa se la scusa che dai per spiegare perché si comportano in questo modo è buona o no; è altrettanto efficace! Un cartello che dicesse "Vi rinnoviamo l'autostrada" servirebbe solo a confondere le idee; qualsiasi squadra di manutenzione potrebbe comunque facilmente svolgere il proprio lavoro altrove su un'autostrada! Vedere cosa sta succedendo rassicura e calma piuttosto che tenere inconsapevoli. Dopotutto, niente è più frustrante dell'essere tenuti all'oscuro!

Al Gate A57 dell'aeroporto JFK, aspettavo con ansia il volo 1234 quando l'annuncio dall'altoparlante diceva: "Attenzione, passeggeri". Il volo 1234 è attualmente in ritardo di tre ore. Ho deciso di recarmi al banco per sapere il motivo e sono tornato entro 15 minuti senza alcuna risposta o spiegazione per il suo rinvio.
Ero furioso; come osano lasciarci aspettare nell'ignoranza! Altre compagnie aeree almeno hanno avuto la decenza di informare i propri passeggeri: "Il volo 5678 è stato ritardato di tre ore per motivi operativi" - una scusa così debole almeno fornirebbe abbastanza conforto.

Le persone sembrano ossessionate dall'uso della parola "perché" anche quando non è necessaria; come leader abbiamo senza dubbio assistito a questa tendenza; senza un'efficace chiamata di mobilitazione, la motivazione dei dipendenti diminuisce rapidamente. Dire semplicemente che la tua azienda di scarpe esiste per produrre calzature non è più un caso impressionante: oggi anche scopi più elevati e storie dietro la tua storia devono avere un ruolo - come dire che vuoi che le tue scarpe rivoluzionino il mercato (qualunque cosa ciò possa significare); fornire supporto per un mondo migliore (o l'affermazione di Zappo di essere nel business della felicità) sono tutte parti essenziali per dare un senso alle decisioni aziendali oggi se vogliamo il successo (qualunque cosa significhi).

Se il mercato azionario sale o scende di mezzo punto percentuale, i commentatori del mercato non offriranno alcuna spiegazione plausibile: che sia stato causato dal rumore bianco o da una serie infinita di movimenti di mercato. Invece, le persone vogliono ragioni tangibili e i commentatori ne sceglieranno una a cui dare la colpa; la loro spiegazione spesso risulterà priva di significato, con frequenti riferimenti alle dichiarazioni dei presidenti della Federal Reserve Bank come colpevoli.

Se qualcuno ti chiede perché non hai ancora completato un compito, una semplice risposta potrebbe essere: "Perché non ci sono ancora riuscito". Anche se all'inizio potrebbe sembrare ridicolo, di solito questo risolve il problema senza bisogno di trovare ragioni più plausibili per non completarlo immediatamente.

Un giorno ho visto mia moglie separare scrupolosamente la biancheria nera da quella blu. A me sembrava superfluo poiché entrambi i colori scuri hanno la stessa importanza, eppure questa pratica è riuscita a mantenere i miei vestiti liberi per molti anni. "Perché lo fai?" Le ho chiesto; al che lei ha risposto "Perché preferisco lavarli separatamente". Per me questa era una spiegazione sufficiente.

Non uscire mai di casa senza usare il "perché". Questa parola semplice ma efficace aiuta a facilitare l'interazione umana e dovrebbe essere utilizzata liberamente.

Vedi anche Dissonanza Cognitiva (Cap. 50); Bias della storia (cap. 13) e errore della causa unica (cap. 97)

Decidi in modo più intelligente: decidi di meno

Affaticamento decisionale

Per settimane hai lavorato instancabilmente a questa presentazione. Le tue diapositive di PowerPoint sono state lucidate con una lucentezza scintillante; ogni cifra in Excel si è dimostrata accurata; la presentazione esemplifica una logica cristallina. Tutto dipende da questo approccio - in caso di successo, tutto dipende da questo - ottenere l'approvazione dell'amministratore delegato significherà essere promosso in un ufficio d'angolo esecutivo; in caso contrario potrebbe verificarsi la concessione dell'indennità di disoccupazione o il licenziamento immediato! L'assistente del tuo capo suggerisce tre possibili fasce orarie: 8:00, 11:30. o alle 18:00: quale dovrebbe essere l'evento?

Lo psicologo Roy Baumeister e Jean Twenge una volta riempirono un intero tavolo con centinaia di articoli poco costosi che andavano da palline da tennis e candele a magliette, gomme da masticare e lattine di Coca-Cola. Hanno poi diviso gli studenti in due gruppi; quelli etichettati come decisori sono stati messi da parte mentre quelli non impegnati sono stati etichettati come non decisori. Ha detto al primo gruppo: "Vi mostrerò dei set contenenti due oggetti casuali alla volta e ogni volta spetta a voi scegliere tra le due scelte - alla fine del mio esperimento ve ne darò uno come souvenir". Credevano che le loro decisioni avrebbero determinato quale oggetto avrebbero tenuto da ciascun set. Ha dato istruzioni al secondo gruppo: "Scrivete cosa pensate di ciascun elemento e io ne selezionerò uno a caso da darvelo alla fine". Poco dopo ha incaricato ogni studente di mettere la mano in una fonte di acqua ghiacciata il più a lungo possibile e di mantenere questa posizione fino al rilascio. La psicologia utilizza questo test come una misura classica della forza di volontà o dell'autodisciplina; coloro che mancano di forza di volontà ritireranno rapidamente la mano dall'acqua ghiacciata, con i decisori che si ritireranno più velocemente dei non decisori poiché il loro intenso processo decisionale ha indebolito la loro forza di volontà – un effetto confermato in numerosi altri esperimenti.

Prendere decisioni può essere estenuante. Chi ha configurato il proprio computer online o ha fatto ricerche su lunghi viaggi - voli, hotel, attività, ristoranti e meteo compresi - lo sa bene: dopo aver confrontato, considerato e scelto, ci si può sentire esausti dopo tutto quello che il confronto, la considerazione e la scelta hanno richiesto. luogo: la scienza definisce questo fenomeno come fatica decisionale.

L'affaticamento decisionale può essere pericoloso: come consumatore, diventi più suscettibile ai messaggi pubblicitari e agli acquisti d'impulso; in qualità di decisore a livello esecutivo, la tua capacità di esprimere giudizi sensati può diminuire considerevolmente.

La forza di volontà può essere come una batteria: dopo un po' si scarica e necessita di essere ricaricata. Un modo per farlo è prendersi una pausa per rilassarsi e mangiare qualcosa; altrimenti la forza di volontà crollerà quando il livello di zucchero nel sangue scenderà troppo; IKEA lo sa meglio di chiunque altro; ecco perché i suoi ristoranti sono convenientemente posizionati in tutti i suoi negozi, poiché la fatica decisionale si manifesta durante il tuo viaggio attraverso aree espositive labirintiche e imponenti scaffali di magazzino e la stanchezza decisionale si manifesta rapidamente; sacrifica un po' di margine di profitto per prelibatezze svedesi che potrebbero aiutarti a ricostituire lo zucchero nel sangue prima di continuare la ricerca dei candelieri perfetti prima di riprendere!

Quattro prigionieri in un carcere israeliano hanno presentato una petizione alla corte per il rilascio anticipato, iniziando con il caso 1 alle 8.50: un arabo condannato a 30 mesi per frode; Il caso 2 (previsto per le 13:27) riguarda un ebreo che sconta 16 mesi per aggressione; Il caso 3 è stato fissato per le 15:10). Il caso 1 (previsto per le 16:35) coinvolgeva un ebreo a cui furono concessi 16 mesi per aggressione; Il caso 4 riguardava un arabo condannato a 30 mesi per frode. Come hanno preso le loro decisioni i giudici? Più significativa della fedeltà o della severità dei detenuti era la loro fatica nel prendere decisioni. I giudici hanno accolto le richieste 1 e 2, poiché i livelli di zucchero nel sangue non erano ancora tornati alla normalità dopo la colazione o il pranzo, ma hanno respinto le richieste 3 e 4, a causa di riserve di energia insufficienti per rischiare un rilascio anticipato. Hanno scelto l'opzione più facile (lo status quo), lasciando gli uomini in prigione. Uno studio su centinaia di sentenze mostra che durante una sola seduta, la percentuale di decisioni "coraggiose" scende gradualmente dal 65% a quasi nessuno per poi ritornare dopo la pausa - questo per quanto riguarda Lady Justice! Ma non tutto è perduto: ora sai quando è meglio presentare il tuo progetto al tuo CEO.

Vedi anche: Paradosso della scelta (cap. 21); Sconto iperbolico (cap. 51); Logica semplice (cap. 63) e effetto predefinito (cap. 81).

Bias da contagio

Dopo la caduta dell'impero carolingio in Francia nel IX secolo, l'Europa sprofondò nell'anarchia. Conti, comandanti, cavalieri e altri governanti locali erano spesso impegnati in sanguinose battaglie; i loro guerrieri saccheggiarono fattorie, violentarono donne, calpestarono campi, rapirono pastori dalle funzioni religiose, catturarono pastori come ostaggi e diedero fuoco ai conventi; sia le autorità ecclesiastiche che i contadini erano impotenti contro le incessanti guerre di questi nobili.

Nel X secolo un vescovo francese elaborò un progetto imponente. Invitò tutti i principi e i cavalieri di Francia a riunirsi in un campo mentre sacerdoti, vescovi e abati raccoglievano tutte le reliquie che potevano trovare in quella regione per esporle lì. A prima vista, era uno spettacolo sorprendente: ossa, stracci intrisi di sangue, mattoni e tegole, tutti recanti segni di contatto tra santi. A quel tempo, il vescovo, da persona rinomata per incutere rispetto, rivolse un appassionato appello ai nobili presenti davanti alle sacre reliquie affinché abbandonassero la violenza contro le vittime inermi e gli attacchi contro i civili disarmati. Per enfatizzare ulteriormente le sue richieste, sventolò davanti a loro abiti insanguinati e ossa sacre come ulteriore prova. I nobili devono aver tenuto tali simboli con grande riverenza; L'appello unico del vescovo Gregory alle loro coscienze si diffuse in tutta Europa, incoraggiando "la pace e la tregua di Dio". Secondo lo storico americano Philip Daileader, non bisogna mai sottovalutare la paura associata ai santi durante questo periodo o alle reliquie dei santi.

Come persona istruita, potrebbe essere facile per te ridere di queste superstizioni considerandole sciocche. Tuttavia, considera questo: indosseresti qualcosa che indossava una volta Hitler? Improbabile, forse dimostrando che il tuo rispetto per le forze invisibili rimane ancora. Il maglione non incarna più alcun legame con Hitler; non c'è una goccia del suo sudore su di esso - eppure indossarlo suscita comunque sentimenti di vergogna e rispetto per ciò che il suo autore rappresenta. Senza dubbio desideriamo proiettare un'immagine ideale ai nostri simili e a noi stessi; eppure il solo pensiero può scoraggiarci anche da soli e ci convinciamo che toccare abiti del genere non avalli in alcun modo Hitler. Purtroppo, tali reazioni emotive possono essere difficili da superare anche tra coloro che considerano importante questo argomento, come i politici.
Anche le persone che si considerano altamente razionali a volte lottano per dissipare qualsiasi fede in forze misteriose (me compreso).

Paul Rozin e i suoi colleghi ricercatori dell'Università della Pennsylvania hanno scoperto che i poteri mistificanti non possono essere semplicemente disattivati. I soggetti del test hanno portato le foto dei loro cari contro le quali hanno poi dovuto lanciare freccette, senza danneggiare le persone raffigurate; anche se la loro esitazione e precisione rispetto ai bersagli normali si sono rivelate molto inferiori, come se una forza invisibile impedisse loro di colpire queste preziose foto.

Il pregiudizio del contagio si riferisce alla nostra incapacità di dissociarci da determinati oggetti, siano essi risalenti a molto tempo fa o correlati in modo più indiretto (come nel caso delle foto). La mia amica lavorava come corrispondente di guerra per il canale televisivo pubblico francese France 2. Come i passeggeri di una crociera ai Caraibi, anche la mia amica collezionava souvenir delle sue avventure - come cappelli di paglia o noci di cocco dipinte da ogni isola che visitava - come ricordo di ogni avventura, compreso uno a Baghdad nel 2003. Poco dopo che le truppe americane hanno preso d'assalto il palazzo del governo di Saddam Hussein, lei si è intrufolata nei suoi alloggi privati. Una volta dentro, notò subito sei bicchieri da vino placcati in oro nella sala da pranzo e se ne andò rapidamente con loro. Recentemente, durante una delle sue cene a Parigi, i calici che occupavano il posto d'onore sul tavolo da pranzo hanno attirato la mia attenzione: un ospite le ha chiesto se provenissero da Lafayette; quando le ho menzionato Saddam Hussein, lei ha risposto casualmente: "no, sono di Saddam". Un ospite estremamente angosciato è rimasto scioccato e ha iniziato a tossire in modo incontrollabile, cosa che mi ha costretto a commentare: 'Ti rendi conto di quante molecole di Saddam fanno già parte di te solo respirando? Ho chiesto. La sua tosse è peggiorata.

Vedi anche Bias associativo (cap. 48); Influenza l'euristica (cap. 66) per maggiori dettagli.

PERCHÉ NON ESISTE NESSUNA GUERRA MEDIA

Immaginate di fare un viaggio in autobus con altre 49 persone, quando ad una fermata sale la persona più pesante d'America; in quel momento, quale percentuale è aumentata nel peso medio dei passeggeri da allora? Forse il quattro per cento? Cinque? Al contrario, ad un'altra fermata Bill Gates sale a bordo; ora il nostro focus non dovrebbe essere il peso ma piuttosto la ricchezza: di quanto è aumentata la ricchezza rispettivamente dal 4% e dal 5%? Nessuno dei due scenari regge!

Calcoliamo rapidamente il nostro secondo esempio. Inizialmente, ogni individuo con un patrimonio di $ 54.000 costituisce il valore medio statistico, o mediana. Ora aggiungiamo Bill Gates con la sua fortuna stimata in circa 59 miliardi di dollari a questo mix e osserviamo quanto velocemente la ricchezza media è aumentata di oltre il due milioni per cento fino ad un aumento di quasi il due miliardi per cento; rendendo qualsiasi nozione di "media" totalmente priva di significato.

Nassim Taleb consiglia, nei suoi lavori sulla teoria della probabilità, di non attraversare fiumi profondi in media quattro piedi, a causa del rischio che comportano nell'attraversarli se la loro profondità aumenta oltre i quattro. I fiumi possono apparire poco profondi – solo pochi centimetri – per lunghi tratti prima di diventare improvvisamente torrenti profondi sei metri che minacciano la tua vita se li attraversi. Le medie possono spesso mascherare i dettagli distributivi: oscurano il modo in cui i valori si accumulano nel tempo.

A livello medio, l'esposizione ai raggi UV nelle giornate di giugno non rappresenta un pericolo per la salute. Ma se dovessi trascorrere tutta l'estate al chiuso in un ufficio e poi andare alle Barbados e sdraiarti al sole senza protezione per un'intera settimana senza usare la protezione solare, anche se nel complesso probabilmente riceverai meno esposizione ai raggi UV rispetto a qualcuno che si avventura regolarmente all'aperto - Ciò creerebbe problemi.

Tutto questo dovrebbe essere già abbastanza ovvio per te; forse anche te stesso. Supponiamo, ad esempio, che tu beva un bicchiere di vino rosso ogni sera durante la cena: ciò non porrà problemi di salute ed è raccomandato da molti medici. Il 31 dicembre, tuttavia, se non bevessi nulla per tutto l'anno e consumassi improvvisamente 356 bicchieri (l'equivalente di sessanta bottiglie), probabilmente andresti incontro a complicazioni di salute indipendentemente da quale fosse la media nel corso dell'anno.
Aggiornamento: nel complesso mondo di oggi, la distribuzione sta diventando sempre più irregolare; quindi osserveremo risultati simili a quelli di Bill Gates in più domini. Quando si tratta di distribuzione online e visite ai siti web, il numero medio di visitatori dei siti web non esiste: nessun sito web riceve gli stessi livelli di traffico. I matematici spesso si riferiscono a

questo fenomeno come alla cosiddetta legge del potere, con alcuni siti (ad esempio New York Times, Facebook o Google) che ottengono la maggior parte delle visite mentre altre pagine ne ricevono relativamente poche. Prendiamo ad esempio le città. Tokyo è l'unica città con una popolazione stimata superiore a 30 milioni sulla terra, mentre ce ne sono 11 con tra 20-30 milioni, 15 tra 10-20 milioni, 48 tra 5-10 milioni di abitanti e migliaia tra 1-5 milioni - questa distribuzione segue una legge di potenza in cui alcuni casi estremi dominano le distribuzioni complessive, senza lasciare dietro di sé alcuna cifra media significativa.

Qual è la dimensione media di un'azienda, la popolazione di una città, il numero medio di morti durante una guerra (in termini sia di morti che di durata), la media di fluttuazione giornaliera del Dow Jones, il superamento medio dei costi dei progetti di costruzione, il numero medio di copie di un libro vendite per copia venduta dall'editore; quantità media di danni causati dall'uragano; bonus pagato al banchiere in media; successo della campagna di marketing calcolato in media tra i download di app per iPhone e lo stipendio dell'attore? Potresti calcolare queste risposte, ma farlo sarebbe inutile poiché anche qui si applica la legge di potenza.

Prendiamo questo esempio finale come esempio: pochi attori selezionati guadagnano più di 10 milioni di dollari all'anno mentre migliaia e migliaia vivono al di sotto della soglia di povertà. Consiglieresti a tuo figlio o tua figlia di iniziare a recitare sulla base di un salario medio che sembri accettabile? Probabilmente no: sarebbe un consiglio insensato.

Conclusione: prima di trarre conclusioni affrettate basandosi sull'uso del termine "medio" da parte di qualcuno, prenditi un momento e valuta la sua distribuzione sottostante. Se i casi anomali (come il fenomeno di Bill Gates) hanno un'influenza minima, possiamo continuare a utilizzare il concetto; ma quando prevalgono casi estremi (come quello di Bill Gates) (come il suo successo con Microsoft), dobbiamo ignorare del tutto la sua utilità e scartare il termine. Il romanziere William Gibson ha consigliato a tutti noi: "Il futuro è già qui, semplicemente non è distribuito equamente".

Vedi anche Base-Rate Neglect (cap. 28); Logica semplice (cap. 63); Regressione alla media (cap. 19); Negligenza della probabilità (cap. 26) e errore del giocatore d'azzardo (cap. 29)

I BONUS DISTRUGGONO LA MOTIVAZIONE

Di recente, il mio amico del Connecticut ha deciso di trasferirsi a New York City. Il suo trasloco avrebbe comportato il trasporto di un'impressionante collezione di oggetti d'antiquariato come rari libri antichi e vetri di Murano soffiati a mano delle generazioni passate: sapevo quanto sarebbe stato desideroso di consegnarli a un'azienda di traslochi; quindi l'ultima volta che ho visitato, mi sono offerto di portare io stesso alcuni degli oggetti fragili quando tornavo nel Connecticut da New York. Due settimane dopo arrivò una lettera di ringraziamento con allegata una banconota da cinquanta dollari!

La Svizzera ha trascorso anni alla ricerca di un deposito sotterraneo adeguato per immagazzinare i propri rifiuti radioattivi, prendendo in considerazione diverse località tra cui Wolfenschiessen vicino a Berna, nella Svizzera centrale. L'economista Bruno Frey dell'Università di Zurigo si è recato lì con i colleghi per raccogliere le opinioni della gente in un incontro comunitario; con loro grande stupore, il 50,8% ha sostenuto la loro proposta! La loro risposta positiva può essere attribuita a vari fattori: orgoglio nazionale, decenza comune, obbligo sociale e prospettiva di nuovi posti di lavoro, tra gli altri. Il team ha condotto un altro sondaggio, questa volta proponendo che ogni cittadino accettasse la proposta a fronte di un'ipotetica ricompensa di 5.000 dollari da parte dei contribuenti svizzeri se avessero accettato. Cosa è risultato? I risultati sono diminuiti drasticamente: solo il 24,6% è d'accordo.

Gli asili nido affrontano difficoltà simili: i genitori vanno a prendere i propri figli dopo l'orario di chiusura. Il personale dell'asilo nido non può caricare i bambini rimasti sui taxi né lasciarli sul marciapiede finché tutti i bambini rimasti non sono stati prelevati da scuola. Per scoraggiare i ritardi dei genitori, molti asili nido hanno introdotto tariffe per i ritardi; ma gli studi dimostrano che ciò ha effettivamente aumentato il ritardo anziché diminuirlo. Naturalmente, avrebbero potuto istituire sanzioni severe, come 500 dollari l'ora, come quelle offerte a ciascun residente di un villaggio svizzero, ma ciò non avrebbe colto il punto; gli incentivi finanziari piccoli ma sorprendenti tendono a escludere altre forme di incentivi che offrono rendimenti molto maggiori in termini di rendimenti per tutti i soggetti coinvolti rispetto a incentivi monetari più ampi, a differenza di questo caso.

Le tre storie illustrano una verità importante: il denaro non sempre motiva.
A volte il denaro fa più male che bene. Il mio amico me ne ha dati cinquanta per rimediare alla sua cattiva azione; invece lo ha minato mettendo a repentaglio la nostra amicizia. Offrire un compenso a un deposito nucleare è stato visto da alcuni come una corruzione e un indebolimento dello spirito patriottico in generale; Le indennità per ritardo degli asili nido

hanno cambiato il loro rapporto con i genitori da personale a monetario, legittimando sostanzialmente il ritardo dei genitori.

La scienza ha un termine per questo fenomeno: affollamento motivazionale. Quando le persone fanno qualcosa per ragioni non monetarie e di beneficenza – per una buona azione, per così dire – ma gli aumenti dei pagamenti ostacolano queste intenzioni e qualsiasi altra motivazione viene sminuita dalla sua presenza. Le ricompense finanziarie diventano invece la forza trainante delle loro azioni.

Immagina di gestire un'organizzazione no-profit. I tuoi dipendenti potrebbero ricevere salari modesti; tuttavia sono altamente motivati perché credono di fare una differenza di grande impatto. Tuttavia, se dovessi decidere di implementare un sistema di bonus, ad esempio un piccolo aumento di stipendio per ogni donazione assicurata, la motivazione svanirà rapidamente poiché il tuo team distoglierà l'attenzione dai compiti che non portano alcuna ricompensa aggiuntiva; la creatività, la reputazione dell'azienda o il trasferimento di conoscenze non contano più: tutti gli sforzi si concentreranno invece sulla sollecitazione delle donazioni il più rapidamente possibile.

Allora chi dovrebbe essere al sicuro dall'affollamento motivazionale? Un rapido test può rivelare chi potrebbe essere al sicuro: conosci qualche private banker, agente assicurativo o revisore dei conti che svolge il proprio lavoro con passione e crede in una missione più grande? NO? Gli incentivi finanziari e i premi di rendimento funzionano meglio nei settori con lavori noiosi; dove i dipendenti non si preoccupano molto dei prodotti o delle aziende ma semplicemente completano il lavoro ricevendo una busta paga. Tuttavia, i proprietari di start-up farebbero bene a sfruttare la passione dei dipendenti come parte della promozione dell'impresa piuttosto che offrire incentivi che non potrebbero comunque pagare.

Un ultimo consiglio per chi ha bambini: l'esperienza ci insegna che i giovani non si comprano. Se vuoi che i tuoi figli facciano i compiti, si esercitino con gli strumenti musicali o falcino il prato di tanto in tanto senza che il tuo portafoglio sia vuoto, offri invece un assegno settimanale fisso in quanto ciò li manterrà onesti senza che ne abusino e si rifiutino di andare a dormire senza qualche forma di compenso.

Vedi anche Tedenza di super-risposta di incentivo (cap. 18); Reciprocità (cap. 6); Social Loafing (cap. 33) per ulteriori discussioni su questi argomenti.

Tendenza alle sciocchezze

Quando è stato chiesto dalle telecamere rotanti perché un quinto degli americani non riusciva a localizzare il proprio paese su una mappa del mondo, Miss Teen South Carolina ha dato questa risposta davanti alle telecamere rotanti: "Personalmente credo che gli americani non siano in grado di farlo perché alcune persone là fuori nella nostra nazione non abbiamo mappe; e la mia convinzione che la nostra istruzione, come quella del Sud Africa e dell'Iraq, dovrebbe aiutare questi paesi a sviluppare il nostro futuro come una società globale coesa.' Il video è diventato virale.

Catastrofico, lo ammetti; eppure non perdi troppo tempo ad ascoltare le reginette di bellezza. Forse basterebbe qualcosa come questa frase: "Non è certamente necessario che questa trasmissione sempre più riflessiva delle tradizioni culturali sia associata alla ragione centrata sul soggetto e alla coscienza storica orientata al futuro. Quando diventiamo consapevoli della costituzione intersoggettiva della libertà, l'individualismo possessivo l'illusione dell'autonomia si disintegra.""

Ricordi Jurgen Habermas? È un eccezionale filosofo e sociologo tedesco noto per aver scritto Between Facts and Norms.

Entrambi sono esempi di quella che è conosciuta come la tendenza alle sciocchezze, in cui le parole vengono usate per mascherare la pigrizia intellettuale, la stupidità o le idee sottosviluppate. A volte funziona e a volte no; per la reginetta di bellezza questa strategia fallì clamorosamente mentre per Habermas potrebbe funzionare; più il linguaggio diventa eloquente, più è facile cadere preda del suo fascino; se combinato con un pregiudizio verso l'autorità, diventa ancora più pericoloso poiché accettiamo il suo messaggio senza metterne in discussione la verità.

Anch'io ho ceduto alla tendenza alle chiacchiere vuote. Quando ero più giovane, il filosofo francese Jacques Derrida catturò la mia immaginazione; Ho letto voracemente i suoi libri ma ho trovato poca chiarezza in essi anche dopo molta contemplazione e un'analisi intensa. Successivamente i suoi scritti assunsero un carattere quasi magico che alla fine ispirò la mia tesi di laurea in filosofia: entrambi i tomi erano in definitiva chiacchiere inutili; nell'ignoranza entrambi erano diventati uno spreco di spazio nella mia mente.
Me stesso in una macchina del fumo umana e parlante.

Le sciocchezze nello sport possono essere particolarmente pervasive. Gli intervistatori senza fiato costringono giocatori di football altrettanto senza fiato ad analizzare ogni aspetto di una partita quando tutto ciò che in realtà intendono dire è: "Abbiamo perso, è così semplice", ma i presentatori hanno bisogno di qualcosa per riempire il tempo di trasmissione - e apparentemente un modo in cui lo fanno in modo efficace è attraverso farfugliare e costringere atleti e allenatori a unirsi a loro; in ogni caso, questo tipo di retorica serve solo a mascherare l'ignoranza e a nasconderla alla vista del pubblico.

Anche gli ambienti accademici sono stati testimoni di questo fenomeno: quando vengono pubblicati meno risultati in qualsiasi campo della scienza, gli economisti diventano particolarmente esposti nei loro commenti e previsioni. Ciò vale anche nel commercio: quando le aziende peggiorano finanziariamente, il discorso del loro amministratore delegato diventa più forte, spesso per coprire difficoltà o mascherare circostanze difficili. Una notevole eccezione a questo riguardo è stata l'ex CEO di General Electric Jack Welch; in un'intervista ne ha notato la difficoltà: le persone temono di essere percepite come dei sempliciotti ma in realtà non è così!'

L'espressione verbale è lo specchio della nostra mente; i pensieri chiari diventano affermazioni mentre i concetti vaghi si trasformano in vaghi divagazioni. Purtroppo spesso ci mancano pensieri molto lucidi; la vita è complicata, quindi comprendere anche solo un aspetto richiede un notevole sforzo mentale e potrebbe essere necessaria un'illuminazione affinché la chiarezza emerga; finché non si arriva a quel punto sarebbe più saggio seguire il consiglio di Mark Twain che "Se non hai niente da dire... non dire niente". La semplicità non va vista come il suo inizio ma come la sua destinazione.

Vedi anche Bias dell'Autorità (cap.9); Dipendenza dal dominio (cap.76); e Chauffeur Knowledge (cap. 16) per ottenere ulteriori approfondimenti su questa domanda.

Immagina di gestire una piccola banca privata che gestisce i fondi di individui ricchi e per lo più in pensione, come in Will Rogers Phenomenon

I tuoi due gestori del denaro - A e B - riferiscono direttamente a te; Il Gestore delegato A gestisce solo individui con un patrimonio netto molto elevato, mentre il Gestore delegato B gestisce clienti più facoltosi ma non clienti straordinariamente ricchi come fa il Gestore delegato A. Ora immagina che il consiglio ti abbia chiesto di aumentare entrambe le riserve medie di denaro entro sei mesi in modo che ricevano notevoli bonus; altrimenti troveranno qualcun altro. Da dove dovresti iniziare?

Semplice! Basta trasferire un cliente con un patrimonio gestito medio tra A e B per compensare la differenza, aumentando contemporaneamente entrambi i valori di patrimonio gestito medio, senza la necessità di acquisire nuovi clienti! Una volta completato, non resta che decidere: dove e come spenderò il mio bonus.

Immagina di cambiare carriera e di assumere la responsabilità di tre hedge fund che investono principalmente in società private. Il fondo A sta producendo rendimenti sorprendenti mentre i fondi B e C faticano. Vuoi mostrarti come la mente, quindi qual è il tuo piano? Per creare l'impressione che tutti e tre i fondi siano migliorati in modo significativo senza incorrere in commissioni per la trasformazione interna, spostare alcune azioni da A a B o C; scegliere investimenti che influenzavano negativamente i rendimenti medi di A ma che potevano aiutare a rafforzare B o C; dovresti vedere tutti e tre i fondi diventare improvvisamente più sani senza dover sostenere commissioni per la trasformazione: le persone ti riconosceranno sicuramente per averlo fatto!

Questo effetto è noto come migrazione di scena o fenomeno di Will Rogers, dal nome di un comico americano dell'Oklahoma che notoriamente scherzò dicendo che gli abitanti dell'Oklahoma che si trasferiscono in California aumentano il QI medio di entrambi gli stati. Poiché la maggior parte delle persone non riconosce tali situazioni abbastanza spesso, esploriamo ulteriormente questo argomento e ne trasfondiamo il significato nei tuoi ricordi.

Considera un franchising automobilistico: potresti gestire due piccole filiali all'interno di una città con sei venditori: i venditori numeri 1, 2, 3, 4, 5 e 6 della filiale A hanno generalmente più successo nelle vendite rispetto alle loro controparti della filiale B In media, il Venditore 1 tende a vendere di più.

Ogni venditore della filiale A vende un'auto a settimana; Il venditore 2 fa il secondo turno, seguito dal venditore principale n. 6 che fa sei turni ogni settimana. Facendo i conti, diventa evidente che la filiale A ha una media di due venditori che vendono automobili ogni settimana, mentre la filiale B è in testa in modo significativo con una media di cinque venditori a settimana! La tua decisione di trasferire il venditore numero 4 dalla filiale A alla filiale B si traduce in un aumento delle vendite medie per persona in entrambe le sedi; La media della filiale A aumenta da 2,5 unità a persona a 2,5, mentre la filiale B ora comprende solo due venditori, i numeri 5 e 6, che aumentano le vendite medie a 5,5 unità a persona. Le strategie di switcheroo non influiscono su nulla nel complesso; piuttosto creano un'illusione impressionante. Pertanto giornalisti, investitori e membri dei consigli di amministrazione dovrebbero rimanere cauti quando sentono parlare di medie in aumento tra paesi, aziende, dipartimenti, centri di costo o linee di prodotti.

La medicina ci fornisce un esempio particolarmente ingannevole del fenomeno di Will Rogers. I tumori sono tipicamente divisi in quattro stadi; quelli più curabili rientrano nello Stadio I, mentre i tumori più aggressivi attraversano altri quattro passaggi prima di raggiungere lo Stadio IV, dando così origine alla migrazione di stadio mentre si muovono lungo il loro decorso. I tassi di sopravvivenza per i malati di cancro allo stadio uno sono più alti mentre i tassi di sopravvivenza per i malati di cancro allo stadio quattro sono più bassi. Ogni anno escono nuove procedure che consentono diagnosi più accurate; le tecniche di screening ora rivelano anche tumori minuscoli che nessuno aveva notato prima. Di conseguenza, i pazienti precedentemente diagnosticati erroneamente come sani vengono ora conteggiati tra i pazienti allo stadio uno e, di conseguenza, l'aspettativa di vita media per questo gruppo di persone è aumentata. Possiamo considerarla un'impresa medica straordinaria? Sfortunatamente no; piuttosto una migrazione di fasi.

Vedi anche: Errore di intenzione di trattare (cap. 98); Legge dei Piccoli Numeri (cap. 61);

Jorge Luis Borges descrive nel suo racconto "Del Rigidit en La Ciencia" un paese in cui la cartografia ha raggiunto livelli così sofisticati che solo le mappe più dettagliate possono essere utilizzate; cioè sono accettabili mappe in scala 1:1 che rappresentano l'intero paese. I cittadini si rendono presto conto, tuttavia, che tali mappe non offrono alcuna visione reale e si limitano a ripetere le informazioni che già possiedono; un caso estremo di pregiudizio informativo: credere in più dati significa prendere decisioni migliori.

Recentemente, mentre cercavo hotel a Miami, ho stilato una lista di cinque potenziali offerte che hanno colpito immediatamente la mia fantasia. Uno si è subito distinto; tuttavia, per assicurarmi di trovare il miglior rapporto qualità-prezzo, ho continuato a fare ulteriori ricerche, leggendo le recensioni dei clienti e i post sui blog, visualizzando foto e video online e rispondendo alle chiamate dell'assistenza clienti fino a due ore dopo, quando è diventato chiaro quale fosse davvero il mio hotel ideale: quello uno che ha attirato la mia attenzione a prima vista; ulteriori ricerche non mi hanno portato sulla strada giusta e avrebbero potuto anche portarmi a restare al Four Seasons!

Jonathan Baron dell'Università della Pennsylvania ha posto ai medici questa domanda: un paziente presenta sintomi che indicano con una probabilità dell'80% che lui o lei ha la malattia A; in caso contrario, la probabilità si sposta verso la malattia X o Y. Come medico, come dovresti scegliere tra queste malattie e i trattamenti che producono effetti collaterali simili? Logicamente, suggerirei di selezionare la Malattia A e di offrire una terapia pertinente come trattamento. Immagina che esista un test diagnostico che indica la presenza della malattia X e la rilevazione della malattia Y, ma non riflette accuratamente la malattia A effettiva in tutti i casi; metà delle volte, i suoi risultati sarebbero positivi e l'altra metà negativi. Se qualcuno avesse effettivamente la malattia A, tuttavia, la metà dei risultati dei test risulterebbe probabilmente positiva mentre il 50% risulterebbe negativo. Consiglieresti di effettuare il test? La maggior parte dei medici ha detto di sì, anche se i risultati sarebbero probabilmente irrilevanti. Anche se dal test si verificava un risultato positivo, la probabilità che la malattia A superasse la malattia X, quindi nessuna informazione aggiuntiva aggiungeva alcun valore reale in termini di processo decisionale.

I medici non sono gli unici professionisti desiderosi di fornire ulteriori informazioni. Manager e investitori sembrano affascinati dal sovraccarico di informazioni. Gli studi vengono spesso intrapresi quando i fatti essenziali sono prontamente disponibili: più dati potrebbero solo servire a sprecare tempo e denaro, mettendoti potenzialmente anche in una posizione di svantaggio. Considera questa domanda: quale città ha più residenti: San Diego o San Antonio? Gerd Gigerenzer del Max Planck Institute tedesco lo ha presentato agli studenti delle università di Chicago e Monaco e il 62% ha indovinato: San Diego. Ogni studente tedesco sorprendentemente ha risposto correttamente! Il loro ragionamento? Tutti avevano sentito parlare di San Diego ma non necessariamente di San Antonio; scegliendo quindi San Diego rispetto a San Antonio perché più familiare. Al contrario, gli abitanti di Chicago avevano in mente entrambe le città contemporaneamente, fornendo maggiori informazioni e potenzialmente fuorviando le loro risposte.

Pensa a tutti gli economisti che hanno lavorato per banche, think tank, hedge fund e governi tra il 2005 e il 2007 che hanno pubblicato white paper con numerose previsioni e commenti - per banche, think tank, hedge fund e governi - pubblicati durante quel periodo di tempo - a partire dal 2005 -2007; tutti i loro white paper pubblicati; vasta libreria di rapporti di ricerca e modelli matematici; formidabili risme di commenti fatti; presentazioni PowerPoint raffinate realizzate; terabyte di informazioni disponibili tramite i servizi di notizie Bloomberg/Reuters e adorando il dio dell'informazione... Tutto si è rivelato privo di significato quando la crisi finanziaria ha colpito i mercati globali, rendendo prive di significato le loro previsioni e commenti; rendendo inutili quelle previsioni!

Evita di raccogliere tutti i dati disponibili: concentrati invece sulla raccolta solo di ciò che è essenziale. Ciò ti consentirà di prendere decisioni migliori; la conoscenza superflua è inutile, chiunque la conosca - Daniel J. Boorstin lo ha detto meglio: "il più grande ostacolo alla scoperta non è l'ignoranza ma piuttosto l'illusione della conoscenza"; quando si confrontano con i rivali, considera l'idea di ucciderli con l'analisi dei dati piuttosto che con parole morbide.

Vedi anche Pensiero eccessivo (cap. 90); Notizie Illusion (cap. 99); Base Rate Neglect (cap. 28) per ulteriori letture.

FA COSÌ BENE

John, un soldato dell'esercito americano, ha recentemente completato il suo corso da paracadutista e attende con impazienza di ricevere la spilla del paracadute dal suo ufficiale superiore. Alla fine, nell'ultimo momento cruciale della verità, il suo ufficiale superiore si mette di fronte a lui, gli punta lo spillo contro il petto, colpendolo così forte da perforare la carne di John facendolo entrare in contatto e lasciando un solco sulla sua pelle - da allora poi, ogni volta che si presenta l'occasione, apre il primo bottone della camicia per mostrare la sua piccola cicatrice. Decenni dopo, tutti i cimeli, tranne questa minuscola spilla, vivono ancora in una cornice speciale sulla parete del suo soggiorno.

Mark aveva restaurato scrupolosamente una Harley-Davidson arrugginita senza assistenza, trascorrendo ogni fine settimana e vacanza a farla funzionare mentre il suo matrimonio era prossimo allo scioglimento. Alla fine, però, dopo mesi di lavoro era pronta per la strada e splendeva brillantemente sotto i raggi del sole. Due anni dopo, tuttavia, quando aveva un disperato bisogno di soldi, Mark vendette tutti i suoi beni, inclusa la TV, l'auto e la casa... ma non il suo bene più prezioso; nemmeno quando i potenziali acquirenti gli offrono il doppio del suo valore effettivo!

John e Mark soffrono entrambi di giustificazione dello sforzo: quando si impiegano molte energie in qualcosa, si tende a sopravvalutarne i risultati. John ha provato dolore fisico per il perno del paracadute; La Harley di Mark gli è costata molte ore, quasi sua moglie! - così tanto che lo apprezza molto e non lo venderà mai.

La giustificazione dello sforzo è un classico esempio di dissonanza cognitiva. Farsi un buco nel petto per qualcosa come un distintivo di merito sembra assurdo. Per compensare, la mente di John lo sopravvaluta, elevando il suo status da qualcosa di banale a qualcosa di semi-sacro. Purtroppo tutto ciò avviene inconsciamente ed è difficile da prevenire.

I gruppi utilizzano la giustificazione dello sforzo per unire i membri, ad esempio attraverso riti di iniziazione. Le bande e le confraternite reclutano nuovi membri sottoponendoli a prove dolorose o spiacevoli. La ricerca mostra che quanto più difficile è superare un esame di ammissione, tanto maggiore è l'orgoglio che i membri provano nell'appartenenza. Le scuole MBA utilizzano la giustificazione dello sforzo in modo simile: i laureati MBA spesso ricevono crediti per aver superato rigorosi esami di ammissione ai programmi MBA. Gli studenti dei programmi MBA spesso si stancano durante lo studio di questa qualifica; tuttavia, una volta conseguiti gli MBA, molti li considereranno essenziali per la propria carriera semplicemente a causa delle esigenze imposte da corsi spesso inutili o irrilevanti.

Una forma più semplice di giustificazione dello sforzo è l'effetto IKEA: i mobili che assembliamo noi stessi possono sembrare più preziosi di qualsiasi costoso pezzo di design, proprio come i calzini fatti a mano che passiamo ore a creare spesso sembrano più preziosi di qualsiasi costoso articolo di design. Anche i calzini realizzati a mano possono sembrare difficili da separare; buttare via un paio obsoleto fatto con cura è difficile. I manager che dedicano lunghe ore di duro lavoro alla realizzazione di una proposta strategica potrebbero ritrovarsi incapaci di valutare in modo obiettivo; allo stesso modo sono colpevoli anche designer, copywriter, sviluppatori di prodotti o qualsiasi altro professionista che si preoccupa delle proprie creazioni.

Negli anni '50 furono introdotti sul mercato i preparati istantanei per torte, che i produttori credevano avrebbero avuto un successo immediato tra le casalinghe. Sfortunatamente, le casalinghe li provarono subito in antipatia, dimostrando che i produttori si sbagliavano.

Reagendo alla loro facilità, le aziende hanno aumentato la difficoltà della preparazione del cibo (sbattere un uovo da soli). Ciò ha creato un maggiore senso di realizzazione tra le donne che lo preparavano da sole e ha aumentato il loro apprezzamento per i prodotti alimentari pronti.

Ora che comprendi la giustificazione dell'impegno, puoi valutare i progetti in modo più obiettivo. Sperimenta: ogni volta che investi molto tempo ed energie in qualcosa, fai un passo indietro per valutarne il risultato: solo il risultato. Quel romanzo che hai scritto per cinque anni e che nessuno è interessato a pubblicare? Forse non è degno del Nobel, dopo tutto? E quelle donne che hai inseguito per anni? Ti accetterebbero più facilmente se gli dessero un'altra possibilità?

Vedi anche: Errore dei costi irrecuperabili (cap. 5); Dissonanza Cognitiva (cap. 50)

PERCHÉ LE PICCOLE COSE SI DIFFONDONO INSIEME?, PERCHÉ QUESTI PEZZI BRILLANO

Supponiamo che tu sia seduto nel consiglio di amministrazione di un'azienda di vendita al dettaglio con 1.000 negozi; la metà si trova in contesti urbani mentre l'altra metà in zone rurali. Il tuo amministratore delegato ha richiesto a un consulente di condurre uno studio sul taccheggio; ora i loro risultati sono stati presentati. Su un muro di fronte a lui erano esposti i nomi di 100 filiali che hanno registrato un alto tasso di furti rispetto alle vendite, insieme alla sua sorprendente conclusione: "Le filiali con tassi di furto più alti tendono ad essere ubicate prevalentemente nelle aree rurali". Dopo un breve momento di silenzio e Incredulo, l'amministratore delegato si è rivolto direttamente ai suoi dipendenti: 'Dopo molte riflessioni e un'attenta considerazione, i nostri prossimi passi sono chiari. D'ora in poi, installeremo ulteriori sistemi di sicurezza in tutte le filiali rurali in modo da poter guardare mentre quei montanari tentano di derubarci di nuovo. Siamo tutti d'accordo?'

Beh... non del tutto. Dopo aver chiesto al consulente di compilare un elenco di 100 filiali con il tasso di furto più basso, rimani sorpreso quando l'elenco include negozi rurali! "La posizione non è il fattore determinante", esclami con orgoglio mentre guardi i tuoi colleghi attorno al tavolo. 'La dimensione conta; nei negozi rurali un singolo incidente spesso ha un'influenza enorme sui tassi di furto rispetto alle filiali cittadine più grandi - ecco perché le tariffe variano in modo più significativo qui che nelle filiali cittadine." "Signore e signori, vi presento la legge dei piccoli numeri... e ti ha colto di sorpresa!"

Le persone trovano difficile comprendere intuitivamente la legge dei piccoli numeri, quindi giornalisti, manager e membri dei consigli di amministrazione spesso cadono nella sua trappola. Facciamo un esempio estremo. Invece del tasso di furti esamineremo il peso medio dei dipendenti di ciascuna filiale. Per il nostro esempio considereremo due negozi invece di 1.000: mega-filiale con 1.000 dipendenti e mini-filiale con due dipendenti; in entrambi i negozi il peso medio corrisponde grosso modo al peso medio della popolazione (ad esempio 170 libbre); quando si assume o licenzia personale non altera significativamente questa media. Ma nei piccoli negozi cambierà in modo molto più significativo a causa dei cambiamenti che influiscono sulla possibilità che il direttore del negozio abbia colleghi in sovrappeso o magri, influenzando questo peso medio in modo molto più significativo rispetto alle filiali di grandi dimensioni dove qualsiasi decisione di assunzione o licenziamento da parte dei direttori del negozio influisce sul suo peso medio Di più. Nei casi di negozi più piccoli i gestori dei negozi possono influenzarne il peso medio assumendo/licenziando un dipendente o manager che ha colleghi in sovrappeso/magri a bordo (in questi casi ciò influisce in modo significativo sul peso medio).
Torniamo per un momento al nostro problema del taccheggio ed esploriamolo in modo più approfondito. A quanto pare, le filiali più piccole tendono a subire maggiori fluttuazioni nei

tassi di furto, da molto alti a estremamente bassi, qualcosa che nessun foglio di calcolo di un consulente potrebbe catturare. Quando si elencano tutti i tassi di furto per dimensione, i negozi piccoli appariranno prima in basso, seguiti dai negozi grandi e poi da quelli più piccoli in alto; il che significa che la conclusione del CEO potrebbe essere stata inutile, ma almeno non hanno più bisogno di un costoso sistema di sicurezza in piccole località.

Immaginate di leggere sul giornale: "Le start-up tendono ad assumere dipendenti più intelligenti". Uno studio del National Institute of Unnecessary Research ha calcolato il QI medio delle aziende americane; le start-up hanno assunto materiale MENSA!' Quale sarebbe la tua prima reazione? Speriamo che un sopracciglio si alzi. Questo fenomeno esemplifica come le piccole imprese tendano ad impiegare meno lavoratori; quindi il loro QI medio fluttua più frequentemente rispetto alle grandi aziende, dando alle piccole e nuove imprese punteggi alti e bassi; Lo studio dell'Istituto Nazionale non ha quindi alcun significato reale e conferma il caso.

Attenzione quando si ascoltano statistiche notevoli riguardanti realtà di piccole dimensioni come imprese, famiglie, città, data center, formicai, parrocchie o scuole; quelli che possono sembrare risultati sorprendenti potrebbero in realtà essere un risultato innocuo di distribuzione casuale. Il premio Nobel Daniel Kahneman nel suo recente libro ha rivelato che anche gli scienziati più esperti soccombono a questa legge dei piccoli numeri; il che non può che essere considerato confortante.

Vedi anche: Crescita esponenziale (cap. 34);

PRESTARE ATTENZIONE QUANDO SI MANEGGIA QUESTO MATERIALE!

ASPETTATIVE

Il 31 gennaio 2006, Google ha pubblicato i risultati finanziari per l'ultimo trimestre del 2005: i ricavi sono aumentati del 97% mentre l'utile netto è cresciuto dell'82% anno su anno: un trimestre record rispettivamente per ricavi e utile netto. Come previsto, le azioni sono subito crollate del 16% dopo aver sentito questi numeri incredibili; il trading ha dovuto essere sospeso e successivamente ripreso con le azioni in calo del 15% in più, inducendo i trader nel panico su tutte le piattaforme di trading che hanno chiesto sui blog "da quale grattacielo è meglio saltare?" '

Che cosa è andato storto? Gli analisti di Wall Street avevano previsto risultati ancora migliori, quindi quando questi non si sono concretizzati, 20 miliardi di dollari sono stati sottratti al valore del gigante dei media.

Ogni investitore sa che è impossibile prevedere con precisione i risultati finanziari. Mentre ci si potrebbe aspettare che gli investitori ignorino le previsioni inadeguate definendole "cattiva ipotesi, errore mio", gli investitori spesso reagiscono in modo più duro; come testimoniato nel gennaio 2006, quando Juniper Networks pubblicò inaspettatamente dati sugli utili per azione che scesero di un decimo al di sotto delle proiezioni degli analisti; il prezzo delle loro azioni è sceso del 21% e il valore dell'azienda è crollato di 2,5 miliardi di dollari poiché le aspettative erano alte prima del loro annuncio e qualsiasi disparità, non importa quanto lieve, è stata rapidamente punita da parte degli investitori.

Molte aziende si sforzano di soddisfare le previsioni degli analisti. Per sfuggire alle proprie paure, alcuni hanno iniziato a pubblicare stime di orientamento sugli utili; questo è stato un errore perché ora il mercato guarda solo a queste previsioni interne - che spesso analizza più da vicino - come strumenti di previsione. I CFO devono raggiungere esattamente questi obiettivi; utilizzando tutte le tecniche contabili a loro disposizione per il massimo successo.

Le aspettative possono anche portare a incentivi lodevoli. Lo psicologo americano Robert Rosenthal ha condotto un esperimento illuminante in varie scuole. Gli insegnanti sono stati informati di un (falso) nuovo test in grado di individuare gli studenti sul punto di sperimentare una crescita intellettuale; i cosiddetti "bloomers". Il 20% degli studenti selezionati casualmente sono stati classificati casualmente come ad alto potenziale; gli insegnanti credevano che questi fossero ad alto rendimento.
Rosenthal condusse esperimenti sugli studenti per un anno, dopodiché scoprì che quegli studenti avevano un QI notevolmente più alto rispetto ai bambini del gruppo di controllo: questo divenne noto come effetto Rosenthal (o effetto Pigmalione).

Tuttavia, a differenza dei CEO e dei CFO che adattano consapevolmente le proprie prestazioni per soddisfare le aspettative, le azioni degli insegnanti erano generalmente inconsce. A loro insaputa, gli insegnanti potrebbero aver inconsciamente concentrato più tempo sui fiori che a loro volta hanno portato a un maggiore apprendimento di gruppo. Inoltre, gli insegnanti erano così influenzati dagli studenti brillanti che attribuivano loro non solo voti migliori ma anche tratti della personalità migliorati: un fenomeno noto come effetto alone.

Ma come dovremmo rispondere alle aspettative personali? Una soluzione è l'effetto placebo: pillole e terapie che sembrano improbabili in grado di migliorare la salute ma che in realtà lo fanno comunque. Un terzo dei pazienti ha registrato l'effetto, sebbene il suo esatto funzionamento rimanga sconosciuto; tutto quello che sappiamo per certo è che le aspettative influenzano la biochimica del cervello e di conseguenza dell'intero corpo, tuttavia i pazienti con Alzheimer non possono trarne beneficio poiché la loro condizione danneggia un'area cerebrale responsabile della gestione delle aspettative.

Le aspettative possono sembrare intangibili, ma hanno ramificazioni nel mondo reale. Le aspettative hanno il potere di alterare la realtà ed è impossibile liberarsene del tutto; ma puoi affrontare le aspettative in modo più saggio: aumentale per te e per chi ti sta vicino per aumentare la motivazione; e contemporaneamente abbassare le aspettative su cose fuori dal tuo controllo come il mercato azionario. L'anticipazione può aiutare a evitare spiacevoli sorprese!

Vedi anche Cigno Nero (cap. 75); Illusione previsionale (cap. 40); Effetto alone (cap. 38)

AUTOVELOCATORE A BORDO!

Tre domande facili. Prendi rapidamente la penna e annota rapidamente le tue risposte a margine. Prima domanda: in un grande magazzino sia una racchetta da ping-pong che una pallina di plastica costano 1,10 dollari. Se uno costa un dollaro in più, quanto costa l'altro articolo? Seconda domanda: in una fabbrica tessile, cinque macchine impiegano esattamente cinque minuti per produrre cinque camicie; quanto tempo occorrerà a 100 per produrre 100? Terzo: uno stagno contiene ninfee che si moltiplicano esponenzialmente ogni giorno, occupando ogni giorno più spazio fino a ricoprirne completamente la superficie (48 giorni per una copertura completa! Non leggere oltre finché non sono state registrate tutte le risposte! Non leggere oltre fino a quando tutte le risposte sono state scritte! Non leggerle finché non le hai scritte.

Ogni domanda contiene sia una soluzione intuitiva che accurata; le risposte rapide e intuitive possono includere 10 centesimi, 100 minuti e 24 giorni; tuttavia queste sono risposte errate e richiedono invece cinque centesimi, cinque minuti e 47 giorni come soluzione. A quante hai risposto correttamente?

Il professor Shane Frederick ha creato e somministrato il test di riflessione cognitiva (CRT), con migliaia di persone che lo hanno sostenuto e valutato almeno una volta. Finora, gli studenti del Massachusetts Institute of Technology (MIT) di Boston hanno ottenuto i risultati migliori, ottenendo in media 2,18 risposte corrette; L'Università di Princeton è arrivata seconda con 1,63 mentre gli studenti dell'Università del Michigan hanno ottenuto in media solo 0,83. Ma i punteggi medi in questo caso non rivelano molto: ciò che è interessante è come coloro che ottengono punteggi elevati differiscono dagli altri.

Frederick ha scoperto che le persone con risultati CRT bassi tendono a optare per la scelta più sicura; qualcosa è sempre meglio di niente! Mentre coloro che hanno ottenuto un punteggio pari o superiore a 2 spesso preferivano opzioni più rischiose come il gioco d'azzardo, ciò era particolarmente evidente tra gli uomini.

Una cosa che separa i gruppi è la loro capacità di controllare gli impulsi. Abbiamo discusso in dettaglio dello sconto iperbolico nel capitolo 5, dove è stato discusso il potere seduttivo del "adesso". Frederick ha poi posto ai partecipanti questa domanda: "Preferiresti avere l'oggetto che desideri adesso o più tardi nella vita?"
"Devo scegliere tra ricevere $ 3.400 adesso o tra un mese?" spesso si risponde a favore di ottenerlo immediatamente; quelli con punteggi CRT più bassi tendono a prendere decisioni di acquisto più rapide perché sono più impulsivi. Al contrario, quelli con risultati CRT elevati

di solito scelgono di aspettare diverse settimane in più e mostrano una forte forza di volontà per respingere la gratificazione immediata e vengono ricompensati a tempo debito."

Pensare è estenuante; in altre parole, la considerazione razionale richiede più forza di volontà che cedere all'intuizione. Pertanto lo psicologo di Harvard Amitai Shenhav e i suoi colleghi ricercatori hanno condotto un'indagine per vedere come i risultati della CRT delle persone fossero correlati alle loro affiliazioni religiose; coloro che hanno ottenuto punteggi elevati erano spesso atei, mentre i partecipanti con punteggi CRT inferiori credevano in Dio e avevano esperienze divine più spesso degli atei: questo ha senso poiché i decisori intuitivi tendono a non mettere in discussione la dottrina religiosa in modo così razionale.

Se il tuo punteggio CRT lascia a desiderare e vuoi aumentarlo, inizia accogliendo con incredulità anche semplici domande di logica. Ricorda: non tutto ciò che appare plausibile è vero! Quindi fai un altro tentativo: stai viaggiando da A a B; all'andata guidi a 100 miglia all'ora mentre al ritorno raggiungi solo 50. Qual è stata la tua velocità media in entrambi i viaggi? 75? Rallentare!

Vedi anche Sconto Iperbolico (cap. 51); Fatica decisionale (cap. 53); Crescita esponenziale (cap. 34); L'errore del giocatore d'azzardo (cap. 29) e Il problema delle medie (cap. 55) come ulteriori risorse.

Caro lettore: con mia totale sorpresa, ti conosco intimamente. Ecco come ti definirei: 'Hai un forte bisogno che le altre persone ti apprezzino e ti ammirino; tuttavia spesso tendi anche a criticare te stesso.' Il tuo potenziale è ampiamente sottoutilizzato e deve ancora essere massimizzato. Sebbene tu abbia alcuni difetti di personalità, in genere sono gestibili con alcuni aggiustamenti; tuttavia, il tuo adattamento sessuale ti ha presentato delle sfide. Sebbene esteriormente disciplinato e controllato, spesso ti senti insicuro dentro. A volte potresti chiederti se hai preso la decisione appropriata o se hai eseguito l'azione necessaria. Il tuo senso di cambiamento e varietà ti mette a disagio, lasciandoti insoddisfatto quando il mondo diventa stagnante o restrittivo. Come pensatore indipendente, non accetti le dichiarazioni degli altri senza prove adeguate. La tua esperienza ti ha insegnato che non è saggio essere troppo aperti nel rivelarti agli altri. La tua personalità spazia dall'essere estroverso e amichevole, a volte all'introverso e riservato; alcune delle tue aspirazioni potrebbero addirittura sembrare elevate! La sicurezza è uno dei tuoi obiettivi principali nella vita.'

Ti riconosci? Come passerebbe la mia valutazione da 1 (scarso) a 5 (eccellente)

Bertram Forer condusse un esperimento nel 1948 utilizzando colonne di astrologia di varie riviste per creare un passaggio esatto che potesse poi essere distribuito ai suoi studenti per la lettura e la valutazione, suggerendo che ogni persona ricevesse una valutazione personalizzata. In media, i suoi studenti hanno assegnato a Forer un punteggio di precisione dell'86%, che ha portato a prove ripetute per decenni con risultati praticamente identici.

Molto probabilmente hai valutato il testo con quattro o cinque stelle. Le persone tendono a riconoscere molti dei propri tratti quando leggono le descrizioni universali - un fenomeno chiamato effetto Forer (o effetto Barnum). Spiega perché le pseudoscienze come l'astrologia, l'astroterapia, l'analisi della scrittura, l'analisi del bioritmo, la chiromanzia, la lettura dei tarocchi e le sedute spiritiche con i morti funzionano in modo così efficace.

Perché esiste l'effetto Forer? In primo luogo, Forer ha fatto la maggior parte delle sue dichiarazioni su questi argomenti nel suo libro.
In secondo luogo, queste affermazioni si applicano a tutti: "A volte dubiti seriamente delle tue azioni". Nessuno lo negherebbe! In terzo luogo, tendiamo ad accettare affermazioni lusinghiere che non ci riguardano direttamente: "Sei orgoglioso del tuo pensiero indipendente". Chi non lo farebbe? In quarto luogo, il pregiudizio di conferma: accettiamo informazioni che confermano ciò che percepiamo di noi stessi filtrando tutto ciò che è contraddittorio; ciò che resta è un ritratto coerente.

Consulenti e analisti possono compiere magie simili: "Questo titolo ha un potenziale di crescita significativo anche in un ambiente molto competitivo; tuttavia, il management non ha lo slancio per realizzare e implementare pienamente le idee del proprio team di sviluppo. I dirigenti sono professionisti esperti del settore; tuttavia, segnali di burocratizzazione sono evidenti; esistono opportunità di risparmio nel suo conto profitti e perdite e consigliamo alla società di concentrarsi maggiormente sulle economie emergenti per assicurarsi future quote di mercato." Sembra abbastanza plausibile?

Come si può valutare un astrologo? Per una valutazione imparziale, seleziona venti persone e assegna a ciascuna un numero. Chiedi al guru di caratterizzare ogni persona individualmente sulle carte senza che scopra chi era il suo numero fino a dopo aver ricevuto tutte le copie. Solo quando la maggior parte dei partecipanti identifica la 'loro' descrizione come accuratamente descritta, il vero talento può emergere: sto ancora aspettando!

Vedi anche: Effetto positivo (cap. 95); Bias di conferma (cap. 7-8);

PERCHÉ IL VOLONTARIATO È PER GLI UCCELLI

La follia del volontario

Jack, fotografo per riviste di moda, trascorre dal lunedì al venerdì viaggiando tra Milano, Parigi e New York su incarichi di riviste di moda alla ricerca di belle ragazze con design interessanti, in condizioni di illuminazione incontaminate. Ben noto negli ambienti sociali, si vanta con i suoi amici che il suo compenso di circa 500 dollari l'ora regge favorevolmente il confronto con le tariffe del diritto commerciale; "E i miei colpi sembrano molto migliori di quelli di qualsiasi banchiere!"

Jack conduce uno stile di vita invidiabile, ma recentemente è diventato più filosofico. Qualcosa gli ha fatto mettere in discussione il suo rapporto con la moda: l'industria ora gli sembra egoista e lo lascia di notte inquieto, desideroso di un lavoro più appagante che gli permetta di restituire qualcosa di significativo alla società, non importa quanto piccolo.

Un giorno il suo telefono squilla. Era Patrick, il suo ex compagno di classe e ora presidente di un club ornitologico locale: "Sabato prossimo ci sarà la nostra raccolta annuale di casette per gli uccelli: abbiamo bisogno di volontari per costruire casette per gli uccelli per le specie in via di estinzione e poi sistemarle nei boschi dopo che ci saremo sistemati". Per favore unisciti a noi! Iniziamo a incontrarci alle 8:00; speriamo di finire prima dell'ora di pranzo'

Cosa dovrebbe dire Jack se ha davvero a cuore la creazione di un mondo migliore? Semplicemente, dovrebbe rifiutare. Perché? Jack guadagna $ 500 l'ora mentre i falegnami in genere guadagnano $ 50. Invece di provare a costruire lui stesso delle casette per gli uccelli di qualità (cosa che non accadrebbe mai), perché non lavorare un'ora in più come fotografo e poi assumere un falegname professionista per sei ore per costruire case di alta qualità che non possono essere realizzate da un dilettante? La sua dichiarazione dei redditi coprirebbe questa differenza di 200 dollari che potrebbero poi essere donati direttamente ad un club ornitologico? In questo modo il suo contributo andrebbe molto più lontano.

Jack probabilmente apparirà brillante e presto sabato prossimo per montare le casette per gli uccelli, cosa che gli economisti chiamano la follia del volontario. Sebbene il volontariato sia una tendenza popolare; oltre un quarto degli americani fa volontariato. Eppure gli economisti mettono in guardia dal fare volontariato per qualsiasi causa: il volontariato può togliere lavoro ai commercianti che altrimenti potrebbero utilizzare quelle ore in modo produttivo costruendo loro stessi delle casette per gli uccelli, invece è probabilmente più efficiente sottrarre tempo a loro stessi o mettere insieme alcune casette per gli uccelli a mano - fornendogli opportunità che porterebbero ricompense che vanno ben oltre qualsiasi contributo tangibile di questo tipo che qualsiasi attività di volontariato potrebbe fornire.

Jack sa che le sue capacità possono davvero aggiungere valore solo se applicate direttamente. Ad esempio, se il club ornitologico stesse pianificando una campagna di raccolta fondi tramite posta e avesse bisogno di foto professionali scattate ai membri da includere nella sua campagna di mailing, potrebbe scattarle lui stesso o lavorare un'ora in più per assumere un altro fotografo eccezionale e donare i fondi rimanenti dall'assunzione di un altro. miglior fotografo.

Ora arriviamo al controverso argomento dell'altruismo: esiste davvero l'altruismo o è semplicemente un modo per alleviare il nostro ego? Mentre il volontariato spesso funge da via per aiutare la propria comunità, anche i vantaggi personali come lo sviluppo delle competenze e le opportunità di networking svolgono un ruolo significativo. All'improvviso non agiamo più in modo puramente altruistico; molti volontari si impegnano in quella che potrebbe essere definita "gestione della felicità personale", con benefici molto lontani da ciò che era originariamente inteso dal volontariato: in senso stretto chiunque tragga beneficio o provi soddisfazione dal volontariato non è un puro altruista

Jack fa la mossa sbagliata facendo volontariato sabato mattina? Non necessariamente; un gruppo che può contrastare questa tendenza sono celebrità come Bono, Kate Winslet o Mark Zuckerberg; forniscono la pubblicità tanto necessaria quando prendono parte a progetti di volontariato che coinvolgono la costruzione di casette per gli uccelli, la pulizia delle spiagge o i soccorsi in caso di terremoto. Pertanto Jack deve valutare attentamente se la loro partecipazione aggiungerebbe qualcosa di valore; altrimenti il modo migliore per contribuire sarebbe probabilmente con il proprio denaro piuttosto che con il duro lavoro.

Vedi anche Deformation Professionalnelle (cap. 92); Bias di omissione (cap. 44);

PERCHÉ SEI UN SERVO DEL TUO

Cosa ne pensi del grano geneticamente modificato? È un argomento emotivo e rispondere troppo velocemente può portare a decisioni deplorevoli; adottare un approccio oggettivo richiederebbe di tenere conto separatamente sia dei vantaggi che degli svantaggi. Annota tutti i possibili benefici, valutali in base alla loro importanza e moltiplica la loro probabilità per probabilità: questo fornisce un elenco di valori attesi. Ora applica lo stesso processo quando consideri i potenziali svantaggi. Elenca tutti gli svantaggi, stima il loro potenziale danno e moltiplica quella cifra per la loro probabilità. Sottraendo le somme positive da quelle negative si ottiene il valore netto atteso: se quel numero è superiore a zero sei a favore del grano OGM; altrimenti indica che ti opponi. Senza dubbio hai familiarità con questo approccio alla teoria delle decisioni chiamato valore atteso, ampiamente presente nella letteratura decisionale. Eppure ci sono buone probabilità che non ti sia mai passato per la mente di effettuare una simile valutazione - e certamente nessuno dei professori che scrivono libri di testo ha utilizzato questo metodo per selezionare i propri coniugi!

Nessuno fa veramente affidamento su questo metodo per prendere decisioni. Prima di tutto, la nostra immaginazione semplicemente non si estende abbastanza; la nostra comprensione può arrivare solo fino ad un certo punto in ciò che è già arrivato attraverso l'esperienza. Immaginare una tempesta epica se hai solo 30 anni è difficile, mentre calcolare piccole probabilità è quasi impossibile a causa della mancanza di dati su eventi rari. In terzo luogo, le probabilità piccole spesso richiedono meno dati e portano a errori maggiori sulle probabilità esatte, creando un inesorabile circolo di errori. Nemmeno il nostro cervello è progettato per tali calcoli; tali calcoli richiedono tempo e impegno, non il nostro stato naturale! Nel nostro passato evolutivo, coloro che riflettevano troppo spesso andavano incontro a una prematura scomparsa a causa dei predatori. I decisori di oggi fanno molto affidamento su scorciatoie mentali note come euristiche per processi decisionali rapidi.

Una delle euristiche più frequentemente utilizzate è l'euristica degli affetti. Un affetto è una reazione immediata: qualcosa che ti piace o non ti piace; per esempio, sentire "spari" suscita associazioni negative mentre sentire "lusso" ne produce di positive; questo impulso automatico unidimensionale impedisce di tenere conto dei rischi e dei benefici quando si prendono decisioni.
Invece di trattare i rischi e i benefici come variabili indipendenti, cosa che certamente lo sono, un'euristica degli affetti li collega attraverso canali sensoriali.

Le tue risposte emotive a questioni come l'energia nucleare, le verdure biologiche, le scuole private e le motociclette determinano la tua valutazione dei rischi e dei benefici ad essi associati. Se qualcosa ti colpisce emotivamente, i suoi rischi appaiono minori mentre i suoi benefici sembrano maggiori di quanto non siano in realtà; al contrario se qualcosa che non ti piace suscita forti emozioni nei suoi confronti; rischi e benefici sembrano essere dipendenti nonostante la realtà dimostri il contrario.

Immagina di possedere una Harley-Davidson. Se uno studio indica che guidarne uno potrebbe essere più rischioso di quanto si credesse in precedenza, il tuo subconscio potrebbe rispondere valutandone i benefici in modo diverso e dando all'esperienza una libertà ancora maggiore.

Ma come si genera un'emozione iniziale, spontanea, come la felicità o la rabbia? I ricercatori dell'Università del Michigan hanno fornito ai partecipanti una delle tre immagini per meno di un centesimo di secondo; prima venivano mostrati brevemente volti sorridenti, volti arrabbiati o figure neutre. I soggetti hanno quindi dovuto scegliere se preferivano un carattere cinese casuale che gli era stato mostrato (senza conoscere il cinese), con la maggior parte dei partecipanti che preferiva quelli che precedevano immediatamente il simbolo di una faccia sorridente. Anche fattori apparentemente insignificanti possono avere un profondo impatto sulle nostre emozioni. Hirschleifer e Shumway hanno studiato il modo in cui un fattore altrimenti irrilevante ha giocato un ruolo nella performance del mercato di 26 principali borse valori dal 1982 al 1997, testando la loro relazione tra le ore di luce solare al mattino e la performance del mercato in ciascuna borsa. Hanno scoperto un'interessante correlazione che suona come un vecchio detto contadino: se il sole splende al mattino, le scorte tendono ad aumentare durante il giorno - non sempre, ma abbastanza spesso. Chi avrebbe mai pensato che la luce del sole potesse spostare miliardi di persone? Il sole mattutino sembra avere la stessa influenza positiva dei volti sorridenti!

Non importa le nostre intenzioni, le nostre emozioni ci controllano. Le decisioni vengono spesso prese sulla base dei sentimenti piuttosto che dei pensieri; contro ogni buona intenzione sostituiamo "Cosa ne penso?" con "Come mi sento a riguardo". Quindi sorridi! Il tuo futuro dipende da questo!

Vedi anche Bias associativo (cap. 48); Avversione alla perdita (cap. 32), Effetto salienza (cap. 83) e Bias da contagio (cap. 54)

Bruce lavora nel settore delle vitamine. Suo padre lo iniziò in un'epoca in cui gli integratori non facevano ancora parte dello stile di vita quotidiano; i medici dovrebbero prescriverli. Quando Bruce divenne amministratore delegato all'inizio degli anni '90, la domanda salì alle stelle, spingendolo a contrarre massicci prestiti per aumentare la produzione. Oggi è una delle persone di maggior successo nel suo settore e presidente di un'associazione nazionale di produttori di vitamine; quasi quotidianamente fin dall'infanzia ha assunto almeno tre multivitaminici. Quando intervistato dai giornalisti sulla sua efficacia; quando il giornalista gli ha chiesto se avessero fatto qualcosa, Bruce ha risposto "ne sono sicuro" - puoi credergli?

Ecco un'altra sfida per te. Pensa a qualsiasi idea o convinzione di cui sei certo; forse l'oro aumenterà nei prossimi cinque anni, Dio esiste o il tuo dentista ti sta facendo pagare troppo: scrivi tutto in una frase e vedi se ci credi veramente!

Non sei convinto che la tua convinzione sia più valida di quella di Bruce? Bene, ecco perché: la tua è un'osservazione interna, mentre quella di Bruce è esterna; in altre parole, puoi vedere nella loro anima ma non nella tua.

Nel caso di Bruce, potresti pensare: 'Beh, ovviamente è nel suo interesse credere che le vitamine siano benefiche: la sua ricchezza e il suo status sociale dipendono dal loro successo; ha preso pillole per tutta la vita, quindi non ammetterà mai che sono state una perdita di tempo.' Ma per te personalmente è diverso: hai fatto ricerche approfondite dentro di te e ne sei risultato un osservatore completamente imparziale.

Ma la riflessione interna può davvero essere pura e onesta? Lo psicologo svedese Petter Johannson ha condotto uno studio in cui i soggetti del test hanno visto due ritratti di persone a caso e hanno scelto quale volto fosse più attraente; poi ha chiesto loro di descriverne da vicino le caratteristiche più attraenti. Ma con uno stratagemma ingegnoso (la maggior parte dei partecipanti non si è accorta che aveva cambiato immagine a metà strada) la maggior parte ha continuato a giustificare il motivo per cui preferiva un'immagine in modo così completo! I risultati del suo studio: l'introspezione non è affidabile: quando conduciamo ricerche sull'anima spesso facciamo scelte soggettive - il che significa che l'introspezione non è affidabile: quando conduciamo un'autoanalisi interna
Trovare risultati per ottenere risultati desiderati è noto come illusione dell'introspezione: questa convinzione che la riflessione porti alla verità o all'accuratezza è più che un sofisma, a causa delle nostre forti convinzioni tendiamo a sperimentare tre reazioni quando qualcuno non condivide i nostri punti di vista: Risposta 1, 2 o 3.

Prima risposta: presupposto dell'ignoranza. Si presuppone che l'altra parte non possieda una conoscenza sufficiente; se avessero ricevuto la tua conoscenza, potrebbero benissimo condividere la tua prospettiva. Gli attivisti politici tendono a pensare in questa direzione: credono che l'illuminazione convincerà gli altri a schierarsi nel loro campo. Reazione 2: Presupposto di idiozia Risposta 3: Presupposto di malizia. Quando qualcuno non coglie una conclusione ovvia dalle informazioni disponibili, e quindi non riesce a trarre le ovvie inferenze, può apparire ignorante e stupido a tutti noi. I burocrati apprezzano particolarmente questo approccio poiché protegge i consumatori "stupidi" da se stessi. Risposta 1: Mancanza di giusto processo. La tua controparte possiede tutte le informazioni necessarie - e comprende anche il dibattito - ma è deliberatamente combattiva e nutre intenzioni dannose. Molti leader e seguaci religiosi vedono i miscredenti sotto la stessa luce: se non sono d'accordo con loro, devono essere agenti di Satana!

Conclusione: niente è convincente quanto le proprie convinzioni, motivo per cui l'introspezione può fornire una vera conoscenza di sé. Sfortunatamente, l'introspezione è spesso falsificata o falsificata con troppa fiducia riposta nelle osservazioni interne troppo e troppo a lungo; in secondo luogo, la nostra percezione è spesso più elevata di noi stessi rispetto a quella degli altri e questo crea un'illusione di superiorità; il rimedio per entrambi è diventare sempre più critici con noi stessi: trattare le osservazioni interne con lo stesso scetticismo come affermazioni di terzi; diventa il tuo critico più duro!

Vedi anche Illusione di controllo (cap. 17); Bias egoistico (cap. 45); Bias di conferma (capitoli 7-8) e Sindrome del non-inventato-qui (capitolo 74) per ulteriori informazioni su questi argomenti.

Accanto al mio letto ci sono 24 libri impilati. Anche se mi immergo e esco, nessuno può lasciare il mio possesso. Anche se so che la lettura sporadica non mi fornirà alcun vero spunto nonostante tutte le ore trascorse a leggere, quindi avrebbe più senso concentrarmi su un libro alla volta; allora perché continuo a destreggiarmi tra tutti e 24 contemporaneamente?

Il mio amico conosce un uomo che esce con tre donne contemporaneamente e può immaginare di fondare una famiglia con una qualsiasi di loro, ma non riesce a sceglierne solo una: ciò significherebbe rinunciare definitivamente ad altre due; mantenendo le opzioni aperte, tutte le opzioni rimangono disponibili, anche se di conseguenza non si formano relazioni reali.

Il generale Xiang Yu, nel terzo secolo a.C., inviò il suo esercito oltre il fiume Yangtze per sfidare la dinastia Qin. Mentre le sue truppe dormivano, ordinò che tutte le navi venissero incendiate; la mattina dopo disse loro: "Ora avete solo una scelta: combattere per vincere o morire". Eliminando la ritirata come opzione, contribuì a concentrare la loro attenzione esclusivamente sulla battaglia. Il conquistatore spagnolo Cortes usò tattiche motivazionali simili durante la sua conquista del Messico nel XVI secolo quando, dopo essere sbarcato sulla costa orientale, affondò la propria nave come motivazione.

Xiang Yu e Cortes si distinguono come valori anomali; la maggior parte delle persone si sforza di aumentare il più possibile le nostre opzioni. I professori di psicologia Dan Ariely e Jiwoong Shin hanno dimostrato la forza di questo istinto attraverso un gioco online. All'inizio ai giocatori venivano assegnati 100 punti e sullo schermo apparivano tre porte: rossa, blu e verde. L'apertura di ciascuno di essi costa un punto; tuttavia, con ogni stanza in cui entravano potevano guadagnare punti aggiuntivi. I giocatori hanno reagito in modo logico, scegliendo di rimanere in una stanza fino alla sua fruizione. Ariely e Shin hanno quindi cambiato le regole in modo che se le porte non venivano aperte entro dodici mosse iniziavano a rimpicciolirsi sullo schermo, fino a svanire del tutto; i giocatori poi correvano di porta in porta alla ricerca di potenziali tesori; questa mischia improduttiva li ha portati a segnare il 15% di punti in meno rispetto alla partita precedente. Infine, Ariely e Shin hanno aggiunto un'ultima svolta: hanno cambiato il modo in cui ottieni i punti aumentando le dimensioni delle porte del 25%! Alla fine hanno aggiunto un'altra novità: questa volta i giocatori otterrebbero comunque il 10% di punti! Gli organizzatori hanno aggiunto un'altra novità con un'altra svolta: ancora una volta: le porte potevano chiudersi entro dodici mosse quando apparivano, costringendo i giocatori a saltare di porta e ad aprirsi con la stessa rapidità di prima! Ariely e Shin hanno poi apportato un'altra modifica; questa volta, quando le porte non si sono aperte entro dodici mosse, hanno iniziato a rimpicciolirsi fuori dallo

schermo e alla fine sono scomparse! Quando Ariely e Shin cambiarono ancora una volta cambiando le regole: le porte dovevano aprirsi entro dodici mosse altrimenti sarebbero scomparse fuori dallo schermo! I giocatori hanno iniziato a correre da porta a porta cercando di assicurarsi l'accesso a tutti i potenziali tesori, ottenendo così il 15% di punti in meno segnati! Ariely e Shin hanno aggiunto un'ultima svolta: questa volta rispetto al gioco precedente ottengono il 15% in meno di punti segnano il 15% in meno di punti rispetto a prima aggiungendo un'ultima svolta: gli organizzatori hanno aggiunto un'altra svolta: una volta aperti entro dodici mosse, svaniscono gradualmente fuori dallo schermo finché alla fine svanito prima Scomparso del tutto quando le porte iniziarono a restringersi, Ariely cambiò le regole richiedendo che la porta ora fosse stata aperta entro dodici mosse altrimenti, iniziò a restringersi fuori dallo schermo entro dodici mosse o altrimenti scomparve immediatamente facendo la porta dopo 12 mosse o il loro precedente punteggio di 15 così velocemente così tanto urlando che prima segnava il 15% di punti in meno segnando il 15% di punti in meno poi aggiungeva un'altra svolta in questo modo... Il -
Aprire le porte adesso costa tre punti e subentra la stessa ansia: i giocatori sprecano i loro punti cercando di tenere tutte le porte aperte. Anche dopo aver appreso quanti punti erano nascosti in ogni stanza, non si è verificato alcun cambiamento; rinunciare ad alcune opzioni era una spesa troppo grande per loro.

Perché agiamo in modo irrazionale? Perché le sue conseguenze spesso non sono chiare. Sui mercati finanziari, ad esempio, questo è evidente: qualsiasi opzione su un titolo costa sempre qualcosa; non esiste un'opzione gratuita; eppure in altri ambiti le opzioni appaiono spesso libere; anche se in verità anche queste hanno un prezzo; ogni decisione richiede energia mentale e toglie tempo prezioso per pensare e vivere; I CEO che esplorano ogni possibile opzione di espansione spesso alla fine non ne scelgono alcuna; le aziende che tentano di servire tutti i segmenti di clientela spesso falliscono; i venditori che perseguono lead spesso finiscono per non concludere alcuna trattativa nonostante tutti gli sforzi.

Le persone oggi tendono ad essere fissate sull'avere numerosi progetti in corso contemporaneamente e sull'essere aperti a ogni opportunità che si presenta; ma questo approccio può far deragliare rapidamente il successo. Dobbiamo invece imparare quando e perché chiudere le porte; le strategie aziendali servono principalmente come indicazioni sulle attività da non intraprendere. Utilizzare un approccio simile a quello delle aziende: elencare cosa non perseguire nella vita e prendere decisioni calcolate per non perseguire determinate possibilità; quando si presenta un'opzione, verificala rispetto alla tua lista di cose da non perseguire prima di intraprendere ulteriori passi. Un elenco non solo ti aiuterà a tenerti lontano dai guai, ma ti farà anche risparmiare tempo dedicato a prendere decisioni. Con la tua lista in mano, invece di prendere decisioni ogni volta che si apre una nuova porta - molte porte non hanno senso anche quando la loro maniglia sembra abbastanza facile - tutto quello che devi fare è fare riferimento ad essa quando fai le scelte.

Vedi anche: Errore dei costi irrecuperabili (cap. 5);

ATTENZIONE SULLA NEOMANIA

Tra cinquant'anni, come sarà il nostro mondo e quali oggetti ci circonderanno quotidianamente? È facile farsi prendere dalla Neomania; mettiamo da parte qualsiasi "nuovo di zecca".

Le persone che riflettevano su questa domanda cinquant'anni fa avevano idee fantastiche su come sarebbe stato il "futuro": autostrade nei cieli, città che assomigliavano a mondi di vetro e treni ad alta velocità che sfrecciavano tra i grattacieli. Vivremmo in capsule di plastica, città sottomarine, in vacanza sulla Luna, prendendo pillole invece di avere figli biologici concepiti; scegliamo invece i bambini dai cataloghi perché siano nostri figli; i robot sarebbero diventati migliori amici invece che persone come compagni mentre la morte era stata debellata da tempo: il quadro che immaginavano non era lontano!

Ma aspetta un attimo: guardati intorno attentamente: sei seduto su una sedia creata nell'antico Egitto; indossare pantaloni sviluppati circa 5.000 anni fa dalle tribù germaniche intorno al 750 a.C.; le scarpe di cuoio ai piedi hanno avuto origine durante l'ultima era glaciale; le tue librerie sono composte da legno, uno dei materiali da costruzione più antichi conosciuti dall'uomo; a cena usi la forchetta come usavano i romani: per ficcarti in bocca pezzi di animali e piante morti a cena - non è cambiato nulla - neanche nulla è cambiato;

Ci stiamo chiedendo come sarà il nostro mondo tra cinquant'anni? Nassim Taleb ci offre alcune indicazioni nel suo libro Antifragile; tenere conto del fatto che la maggior parte delle tecnologie esistite nell'ultimo mezzo secolo continueranno a servire l'umanità per un altro mezzo secolo, mentre la tecnologia recente diventerà obsoleta più rapidamente del previsto. Perché? Pensa alle invenzioni come a delle specie: tutto ciò che ha resistito a secoli di evoluzione probabilmente continuerà ad avere successo anche in futuro. La vecchia tecnologia è provata; la sua logica intrinseca non può sempre essere pienamente compresa. Dovreste tenerne conto la prossima volta che parteciperete a una riunione strategica, poiché qualcosa che persiste da secoli deve avere un certo valore. Cinquant'anni nel futuro probabilmente assomiglieranno a oggi, anche se potresti vedere emergere nuovi gadget o invenzioni appariscenti che all'inizio potrebbero suscitare interesse. Eppure spesso vanno e vengono velocemente.

Quando consideriamo il nostro futuro, spesso diamo troppa enfasi alle innovazioni tecnologiche e alle "killer app", sottovalutandone il ruolo.
Taleb ha osservato questa tendenza nel corso della storia. Negli anni '60, i viaggi nello spazio erano di gran moda, portando molti studenti a immaginare di fare gite scolastiche su Marte. Più tardi nel decennio le case in plastica sono diventate di moda, quindi abbiamo pensato a

come decorare le nostre abitazioni trasparenti con mobili in plastica. Egli attribuisce questa tendenza alla "neomania", il fascino per tutto ciò che è nuovo e brillante.

All'inizio ho provato simpatia per i primi utilizzatori, quelle persone che non possono vivere senza avere accesso all'ultimo iPhone. A quel tempo pensavo che fossero in anticipo sui tempi; ora, tuttavia, li considero individui irrazionali affetti da neomania: sembrano meno interessati al fatto che un prodotto offra benefici tangibili, ma più interessati alla novità che all'effettiva utilità.

Non prendere misure drastiche quando si prevede il futuro. Il film classico di Stanley Kubrick del 1968 2001: Odissea nello spazio serve da illustrazione. Ambientato all'inizio del millennio, questo pezzo visionario prevedeva che l'America avrebbe ospitato una colonia lunare di mille persone, servita da voli pendolari PanAm - qualcosa che nessuno si aspettava. Suggerisco invece questa regola empirica: qualunque cosa sia sopravvissuta per X anni continuerà a farlo per altri X anni - Nassim Taleb crede che il "filtro delle stronzate" della storia possa separare gli espedienti dai rivoluzionari, quindi sono disposto a fare questa scommessa con lui!

Vedi anche il tapis roulant edonico (cap. 46) come esempio del perché la propaganda funziona.
La Seconda Guerra Mondiale vide ogni nazione creare film di propaganda. Questi venivano usati per suscitare sentimenti nazionalisti tra civili e soldati e incoraggiare il sacrificio per la loro nazione. Dopo aver speso una cifra esorbitante solo per i film di propaganda, il dipartimento della guerra americano condusse degli studi per verificare se questa spesa avesse qualche ritorno. Sono stati condotti studi coinvolgendo soldati regolari; la loro risposta non mostrò affatto un aumento dell'entusiasmo per la guerra!

I soldati consideravano questi film mal realizzati? Difficilmente. Piuttosto, i soldati conoscevano questi film come propaganda che rendeva quasi impossibile che qualsiasi messaggio presentato in questi film avesse peso presso il pubblico; anche se un film ha suscitato una discussione o ha suscitato il pubblico abbastanza da meritare considerazione o apprezzamento per il suo messaggio; il suo contenuto verrebbe semplicemente visto come vuoto e completamente ignorato.

Nove settimane dopo, accadde qualcosa di inaspettato: gli psicologi condussero un'altra valutazione dell'atteggiamento dei soldati nei confronti della guerra; il risultato: coloro che avevano visto il film hanno espresso molto più sostegno rispetto a coloro che non l'avevano visto. Evidentemente la propaganda ha funzionato!

Gli scienziati erano sconcertati, sapendo che il potere persuasivo di un argomento diminuisce nel tempo, come il materiale radioattivo. Probabilmente l'hai sperimentato tu stesso: leggi un articolo sui benefici della terapia genica, all'inizio ti entusiasmi ma perdi rapidamente interesse dopo alcune settimane; alla fine restano solo scampoli di entusiasmo.

Sorprendentemente, la propaganda spesso funziona in modo opposto: una volta che colpisce le persone, il suo impatto non fa che aumentare nel tempo. Perché? Lo psicologo Carl Hovland condusse un esperimento per il dipartimento di guerra e coniò questo fenomeno "Effetto dormiente". Attualmente, la nostra migliore spiegazione è che la nostra memoria dimentica la fonte più velocemente di quanto dimentichi ciò che l'argomento stesso (ad esempio il Dipartimento di Propaganda) ha detto mentre ricorda il messaggio stesso (ad esempio la guerra è necessaria e nobile).
Pertanto, le informazioni ottenute da fonti inaffidabili acquisiscono gradualmente fiducia nel tempo poiché le forze discreditanti si dissipano più velocemente del loro messaggio.

Le elezioni statunitensi sono sempre più caratterizzate da annunci politici negativi in cui i candidati tentano di denigrare i precedenti o la reputazione degli altri attraverso mezzi apparentemente semplici: in questo caso, gli annunci politici devono rispettare la legge elettorale statunitense rivelando i loro sponsor alla fine di ogni annuncio, ma numerosi studi mostrano che gli effetti dormienti continuano a manifestarsi tra gli elettori indecisi man mano che il messaggero svanisce mentre le loro dichiarazioni rimangono impresse nella memoria - ciò consente ai candidati di lanciare le accuse più dannose possibili contro i candidati rivali senza timore di ritorsioni o conseguenze contro entrambe le parti se il risultato finale fosse negativo essere meno negativi di quanto previsto dalla legge: ciò rende gli annunci elettorali un processo molto più difficile di quanto dovrebbero essere utilizzati contro campagne rivali da oppositori di entrambe le parti nelle campagne in termini di affluenza alle urne o numeri di affluenza alle urne rispetto a quanto altrimenti possibile nelle stagioni elettorali precedenti.

Spesso ho trovato sconcertante come la pubblicità possa funzionare. Qualsiasi persona logica dovrebbe riconoscere facilmente gli annunci per quello che sono e squalificarli o classificarli in modo appropriato; tuttavia, anche tu, in quanto lettore esigente e intelligente, non sempre riuscirai a farlo con successo; potresti dimenticare da dove provengono determinate informazioni dopo diverse settimane, che si tratti di un articolo informativo o di un annuncio pubblicitario di cattivo gusto!

Come contrastare l'effetto dormiente? Innanzitutto, diffida di qualsiasi consiglio non richiesto, anche se sembra ben intenzionato: farlo ti protegge in una certa misura dalla manipolazione. In secondo luogo, evita il più possibile fonti con pubblicità (siamo fortunati che i libri rimangano senza pubblicità!). In terzo luogo, identifica e ricorda chi era la fonte di ogni argomento che incontri. Cerca di capire il più possibile il loro ragionamento e chi trae vantaggio da cosa. Anche se questo processo potrebbe rallentare in qualche modo i processi decisionali, ma li affinerà anche nel tempo.

Vedi anche Inquadratura (cap. 42); Effetti di primazia e di recency (cap. 73); Notizie Illusion (cap. 99).

CECITÀ ALTERNATIVA

Immagina questo: stai sfogliando una brochure che pubblicizza i vantaggi di un MBA offerto presso la tua università locale. Il tuo sguardo vola sulle fotografie del suo campus coperto di edera e degli impianti sportivi ultramoderni; accanto a immagini di studenti sorridenti di diverse origini etniche con un'enfasi su giovani donne, cinesi e indiani intraprendenti. Alla fine raggiungi una panoramica che ne illustra il valore finanziario: la sua quota di 100.000 dollari può essere facilmente compensata dai laureati che generano guadagni extra prima di andare in pensione: circa 400.000 dollari al netto delle tasse! Una follia.

Sbagliato. Un simile argomento nasconde non uno, ma quattro errori. Il primo è "l'illusione del corpo del nuotatore", in quanto i programmi MBA tendono ad attrarre individui orientati alla carriera che probabilmente avranno salari superiori alla media senza qualifiche aggiuntive come una qualifica MBA. Il secondo mito: un MBA dura due anni e durante questo periodo ci si può aspettare una perdita di guadagno di $ 100.000; pertanto, il costo reale di un MBA supererebbe probabilmente i $ 100.000 se si tiene conto dei potenziali rendimenti derivanti dagli investimenti. In terzo luogo, fare stime a più di trent'anni è insensato: chissà cosa accadrà in quel lasso di tempo? Infine, esistono altre opzioni; non sentirti vincolato dal solo "fai un MBA o non fare un MBA". Forse è disponibile un altro programma che costa molto meno e offre anche vantaggi per l'avanzamento di carriera. Trovo particolarmente affascinante il quarto malinteso; chiamiamola cecità alternativa: quando non riusciamo a confrontare un'offerta esistente con la sua migliore offerta alternativa.

Ecco un esempio tratto dalla finanza: immagina di avere dei soldi risparmiati in un conto di risparmio e chiedi consiglio a un broker di investimenti, che ti consiglia di acquistare un'obbligazione che paga il 5% di interesse invece del solo 1% restituito dai conti di risparmio. Pensiamo che acquistare l'obbligazione abbia senso? Nessuno sa. Considerare solo queste due scelte non fornirebbe una valutazione accurata; per valutare veramente tutte le possibili scelte di investimento e quindi selezionare quella ottimale (questo è il modo in cui lo fa il grande investitore Warren Buffet).
Buffett misura ogni transazione rispetto alla seconda migliore offerta disponibile in un dato momento, anche se ciò significa fare di più di ciò che già stiamo facendo.'

Contrariamente a Warren Buffett, i politici spesso cadono preda della cecità alternativa. Considera la pianificazione della tua città sulla costruzione di un'arena sportiva su un appezzamento di terreno vuoto; i sostenitori potrebbero sostenere che porterà benefici ai residenti più emotivamente e finanziariamente di un lotto vuoto - tuttavia questo confronto è errato: dovrebbero invece valutare tutte le idee che diventano impossibili a causa della sua costruzione come scuole, centri per le arti dello spettacolo, ospedali o inceneritori; in alternativa potrebbero vendere il terreno e investire i proventi o ridurre il debito della città con questa soluzione alternativa.

Stai trascurando soluzioni alternative? Immagina che il tuo medico scopra un tumore in cinque anni e proponga un'operazione complicata che, se riuscita, lo rimuoverebbe completamente, ma tuttavia il rischio è considerato elevato con un tasso di sopravvivenza complessivo di appena il 50% Come decidi? Considera attentamente le tue opzioni: morte certa tra cinque anni o una probabilità del 50% di morire la prossima settimana; cecità alternativa! Forse esiste una variante di una procedura chirurgica invasiva disponibile presso un altro ospedale della città che attualmente non la offre presso il tuo istituto. La chirurgia per rallentare la crescita del tumore potrebbe alleviare i sintomi solo temporaneamente; tuttavia, questo intervento chirurgico invasivo offre più tempo e tranquillità rispetto alle sue alternative; chissà che in quei dieci anni non emergano terapie più avanzate per eliminare i tumori?

In conclusione: se hai difficoltà a prendere decisioni, ricorda che ci sono più di due opzioni a tua disposizione, ad esempio nessun intervento chirurgico e intervento chirurgico ad alto rischio. Non sentirti intrappolato tra una scelta assoluta e le sue possibili alternative; Sii di larghe vedute!

Vedi Paradosso della scelta (cap. 21); L'illusione del corpo del nuotatore (cap. 2) per ulteriori letture su questi argomenti.

PERCHÉ PUNtiamo SUI GIOVANI GUNNS

Bias del confronto sociale

Dopo che il mio libro ha raggiunto il primo posto nella lista dei bestseller, il mio editore ha chiesto il mio aiuto per fornire un'approvazione per un altro titolo da parte di un conoscente che stava entrando nella top ten; credevano che una mia testimonianza gli avrebbe dato quella spinta in più per essere incluso in quella lista.

Sempre stupito che queste testimonianze funzionino, dato che sappiamo tutti che solo i commenti positivi compaiono sulle copertine dei libri (incluso questo libro). Un lettore razionale deve mettere da parte gli elogi o almeno considerarli accanto ad ogni potenziale critica che è sempre presente, anche se in forme diverse. Anche se ho scritto molte testimonianze per altri libri, nessuna riguardava titoli rivali. Mentre consideravo le mie opzioni, mi sono reso conto che il pregiudizio del confronto sociale aveva avuto effetto: quella tendenza a evitare di aiutare coloro che potrebbero presto metterti in ombra e sembrare sciocchi a lungo termine.

Le testimonianze dei libri possono servire come un innocuo esempio di pregiudizio del confronto sociale; tuttavia, il mondo accademico ha portato la situazione a un livello decisamente più pericoloso. Ogni scienziato aspira a pubblicare quanti più articoli su prestigiose riviste scientifiche, guadagnandosi il diritto di valutare i contributi dei colleghi scienziati che presentano lavori per la pubblicazione. Con il passare del tempo, i redattori ti chiedono di valutare i contributi di altri scienziati: spesso solo due o tre esperti decidono quali articoli hanno successo in un dato campo; con questa conoscenza in mente, cosa accadrebbe se un ricercatore alle prime armi presentasse un documento sconvolgente che minaccia di rovesciare esperti affermati? Probabilmente diventerebbero particolarmente rigorosi nel valutarlo: questo è un pregiudizio del confronto sociale al lavoro!

Lo psicologo Stephen Garcia e i suoi colleghi ricercatori descrivono un esempio in cui un premio Nobel ha impedito a uno dei suoi giovani colleghi promettenti di candidarsi per lavorare nella "sua" università, anche se inizialmente ciò potrebbe sembrare prudente; col tempo diventa controproducente quando il giovane collega si unisce a un altro gruppo di ricerca, impedendo potenzialmente ogni ulteriore contatto tra il vecchio professore e lui o lei e questo giovane prodigio.
Garcia suggerisce che il pregiudizio del confronto sociale potrebbe essere un fattore che impedisce alle istituzioni di mantenere il loro status di gruppi di ricerca di livello mondiale per un periodo prolungato. Pochi gruppi di ricerca riescono a rimanere ai vertici per molti anni consecutivi.

Il pregiudizio del confronto sociale è un altro problema significativo con le start-up. Guy Kawasaki è stato il "capo evangelista" di Apple per quattro anni e oggi fornisce consulenza agli imprenditori come venture capitalist e consulente. Secondo Kawasaki: 'I giocatori di serie A assumono persone anche migliori di loro. Come ha affermato Steve [Jobs], i giocatori B reclutano giocatori C in modo che possano sentirsi superiori a loro e i giocatori C reclutano giocatori D; quando assumi giocatori di serie B aspettati che ciò che lui definisce "l'esplosione di stupidi" avvenga all'interno della tua organizzazione; l'assunzione di giocatori B alla fine si traduce nell'assunzione di giocatori Z invece di giocatori B. Raccomandazione: assumi persone migliori di te, altrimenti presto guiderai una squadra di perdenti. Qui si applica il cosiddetto effetto Duning-Kruger; I giocatori Z con incompetenza spesso hanno il dono di trascurarne la portata, credendo di possedere più intelligenza di quella in realtà; queste persone creano una superiorità illusoria che li porta a commettere ancora più errori che a loro volta erodono il pool di talenti nel tempo.

Isaac Newton all'epoca aveva 25 anni e quando la sua scuola chiuse a causa di un'epidemia di peste nel 1666-7, Isaac Barrow si offrì di venire a vedere la sua ricerca, che Barrow lasciò immediatamente come professore per unirsi come uno degli studenti di Newton. - è stato davvero nobile da parte sua! Che esempio etico ha dato. E quando è stata l'ultima volta che hai sentito parlare di un professore che si è fatto da parte a favore di un altro candidato o di un amministratore delegato che ha rinunciato alla propria posizione perché si è reso conto che uno dei suoi dipendenti avrebbe potuto fare un lavoro migliore?

Conclusione: in conclusione, promuovi persone più talentuose di te? Anche se inizialmente potrebbe minacciare la tua posizione, a lungo termine porterà solo benefici. Altri ti supereranno comunque ad un certo punto; finché non arriverà quel momento, sarebbe saggio entrare nei loro lati positivi e imparare da loro - questa è stata la mia motivazione nello scrivere la testimonianza alla fine. Per approfondimenti vedi: Invidia (cap. 86); Effetto Contrasto (cap. 10).

Effetti di primazia e di recency

Permettetemi di presentarvi due uomini, Alan e Ben. Decidi subito chi preferisci senza pensarci troppo a lungo: Alan è intelligente, gran lavoratore, impulsivo, critico, testardo e geloso mentre le qualità di Ben includono queste caratteristiche ma con una svolta: Ben può anche essere geloso, testardo, critico impulsivo gran lavoratore intelligente anche. La maggior parte delle persone sceglie Alan anche se entrambe le descrizioni sembrano simili. Il tuo cervello tende a prestare maggiore attenzione agli aggettivi elencati per primi creando così due personalità distinte: Alan lavora sodo mentre Ben mostra gelosia e tratti testardi - qualcosa noto come effetto primato.

Senza l'effetto primato, le persone rinuncerebbero ai sontuosi ingressi delle loro sedi; il tuo avvocato si sentirebbe altrettanto contento di apparire indossando scarpe da ginnastica logore piuttosto che scarpe Oxford firmate per i tuoi incontri.

L'effetto primato è spesso causa di errori pratici. Il premio Nobel Daniel Kahneman spiega come, all'inizio della sua cattedra, ha classificato le prove d'esame in ordine: lo studente 1 seguito dallo studente 2, quindi a tutte le domande successive a cui è stata data una risposta impeccabile sono stati assegnati punteggi più alti; ciò significava che gli studenti che avevano risposto perfettamente sarebbero diventati i preferiti di Kahneman e questo alla fine avrebbe avuto un effetto sul modo in cui avrebbe valutato altre parti dei loro esami. Per contrastare questo effetto, Kahneman ha iniziato a valutare le singole domande in lotti: tutte le risposte alla domanda 1 vengono valutate, poi tutte le risposte alla domanda 2 ecc. - contrastando così questo effetto e neutralizzandolo del tutto.

Sfortunatamente, questo trucco potrebbe non funzionare sempre nella pratica; ad esempio, quando si assumono nuovi dipendenti si rischia di assumere la persona che fa prima una buona impressione. Per massimizzare l'efficienza quando si risponde a domande simili una per una da parte di tutti i candidati in fila.

Immagina di far parte di un consiglio di amministrazione aziendale. Si presenta un argomento di discussione sul quale non hai ancora preso una decisione e uno o più partecipanti presenti esprimono un'opinione che può influenzare la tua valutazione complessiva. Non esitare a dirlo prima che lo facciano gli altri: in questo modo tutti potranno imparare.

In questo modo, acquisirai maggiore influenza sui tuoi colleghi e li porterai dalla tua parte. Se presiedi un comitato, assicurati di raccogliere le opinioni in ordine casuale in modo che nessuno abbia un vantaggio ingiusto rispetto a un altro membro.

L'effetto primato potrebbe non essere sempre responsabile; l'effetto recency spesso gioca un ruolo altrettanto influente. Le informazioni archiviate più recentemente tendono a fissarsi meglio nella nostra memoria: ciò accade perché i nostri file di memoria a breve termine contengono solo uno spazio limitato; non appena arriva qualcosa di nuovo, un pezzo più vecchio deve lasciare il posto.

Quando il primato prevale sull'effetto recency e viceversa? Quando si devono prendere decisioni immediate basate su molteplici impressioni (caratteristiche, risposte agli esami, ecc.), gli effetti del primato pesano di più. Ma se queste impressioni si sono formate in un arco di tempo più lungo, ad esempio se hai ascoltato un discorso di recente, l'effetto recency è più evidente; ne ricorderai più chiaramente i punti finali/le battute finali piuttosto che quelli iniziali.

Conclusione: le impressioni iniziali e finali prevalgono, il che significa che il contenuto in mezzo ha solo un impatto minimo. Cerca di evitare di prendere decisioni basate esclusivamente sulle impressioni iniziali; questi ti inganneranno senza dubbio in una forma o nell'altra. Valuta tutti gli aspetti in modo equo e imparziale, anche se potrebbe essere più facile a dirsi che a farsi, ad esempio conducendo interviste prendendo nota dei punteggi ogni cinque minuti e poi calcolandone la media in seguito per assicurarsi che tutti gli aspetti contino allo stesso modo, come i punteggi di ciao e arrivederci.

Vedi anche Illusione di attenzione (cap. 88); Effetto Dormiente (cap. 70); Effetto salienza (cap. 83)

PERCHÉ FARE IN CASA È MEGLIO

Le mie abilità culinarie sono piuttosto basilari e mia moglie lo sa. Ogni tanto però riesco a creare qualcosa di commestibile. Recentemente, acquistando delle sogliole, ho creato una salsa insolita a base di vino bianco, purea di pistacchi, miele, scorza d'arancia grattugiata e aceto balsamico - e quando l'ha assaggiata ha iniziato a raschiare quello che considerava un esperimento troppo audace; ma ho pensato che avesse un sapore meraviglioso e ne ho spiegato i dettagli, ma non si è visto alcun cambiamento nella sua espressione.

Due settimane dopo, mia moglie preparò di nuovo la sogliola per cena, questa volta cucinandola lei stessa. Ha preparato due salse: la sua collaudata salsa beurre blanc e una ricetta insolita di un grande chef francese dal sapore terribile; in seguito si rivelò invece che era svizzero! Chiaramente mi ha colto di sorpresa; Avevo ceduto alla sindrome del non-inventato-qui (sindrome NIH), in cui qualsiasi creazione che crei tu stesso diventa superiore rispetto a qualsiasi cosa venga dopo.

La sindrome NIH fa sì che le persone si innamorino delle proprie idee. Questo vale non solo per le ricette di sughi di pesce, ma per tutte le forme di soluzioni, idee imprenditoriali e invenzioni sviluppate internamente; le aziende spesso valutano tali concetti come più significativi di qualsiasi altro proveniente da fonti esterne; tuttavia ciò potrebbe non essere necessariamente accurato nella realtà. Recentemente ho incontrato l'amministratore delegato di un fornitore di software per compagnie di assicurazione sanitaria. Ha spiegato quanto fosse difficile per la sua azienda, anche se era leader del mercato in termini di servizio, sicurezza e funzionalità, vendere i propri prodotti software direttamente ai potenziali clienti. Molti assicuratori ritengono che le proprie soluzioni interne forniscano le soluzioni ottimali, un altro CEO mi ha detto quanto sia stato difficile convincere il suo personale presso la sede centrale ad accettare soluzioni proposte da filiali lontane.

Quando le persone collaborano per risolvere i problemi e valutare da sole queste idee, la sindrome NIH si manifesterà inevitabilmente e farà il suo corso. Quindi ha inevitabilmente un risultato di grande impatto che si traduce nella sua manifestazione di grande impatto. Ciò rende la condizione ancora più significativa.
Dividere i team in due gruppi ha senso: uno genererà idee mentre l'altro le valuterà, con le idee generate da un team che verranno valutate da un altro, quindi invertite: in questo modo entrambi i gruppi avranno lo stesso tempo per creare idee e valutare concetti da un altro. Tendiamo a valutare le nostre idee imprenditoriali in modo più positivo rispetto a quelle

proposte da altri: un attributo essenziale per il successo imprenditoriale, ma che spesso porta a rendimenti deludenti nelle start-up.

Lo psicologo Dan Ariely ha utilizzato il suo blog sul New York Times per quantificare la sindrome NIH. Ai lettori è stato chiesto di fornire soluzioni a sei problemi, come "Come possono le città ridurre il consumo di acqua senza essere limitate dalla legge?", fornendo suggerimenti e valutando la fattibilità; specificando ulteriormente gli investimenti di tempo e denaro in ciascuna idea proposta; infine utilizzando solo cinquanta parole in modo che tutte le risposte fornite corrispondessero esattamente. Indipendentemente da ciò, la maggior parte dei lettori ha valutato le proprie risposte più importanti e applicabili rispetto agli altri contributori, anche quando i contributi erano praticamente identici.

A livello sociale, la sindrome NIH può avere risultati disastrosi. Spesso ignoriamo le idee intelligenti di altre culture semplicemente perché non riusciamo ad apprezzarne i comprovati meriti. La Svizzera, dove ogni stato o cantone (si pronuncia cantonessalee in francese) possiede determinati poteri, è stata teatro di un insolito caso di coinvolgimento nazionale nella sanità (NIH) quando un piccolo cantone si è rifiutato di approvare il suffragio femminile nonostante una sentenza indignata di un tribunale federale nel 1990 che di fatto l'ha cambiato – un altro esempio lampante di intervento nazionale in sanità. Consideriamo anche la moderna rotatoria progettata dagli ingegneri dei trasporti britannici negli anni '60 e implementata in tutta la Gran Bretagna. Vanta severi requisiti di rendimento. Dopo diversi decenni di oblio e resistenza, le misure di decongestionamento del traffico come le rotatorie alla fine si diffusero sia nel Nord America che nell'Europa continentale. La sola Francia vanta oggi oltre 30.000 rotatorie che molti francesi erroneamente attribuiscono al suo ideatore, che progettò Place de l'Etoile.

Conclusione: tendiamo a lasciarci trasportare dalle nostre stesse idee, rendendoci sempre più ubriachi del loro potere. Restare sobri e valutarne oggettivamente la qualità col senno di poi: quali delle tue idee degli ultimi dieci anni sono state davvero eccezionali? Esattamente.

Vedi anche Illusione dell'Introspezione (cap. 67); Effetto dotazione (cap. 23); Bias egoistico (cap. 45); Effetto del falso consenso (cap. 77)

"Tutti i cigni sono bianchi." Per secoli questa affermazione è stata vera. Ogni esemplare innevato era la prova di questa affermazione; qualche altro colore? Impensabile. Questo fino al 1697, quando Willem de Vlamingh incontrò per la prima volta un cigno nero durante una spedizione in Australia; da allora i cigni neri sono diventati il simbolo delle improbabilità della vita.

Un giorno nel 1987 fu un giorno simile: Nassim Taleb descrisse questo evento nel suo libro senza dare alcun preavviso del suo esito! Un evento del Cigno Nero.

Gli eventi del Cigno Nero sono eventi inimmaginabili che trasformano radicalmente la vita, la carriera e la società: dai meteoriti che ti colpiscono alla scoperta dell'oro in California o alla morte di Sutter; dalla scoperta di Sutter allo Sputnik e allo sviluppo dei browser Internet; o un altro incontro che sconvolge completamente la vita - ognuno di essi è un potenziale cigno nero che potrebbe avere conseguenze positive o negative - tutti questi si qualificano come cigni neri.

Donald Rumsfeld un tempo era famoso per aver articolato un potente pensiero filosofico in una conferenza stampa: ci sono cose che sappiamo per certo ("fatti noti"), alcune cose che rimangono sconosciute (incognite conosciute), e quelle cose che rimangono nascoste o misteriose per noi ("sconosciute sconosciute").

Stiamo attualmente esplorando le dimensioni e la portata dell'universo, la presenza di armi nucleari in Iran o se Internet ci rende o meno più intelligenti o più stupidi? Queste domande rappresentano "incognite note", alle quali, con sufficiente impegno, un giorno potremmo sperare di fornire risposte; a differenza di incognite sconosciute come la Facebook mania che nessuno aveva previsto al suo inizio dieci anni fa: era davvero inaspettata e imprevedibile.

Perché i cigni neri sono importanti? Anche se può sembrare strano, i cigni neri si sono verificati sempre più spesso nel corso del tempo e tendono a diventare sempre più consequenziali. Sebbene possiamo pianificare il nostro futuro con certezza, eventi inaspettati come i cigni neri possono spesso lasciarci in difficoltà nella risposta.
I circuiti di feedback e le influenze non lineari spesso sovvertono le nostre migliori intenzioni, portando a risultati inaspettati. Uno dei motivi è la capacità intrinseca del nostro cervello di cacciare e raccogliere. Nell'età della pietra, i cacciatori raramente incontravano qualcosa di veramente straordinario: i nostri cervi inseguiti erano spesso più lenti o più veloci, più grassi o più magri. Tutto tendeva ad una media stabile.

Oggi è diverso; una svolta può moltiplicare le tue entrate di un ordine di grandezza: basta chiedere a Larry Page, Usain Bolt, George Soros, J.K. Rowling o Bono per esempi. Prima d'ora tali fortune erano inimmaginabili; solo di recente tali imprese sono state possibili e hanno portato alla nostra moderna paura di scenari estremi. Poiché le probabilità non possono scendere sotto lo zero e i pensieri umani spesso presentano errori, dovresti presumere che tutto abbia una probabilità superiore allo zero.

Cosa si può fare? Mettiti in situazioni che potrebbero permetterti di fare un passaggio.

Crea la possibilità per te stesso di essere abbastanza fortunato da sperimentare un evento positivo del Cigno Nero (anche se ciò è estremamente improbabile). Considera l'idea di diventare un artista, un inventore o un imprenditore con un prodotto scalabile. Vendere il tuo tempo come dipendente, dentista o giornalista non va bene, ma anche se costretto a continuare questo percorso, evita ambienti che potrebbero consentire il verificarsi di eventi negativi del Cigno Nero.
Stai lontano dai debiti, investi i tuoi risparmi nel modo più conservativo possibile e accetta di vivere con un tenore di vita modesto indipendentemente dal fatto che si verifichi o meno la tua grande svolta.

Note sull'avversione all'ambiguità (cap. 80); Illusione previsionale (cap. 40); Percorsi alternativi (cap. 39) e Aspettative (cap. 62) da questo libro.

Scrivere libri sul pensiero chiaro porta molte ricompense: i leader aziendali e gli investitori sono felici di pagarmi per tenere discorsi sull'argomento in cambio di un buon prezzo, anche se sembra strano dato che i libri sono molto più economici. Ad una conferenza medica ho tenuto un discorso sulla negligenza del tasso di base utilizzando un'analogia con la medicina: in particolare quando si parla di dolore toracico lancinante tra pazienti di 40 anni può indicare una malattia cardiaca o semplicemente stress - lo stress è molto più probabile (con un tasso di base più alto tasso), quindi sarebbe prudente testare prima questa possibilità prima di testare le condizioni cardiache o lo stress - qualcosa che tutti i medici hanno capito intuitivamente quando ho usato un esempio economico; tuttavia, i più vacillavano quando cercavano di comprendere questa idea in dettaglio rispetto alle analogie della medicina o della medicina in generale; rispetto a quando si usava un esempio economico tratto dalla medicina, questa analogia vacillava miseramente quando spiegava questo aspetto della negligenza del tasso di base: quando si utilizzava un esempio economico i più vacillavano quando si parla di negligenza della tariffa base (la negligenza della tariffa base è più facile).

Come con gli investitori, quando parlo di fronte a un pubblico sperimento fenomeni simili: quando utilizzo esempi tratti dalla finanza o dall'economia per illustrare gli errori prendono rapidamente piede; ma se utilizzo esempi tratti dalla biologia sembrano persi, mostrando come le intuizioni non passino facilmente da un campo all'altro, un effetto noto come dipendenza dal dominio.

Harry Markowitz ha vinto il Premio Nobel per l'economia nel 1990 per la sua teoria della "selezione del portafoglio". Questo processo determina la composizione ottimale di un portafoglio, tenendo conto sia del rischio che del rendimento. Quando applicato ai risparmi di Markowitz – come distribuirli tra azioni e obbligazioni – ha semplicemente scelto una distribuzione 50/50. Un destinatario del Premio Nobel non potrebbe applicare il suo processo metodologico in modo efficace nei suoi affari personali; un evidente caso di dipendenza dal dominio; quindi non riuscendo a trasferire la conoscenza dal mondo accademico alla vita quotidiana.

Il mio amico è un appassionato di adrenalina. Gli piace scalare scogliere a strapiombo a mani nude e saltare giù dalle montagne con una tuta alare, tra le altre attività avventurose. La settimana scorsa mi ha spiegato perché avviare un'impresa può essere rischioso; Il fallimento non può sempre essere escluso come opzione. Quando abbiamo discusso il suo punto, ho risposto: "Personalmente, preferirei essere in bancarotta piuttosto che morto!" Non ha apprezzato il mio ragionamento!

Come autore, comprendo la difficoltà nel passare da un'area di competenza a un'altra. Tracciare romanzi e creare personaggi mi riesce facile; le pagine bianche non mi spaventano! D'altra parte, avere a che fare con scatole e schermi vuoti è qualcosa di completamente diverso.
L'arredamento degli interni può essere scoraggiante; Posso passare ore a fissare il vuoto senza avere un'idea in mente.

Le aziende spesso fanno affidamento sulla dipendenza dal dominio. Una società di software potrebbe assumere un efficace venditore di beni di consumo e scoprire che la transizione del suo talento dalla vendita di prodotti di consumo alla vendita di servizi si rivela estremamente impegnativa. Un presentatore che eccelle quando parla a piccoli gruppi potrebbe vacillare quando il suo pubblico supera le 100 persone; oppure un esperto marketer potrebbe improvvisamente mancare di creatività strategica mentre passa dal ruolo di CEO.

Markowitz ci fornisce un esempio che evidenzia quanto possa essere difficile il passaggio dalla vita professionale a quella privata. Conosco amministratori delegati che eccellono come leader sul lavoro ma sembrano gusci vuoti quando arriva il momento di relazioni intime fuori dalle mura dell'ufficio. Come spesso accade, i medici sono la professione più offensiva quando si tratta di fumare sigarette e utilizzare prodotti del tabacco. Gli agenti di polizia tendono a essere due volte più violenti in ambito domestico rispetto ai civili, mentre i critici letterari ricevono recensioni negative per i loro libri. I terapisti di coppia tendono ad avere matrimoni più tenui rispetto ai loro clienti; secondo il professore di matematica Barry Mazur. "Diversi anni fa stavo cercando di decidere se trasferirmi o meno da Stanford ad Harvard." Dopo aver annoiato i miei amici con discussioni infinite, uno di loro mi ha suggerito di mettere insieme un elenco di costi e benefici, insieme alla mia utilità attesa, per calcolarli approssimativamente. Senza pensarci, la mia risposta è stata: 'Dai Sandy, è una cosa seria.'" Senza riflettere adeguatamente sulla mia risposta, la mia risposta è stata:

Trasferire la conoscenza da un'area a quella successiva può essere impegnativo, in particolare tra il contesto accademico e quello della vita reale, e in particolare tra il mondo accademico e i contesti della vita reale, come il mondo accademico rispetto agli scenari della vita reale. Purtroppo questo vale anche per la conoscenza di questo libro: potresti avere difficoltà ad applicarlo nella vita quotidiana; anche per me, in qualità di scrittore, quella transizione si è rivelata dura! L'intelligenza dei libri non si traduce facilmente in intelligenza della strada.

Vedi anche Deformation Professionale (cap. 92); Conoscenza dell'autista (cap. 16) e Tendenza alle sciocchezze (cap. 57)

IL MITO DELLA MENTALITÀ SIMILE

Quale musica preferisci: la musica degli anni '60 o '80? Come risponderebbe il grande pubblico? Le persone tendono a proiettare le proprie preferenze sugli altri; coloro che amano gli anni '60 potrebbero presumere che lo facciano anche la maggior parte degli altri; allo stesso modo, gli appassionati degli anni '80 potrebbero presumere che anche la maggior parte delle altre persone condivida i loro gusti musicali. Spesso potremmo sopravvalutare l'unanimità tra le persone intorno a noi e presumere che tutti siano d'accordo con i nostri pensieri e convinzioni: questo fenomeno è noto come effetto del falso consenso.

Lo psicologo di Stanford Lee Ross esplorò per la prima volta questo aspetto nel 1977 creando un pannello sandwich decorato con lo slogan "Mangia da Joe's" e chiedendo a studenti selezionati a caso di indossarlo in giro per il campus per trenta minuti, stimando quanti altri studenti si sarebbero offerti volontari per questo; coloro che erano disposti a indossare il cartello presumevano che la maggior parte delle altre persone (62%) sarebbe stata d'accordo, mentre coloro che rifiutavano educatamente credevano che la maggior parte (67%) avrebbe trovato l'idea troppo stupida; entrambi i gruppi di studenti immaginavano di far parte della maggioranza popolare.

L'effetto del falso consenso può essere osservato tra i gruppi di interesse e le fazioni politiche che costantemente sopravvalutano la popolarità delle loro cause, come il riscaldamento globale. Non importa quanto tu ritieni vitale questo problema, molto probabilmente credi che la maggior parte delle altre persone condividano il tuo punto di vista al riguardo. Allo stesso modo, i politici tendono a sopravvalutare la propria popolarità a causa di un innato ottimismo che non può fare a meno di far loro credere che le loro prospettive elettorali siano maggiori di quanto non siano in realtà.

Gli artisti se la passano ancora peggio: quando intraprendono nuovi progetti, gli artisti si aspettano più successo che mai. Il mio esempio personale è stato il mio romanzo Massimo Marini che ha avuto un successo assoluto; dopo tutto, se l'era cavata bene rispetto ai suoi predecessori (sebbene anche questi avessero ricevuto recensioni positive), che secondo me sembravano altrettanto buoni. Purtroppo per me, però, l'opinione pubblica non è stata d'accordo e mi ha smentito: si tratta del fenomeno noto come effetto del falso consenso.

E questo vale anche nel mondo degli affari: solo perché un dipartimento di ricerca e sviluppo ritiene che il suo prodotto piacerà ai consumatori non significa che anche i consumatori lo facciano. Le aziende guidate da professionisti della tecnologia tendono a prendere decisioni tenendo presente questo pregiudizio.
Gli inventori tendono a rimanere estasiati dalle funzionalità avanzate dei loro prodotti e presumono erroneamente che queste attireranno anche i clienti.

L'effetto del falso consenso è affascinante anche per un altro motivo. Quando le persone non condividono le nostre opinioni, le etichettiamo rapidamente come anormali o sospette. L'esperimento di Ross lo ha confermato; gli studenti che indossavano pannelli sandwich vedevano coloro che non erano d'accordo come arroganti o egocentrici mentre quelli in un altro campo li vedevano come cercatori di attenzione o portatori di segnali come idioti e produttori di rumore.

Forse ricordate l'errore della prova sociale – l'idea che un'idea migliora man mano che più persone la sottoscrivono – che suggerisce un effetto di falso consenso simile a quello osservato durante le elezioni con falso consenso. No. La prova sociale è una strategia di sopravvivenza evolutiva. Seguire la folla ci ha salvato la pelle più spesso negli ultimi 100.000 anni che agire da soli. Sebbene non siano coinvolte influenze esterne nella creazione di effetti di falso consenso, essi svolgono comunque una funzione sociale; quindi l'evoluzione non li ha eliminati. Il nostro cervello non è stato creato per riconoscere la verità; il loro scopo è invece quello di produrre prole quante più volte possibile. Chi veniva percepito come coraggioso e convincente (tramite l'effetto del falso consenso) lasciava una prima impressione impressionante, attirava più risorse e aumentava le possibilità di trasmettere i propri geni alle generazioni future. Gli scettici erano visti come meno attraenti.

Conclusione: riconoscere che la tua visione del mondo non è in sintonia con il sentimento pubblico è solo metà della battaglia: non dare per scontato che coloro che hanno idee diverse siano idioti prima di respingerli completamente e diffidare di loro, prima dai uno sguardo attento e obiettivo alle tue ipotesi e prova a sfidare te stesso. prima di reagire negativamente verso chi ha punti di vista diversi.

Vedi anche Prova Sociale (cap. 4) e Sindrome del Non-Inventato-Qui (cap. 75) per un'ulteriore discussione di questi concetti.

AVVERSIONE ALL'AMBIGUITÀ

Due scatole. La scatola A contiene 100 palline: 50 rosse e 50 nere. Nella casella B, non importa quale viene scelta senza guardare, ce ne sono 100 della stessa dimensione ma non si sa quali saranno le palline rosse o nere se qualcuna viene estratta da lì per errore: se esce una pallina rossa, vinci $ 100 ! Quale casella sceglieresti: A o B? La maggior parte delle persone tende a selezionare A come opzione.

Gioca di nuovo utilizzando esattamente le stesse caselle e prova a estrarre una pallina nera questa volta per $ 100! Quale casella selezioneresti questa volta? Molto probabilmente sarebbe A; tuttavia, in termini logici, B conterrebbe meno palline rosse (e quindi più palline nere), giustificando così la tua scelta questa volta.

L'errore è comune; non preoccupatevi: questo fenomeno è noto come paradosso di Ellsberg e prende il nome da Daniel Ellsberg, un ex psicologo di Harvard (in seguito fece trapelare alla stampa i documenti top-secret del Pentagono che alla fine causarono le dimissioni del presidente Nixon). Il paradosso di Ellsberg fornisce una prova empirica del fatto che tendiamo a favorire le probabilità familiari rispetto a quelle sconosciute (riquadro A rispetto al riquadro B).

Torniamo quindi al rischio, all'incertezza (o all'ambiguità) e alle loro differenze. Rischio significa che le probabilità sono note; l'incertezza è quando le probabilità rimangono sconosciute; prendendo in considerazione il rischio puoi decidere se ha senso o meno scommettere. L'incertezza rende ancora più difficile prendere decisioni e spesso porta a risultati catastrofici. Rischio e incertezza si confondono facilmente, portando spesso a ripercussioni disastrose per chiunque tenti di fare calcoli con l'uno rispetto all'altro. La statistica è una scienza antica di 300 anni che esamina il rischio. Numerosi professori ne studiano i concetti; tuttavia, non esiste un libro di testo sull'incertezza; quindi cerchiamo di inserire l'incertezza nelle categorie di rischio senza che ciò abbia molto senso. Di seguito sono riportati due esempi in cui questa teoria funziona e uno in cui non funziona: uno dalla medicina (dove funziona bene) e uno dall'economia (dove non funziona).

Gli esseri umani sono miliardi sulla terra. I nostri corpi non variano in modo significativo, raggiungendo altezze ed età simili (nessuno arriverà mai a 100 piedi di altezza).
Si può vivere 10.000 anni (o solo pochi millisecondi!). La maggior parte degli esseri umani possiede due occhi, quattro valvole cardiache e 32 denti; ciò significa che sembreremmo simili ai topi dal punto di vista di un'altra specie. Per questo motivo, quando si ha a che fare con malattie che condividono tratti simili come il cancro, è logico dire, ad esempio: "C'è un

rischio del 30% che tu muoia di cancro". D'altro canto, affermare che "c'è una probabilità del 30% che l'euro crolli entro cinque anni" non avrebbe affatto senso. Perché? L'economia vive in un ambiente di imprevedibilità. Nessuna storia valutaria ci consente di ricavare probabilità con certezza; e la differenza tra rischio e incertezza illustra anche perché le assicurazioni sulla vita e i credit default swap differiscono in modo significativo. I credit default swap (CDS) sono polizze assicurative contro specifici default dovuti all'incapacità di pagare delle aziende, proprio come l'assicurazione sulla vita copre i rischi in una forma facilmente calcolabile; I CDS introducono incertezza nelle nostre vite, contribuendo alle turbolenze finanziarie del 2008. Quando si sentono frasi come "il rischio di iperinflazione è del x%" o "la nostra posizione azionaria è a rischio del y%", prendete nota: dovrebbero sollevare segnali d'allarme.

Per evitare giudizi affrettati bisogna imparare ad accettare l'ambiguità. Sfortunatamente, questo può essere un compito impegnativo e insormontabile su cui non puoi influenzare direttamente. L'amigdala svolge qui un ruolo essenziale: anche qui quest'area grande come una noce al centro del cervello, responsabile dell'elaborazione della memoria e delle emozioni, gioca un ruolo fondamentale: la sua forma determina la nostra capacità o meno di affrontare l'incertezza; le tue inclinazioni politiche riflettono questa dinamica poiché la tua tolleranza all'incertezza varia a seconda della sua costruzione; in molti modi questo si lega alla frequenza con cui il tuo voto tende al conservatorismo, evidenziato in parte a causa di cause biologiche dietro le loro inclinazioni politiche!

Chi vuole pensare con lucidità deve comprendere la distinzione tra rischio e incertezza. Solo in alcuni casi possiamo fare affidamento su probabilità chiare – i casinò, i lanci di monete o i libri di testo sulle probabilità possono fornire tale garanzia – spesso ci ritroviamo con ambiguità preoccupanti che richiedono pazienza per essere gestite. Impara ad accettare tutto come parte della vita!

Vedi anche: Cigno Nero (cap. 75); Trascuratezza della probabilità (cap. 26); Trascuratezza del tasso di base (cap. 28); Bias di disponibilità (cap. 11) e Percorsi alternativi (cap. 39) per ulteriori considerazioni. (82-91).

PERCHÉ CONTINUARE CON LO STATUS QUO

Recentemente in un ristorante, ho esaminato disperatamente la loro carta dei vini: Irouleguy? Harslevelu? Susumaniello? Pur non essendo un esperto, era ovvio che il loro sommelier stava cercando di impressionarci con le sue selezioni mondane. Infine a pagina otto c'era il riscatto sotto forma di "Il nostro vino della casa francese: Reserve du Patron, Bourgogne $ 52". Immediatamente si pensò: "Sicuramente non può andare peggio...".

Da quando ho acquistato un iPhone diversi anni fa, mi ha permesso di personalizzare tutto, tra cui l'utilizzo dei dati, la sincronizzazione delle app, le impostazioni di crittografia e i livelli del volume del suono dell'otturatore della fotocamera, secondo le mie esatte specifiche. Ma potresti indovinare: nessuno è stato ancora configurato!

Nella mia essenza, non ho sfide tecniche; piuttosto sono semplicemente un'altra vittima dell'"effetto default". Quando qualcosa ci sembra comodo e invitante, tendiamo a restare con le sue impostazioni predefinite, come il vino della casa e le impostazioni del cellulare di fabbrica in cui di solito ci sistemiamo felicemente. Proprio come me, molte altre persone preferiscono le opzioni standard rispetto alle scelte individuali - ad esempio quando acquistano nuove auto molti acquirenti tendono a selezionare il colore predefinito indipendentemente dalla sua disponibilità in altri modelli; molti acquirenti lo selezionano a prescindere. Molti optano per il default piuttosto che per qualsiasi altra cosa!

Nel loro libro Nudge, l'economista Richard Thaler e il professore di diritto Cass Sunstein illustrano come i governi possono guidare efficacemente i propri cittadini senza violare la libertà protetta costituzionalmente. Le autorità devono solo offrire alcune opzioni - includendo sempre una "via d'uscita" per coloro che non sono in grado di decidere tra le due - affinché le persone possano prendere una decisione informata sulle polizze di assicurazione auto per sé e per i loro vicini. Il New Jersey e la Pennsylvania lo hanno dimostrato con due polizze di assicurazione auto fornite ai loro abitanti. Il New Jersey pubblicizzava questa polizza come opzione standard e la maggior parte delle persone era felice di accettarne il costo inferiore e la rinuncia a determinati diritti di risarcimento in caso di incidente. Gli automobilisti della Pennsylvania sembravano più propensi a scegliere la seconda opzione, più costosa, come scelta standard, e ne fecero rapidamente il loro bestseller. Questo risultato è stato piuttosto notevole dato che i fattori trainanti di entrambi gli stati sono generalmente simili.
La copertura può variare a seconda delle preferenze di un individuo e del budget desiderato.

Consideriamo questo esperimento: c'è una grave carenza di donatori di organi, ma solo il 40% opta per la donazione di organi. Eric Johnson e Dan Goldstein hanno condotto un sondaggio chiedendo alle persone se, dopo la morte, volessero attivamente rinunciare.

Rendendo la donazione di organi l'opzione predefinita anziché l'opzione opt-in/opt-out, l'adozione è aumentata drasticamente dal 40% a oltre l'80%! Ciò ha mostrato l'enorme differenza tra un approccio predefinito opt-in e un approccio predefinito opt-out.

Quando non viene specificata alcuna opzione standard, tendiamo ad accontentarci di qualunque impostazione predefinita esista ed estendiamo e convalidiamo il suo stato attuale. La natura umana preferisce ciò che conosce; data la possibilità di scegliere tra provare qualcosa di nuovo o restare fedeli a ciò che già sappiamo, molti tendono a preferire restare fedeli a ciò che è familiare pur sapendo che qualsiasi cambiamento potrebbe avvantaggiarli; la mia banca mi addebita $ 60 all'anno per spedire gli estratti conto; scaricarli invece risparmierebbe questa spesa, ma in qualche modo questo servizio continua a infastidirmi; forse perché ci si sente abbastanza sicuri?

Allora da dove deriva il pregiudizio verso lo status quo? L'avversione alla perdita gioca un ruolo fondamentale in questo fenomeno. Le perdite ci colpiscono in modo doppio rispetto ai guadagni e ciò rende estremamente impegnativi compiti come la rinegoziazione dei contratti: ogni concessione che fai pesa il doppio di qualsiasi cosa ricevi in cambio, creando perdite nette attraverso tali scambi.

Sia l'effetto default che il bias dello status quo dimostrano la nostra forte propensione a restare fedeli a come stanno le cose, anche se questo ci mette in una posizione di svantaggio. Modificando il comportamento umano impostando diversamente le impostazioni predefinite, puoi influenzare le decisioni umane con maggiore successo.

"Forse le nostre vite seguono un concetto grandioso e nascosto", ho suggerito a un commensale, sperando di provocarlo in una profonda discussione filosofica. Invece, dopo aver assaggiato il vino Reserve du Patron, ha dichiarato semplicemente: "forse ha solo bisogno di tempo".
Vedi anche Fatica decisionale (cap. 53); Paradosso della scelta (cap. 21); Avversione alla perdita (cap. 32).

PERCHE' "L'ULTIMA OCCASIONE" CI FARÀ PANICO

Paura del rimpianto | | Paul possiede azioni della società A, ma durante l'anno stava valutando l'idea di venderle e acquistare invece azioni della società B, decidendo infine di non farlo e realizzando oggi che avrebbe guadagnato $ 1.200 extra se lo avesse fatto. Nel frattempo George possedeva azioni della società B ma le vendette per acquistare invece azioni A; oggi entrambi gli uomini si rendono conto che avrebbero potuto fare meglio restando con B e ottenere un profitto extra di $ 1200 se avessero resistito più a lungo; chi prova più rimorso? Paolo o Giorgio?

Il rimpianto è la sensazione di aver preso la decisione sbagliata, desiderando che qualcuno ci dia un'altra possibilità. Alla domanda su chi si sarebbe sentito peggio dopo aver fatto una scelta sbagliata, solo l'8% ha scelto Paul mentre il 92% ha scelto George nonostante entrambe le situazioni fossero identiche: sia Paul che George hanno fatto scelte azionarie sbagliate che li hanno lasciati di tasca propria in egual misura; Paul possedeva già azioni di A mentre George doveva acquistarle lui stesso, Paul essendo passivo mentre George agisce attivamente - sembra che coloro che non seguono la logica tradizionale provino più rimpianti.

Non sempre la recitazione è fonte di rimpianti; a volte l'inazione può creare un impatto emotivo maggiore del fare qualcosa al riguardo. Prendiamo, ad esempio, una casa editrice che si rifiuta da sola di pubblicare e-book di tendenza; il suo proprietario sostiene che i libri dovrebbero rimanere stampati su carta come vuole la tradizione. Poco dopo, nove editori che avevano in programma di lanciare strategie per gli e-book hanno fallito; ciò lasciò in piedi solo gli editori cartacei convenzionali prima di andare in bancarotta, compreso uno che ci provò ma alla fine si arrese e seguì la strada dell'editore convenzionale con le case editrici tradizionali che furono la vittima finale; in definitiva, chi ha sentito di più questa serie di decisioni prese? E chi ha ottenuto più sostegno? A destra: l'editore convenzionale esclusivamente cartaceo con la sua tradizionale posizione contro la pubblicazione di e-grumbler alla moda!

Consideriamo ad esempio il libro di Daniel Kahneman Thinking, Fast and Slow: dopo ogni incidente aereo, sentiamo parlare di una persona che intendeva volare un giorno prima o un giorno dopo, ma per qualsiasi motivo ha cambiato la prenotazione all'ultimo minuto, creando un'eccezione che raccoglie la nostra simpatia più di quella dei passeggeri "normali" a bordo dello sfortunato volo fin dall'inizio.

La paura del rimpianto può farci agire in modo irrazionale; per evitare la sua presa indesiderata su di noi, spesso agiamo in modo conservativo per non deviare troppo da ciò che gli altri si aspettano da noi. Nessuno è immune; anche i trader estremamente fiduciosi tendono a svendere titoli più esotici il 31 dicembre (D-day per le revisioni delle prestazioni e i calcoli dei bonus) solo per non allontanarsi troppo dal gregge. Allo stesso modo, la paura del rimpianto (noto come effetto dotazione) impedisce alle persone di scartare gli oggetti non più necessari, temendo le ripercussioni del rimpianto nel caso in cui si scoprisse che, dopo tutto, quelle scarpe da tennis logore erano necessarie!

Il rimorso può essere particolarmente opprimente se abbinato a un'offerta di "ultima possibilità", come gli opuscoli sui safari che affermano di fornire "la tua ultima opportunità di vedere un rinoceronte prima che la sua specie si estingua". Ma perché qualcuno dovrebbe volare dall'Europa proprio adesso per uno scopo così irrazionale?

Quindi diciamo che hai a lungo sognato di possedere la tua casa, ma il terreno sta diventando scarso e rimangono solo una manciata di lotti con vista sul lago; tre sono andati e venuti, lasciandone solo uno come ultima possibilità! In preda al panico per quella che sembra essere l'ultima opportunità disponibile, acquisti questo terreno ad un prezzo esorbitante, credendo che possa essere quella; in realtà però gli immobili con splendida vista lago continueranno ad apparire sul mercato; le ultime possibilità possono farci prendere dal panico, portandoci su questa strada, anche per gli affaristi esperti!

Vedi anche Errore di Scarsità (cap. 27); Effetto dotazione (cap. 23); Percorsi alternativi (cap. 39) e Inquadratura (cap. 42

Immaginate per un momento che la marijuana sia da qualche tempo al centro del discorso dei media mainstream, con programmi televisivi che ritraggono fumatori di marijuana, coltivatori clandestini e spacciatori; la stampa scandalistica stampava foto di ragazze di 12 anni che fumavano canne; manifesti che esplorano aspetti medici e considerazioni filosofiche sull'uso della marijuana: sembra che tutti ne parlino! Supponiamo che il fumo non abbia alcun impatto negativo sulla guida: qualsiasi conducente potrebbe ritrovarsi coinvolto in un incidente ad un certo punto solo per coincidenza; allo stesso modo i conducenti con articolazioni possono essere coinvolti di tanto in tanto in incidenti proprio come chiunque altro - del tutto per caso!

Kurt è un giornalista locale. Una sera, mentre tornava a casa, si imbatte nella scena di un incidente con un'auto avvolta attorno a un tronco d'albero. A causa dei suoi rapporti con le forze dell'ordine locali, apprende che hanno trovato marijuana nascosta nel sedile posteriore di questa macchina, spingendolo a tornare di corsa in redazione con questo titolo: "La marijuana uccide ancora un altro automobilista".

Come discusso in precedenza, presumiamo che non esista alcuna relazione statistica tra l'uso di marijuana e gli incidenti stradali e i rispettivi incidenti, lasciando il titolo di Kurt ingiustificato e le sue affermazioni non supportate dai fatti. Kurt è caduto preda di qualcosa chiamato effetto salienza, in cui caratteristiche o attributi importanti ottengono più attenzione di quanto meritino; il fatto che la marijuana sia così ovvia qui gli ha fatto credere che questo incidente sia stato causato da essa.

Quando Kurt entra nel giornalismo economico, si verifica un evento importante: una delle più grandi aziende del mondo ha appena annunciato che promuoverà una donna a CEO! Kurt, entusiasta di questo sviluppo, si lancia immediatamente a scrivere il suo commento: la donna probabilmente è stata promossa perché donna - quando in realtà questo probabilmente non aveva nulla a che fare con il genere (poiché gli uomini in genere ricoprono la maggior parte dei ruoli di vertice); se la leadership femminile fosse stata considerata così importante da altre aziende già attive, queste probabilmente lo avrebbero fatto molto tempo fa; solo in questa notizia il genere diventa prominente, guadagnando così un peso extra da parte di Kurt e del suo lettore.

I giornalisti non sono i soli quando si tratta di cadere preda dell'effetto salienza: lo siamo tutti. Due uomini rapinano un negozio.
Gli immigrati nigeriani rapinano una banca, vengono immediatamente arrestati e poco dopo vengono interrogati dalle forze dell'ordine. Anche se nessun gruppo etnico in particolare può essere ritenuto sproporzionatamente responsabile delle rapine in banca, continuiamo ad

associare gli immigrati nigeriani senza legge alle rapine in banca; distorce il nostro pensiero; presumiamo che siano di nuovo immigrati senza legge! Allo stesso modo, se un armeno commette uno stupro, spesso la colpa è sua piuttosto che di altri fattori presenti tra gli americani piuttosto che di altri fattori presenti tra gli americani che contribuiscono anche alla formazione di pregiudizi nonostante la stragrande maggioranza viva una vita legale venga dimenticata - ricordiamo incidenti particolarmente degni di nota che coinvolgono gli immigrati non appena si sente parlare di qualcosa che li riguarda e di solito si inizia prima con incidenti eclatanti e negativi!

L'effetto salienza può modellare sia la nostra percezione degli eventi passati sia il modo in cui immaginiamo il futuro. Daniel Kahneman e Amos Tversky hanno scoperto che spesso diamo un peso eccessivo alle informazioni salienti quando facciamo previsioni, il che potrebbe spiegare perché gli investitori reagiscono in modo più forte alle notizie sensazionali (come il licenziamento degli amministratori delegati) rispetto a informazioni meno sorprendenti come le proiezioni di crescita dei profitti a lungo termine. Anche gli analisti professionisti non possono sempre eludere la sua influenza.

Conclusione: le informazioni salienti hanno un'influenza enorme sui nostri pensieri e sulle nostre azioni. Tendiamo a trascurare fattori a lento sviluppo con effetti a lungo termine che tendiamo a trascurare del tutto. Non lasciarti accecare dalle irregolarità; ad esempio, un libro con una copertina rossa accattivante e vivace entra nella lista dei bestseller, spingendo i lettori ad attribuire il suo successo esclusivamente alla copertina - non cadere in questa tentazione: raccogli abbastanza forza mentale per combattere spiegazioni apparentemente ovvie!

Vedi anche L'effetto alone (cap. 38); Effetti di primazia e di recency (cap. 73); Bias di conferma (capitoli 7-8); Induzione (cap. 31); Errore fondamentale di attribuzione (cap. 36) ed euristica dell'influenza (cap. 66)

PERCHÉ IL DENARO NON È NUDO.

Un giorno d'autunno dei primi anni '80 era ventoso e le foglie bagnate vorticavano qua e là. Spingendo la mia bicicletta su per la collina verso la scuola, ho notato qualcosa di strano ai miei piedi: si è scoperto che una grande foglia marrone ruggine valeva 500 banconote di franchi svizzeri - circa $ 250 oggi; una fortuna assoluta a quel tempo per uno studente delle superiori! Quel denaro presto scomparve dalle mie tasche; L'ho subito utilizzato per acquistare uno dei modelli di punta disponibili con freni a disco e cambio Shimano (anche se la mia bici precedente funzionava bene!), anche se la mia vecchia bici funzionava ancora bene come prima!

Anche se allora non ero del tutto senza un soldo, essendo riuscito a mettere da parte qualche centinaio di franchi falciando l'erba del mio quartiere, non mi è mai passato per la mente di sprecare i soldi guadagnati con tanta fatica in qualcosa di così frivolo come andare al cinema o fare shopping. - la mia spesa non era eccessiva e aveva più senso riflettendo su questo comportamento; il denaro può essere percepito in modo diverso solo a seconda della sua fonte; quindi viene fornito con associazioni emotive allegate che aggiungono ulteriori livelli.

Due domande. Immaginiamo che dopo aver lavorato duramente per un anno e alla fine ti accorgi di avere $ 20.000 in più sul tuo conto rispetto all'inizio, cosa ne faresti? A) Lascialo nella tua banca. B) Investirlo. C) Usalo per miglioramenti necessari come rinnovare una cucina ammuffita o sostituire pneumatici usurati. D) Regalati una stravagante vacanza in crociera.

Come è tipico per la maggior parte delle persone, probabilmente sceglierai A, B o C come risposta.

Seconda domanda. Cosa faresti se vincessi $ 20.000 alla lotteria? Scegli tra A, B, C o D come sopra; la maggior parte delle persone ora sceglie C o D, il che rivela un pensiero errato; anche se sei libero di contarlo come preferisci; $ 20.000 rimangono $ 20.000.

I casinò ci forniscono molti esempi di delusioni simili a questa. Un amico punta 1.000 dollari al tavolo della roulette – solo per perderli tutti – poi afferma: "Non ho scommesso 1.000 dollari; Ho vinto tutto prima." Quando gli altri gli chiedono delle sue perdite, risponde: "Ma è la stessa cifra!" e insiste: 'Niente affatto!
"'Non dirmelo!" Lui ride. Trattiamo il denaro che vinciamo, scopriamo o ereditiamo con più disattenzione del denaro guadagnato con il duro lavoro; l'economista Richard Thaler ha definito questo effetto l'effetto della moneta domestica; ci porta a correre rischi maggiori; i vincitori della lotteria spesso si trovano in condizioni peggiori una volta incassate le loro

vincite; in questo senso il vecchio detto – vinci alcuni, perdi alcuni – può solo servire a minimizzare le perdite reali.

Thaler ha diviso i suoi studenti in due gruppi. Uno ha appreso di aver vinto $ 30 e di poter partecipare a un lancio di moneta in cui croce significava $ 9 di rendimento e testa avrebbe comportato perdite di $ 9; 7 studenti su 10 hanno deciso di rischiare e partecipare. Al contrario, un altro gruppo ha scoperto di non aver vinto nulla a prima vista, ma aveva la possibilità di scegliere tra ricevere $ 30 come promesso o impegnarsi in un altro lancio della moneta in cui testa ha vinto $ 21 mentre croce ha fruttato $ 39. Tuttavia, solo il 43% ha scelto una delle due opzioni, anche se entrambe offrivano lo stesso valore atteso: 30 dollari

Gli strateghi di marketing comprendono il potere dell'effetto denaro domestico. I siti di gioco d'azzardo online ti premiano con un credito di $ 100 al momento dell'iscrizione, le società di carte di credito offrono credito di chiamata gratuito quando compilano moduli di domanda, le compagnie aeree regalano miglia quando si iscrivono a club frequent flyer e le compagnie telefoniche forniscono credito di chiamata per aiutare le persone ad abituarsi a effettuare chiamate più frequentemente - tutto grazie a questa sottile strategia conosciuta come effetto denaro domestico! Gran parte della mania dei coupon deriva da questo fenomeno.

Conclusione: fai attenzione quando vinci denaro o ottieni qualcosa gratuitamente da un'azienda. È molto probabile che lo ripagherai con gli interessi per pura esuberanza; quindi è meglio spogliare ogni opulenza di questo denaro apparentemente gratuito, convertirlo in vestiti da operaio, depositarlo sul proprio conto bancario o rimetterlo nella propria azienda il più rapidamente possibile.

Vedi anche: Effetto dotazione, Errore di scarsità e Avversione alle perdite nei capitoli 23-32 per un'ulteriore analisi delle soluzioni che non funzionano (capitoli 23-25 e 32-33)

Il mio amico è un artista; i suoi libri contengono circa 100 pagine ogni sette anni e producono due righe di stampa al giorno - al massimo! Interrogato sulla sua misera produttività, ha risposto: "La ricerca è molto più divertente che scrivere". In quanto tale, si siede alla sua scrivania, navigando in rete per ore o studiando libri oscuri alla ricerca di storie grandiose e dimenticate da scrivere prima di convincersi che non avrebbe avuto senso finché non fosse stato "dell'umore giusto". Sfortunatamente questo accade abbastanza raramente da giustificare la procrastinazione della sua scrittura poiché si è convinto di iniziare solo una volta che il "giusto stato d'animo" si è presentato e ha preso piede - accade raramente!

Un altro amico ha provato quotidianamente negli ultimi dieci anni a smettere di fumare; ogni sigaretta potrebbe essere la sua ultima. Nel frattempo, le mie dichiarazioni dei redditi sono rimaste incompiute sulla mia scrivania da sei mesi; anche se non ho perso la speranza che prima o poi si riempiano.

La procrastinazione è la tendenza a rimandare l'intraprendere azioni che richiedono sacrificio: andare in palestra, cambiare polizze assicurative con polizze più economiche o scrivere lettere di ringraziamento sono solo alcuni esempi di tali attività che potrebbero essere necessarie e le soluzioni non aiuteranno in questi. istanze.

Procrastinare è una follia, dato che nessun compito si completa da solo. Sappiamo che sono utili, quindi perché li rimandiamo a un'altra volta? Perché il tempo passa tra la semina e il raccolto. Il professore di psicologia Roy Baumeister ha dimostrato questa idea attraverso un brillante esperimento. Ha messo gli studenti davanti a un forno pieno di biscotti al cioccolato in fase di cottura, diffondendo nella stanza il loro aroma irresistibilmente fragrante. Quindi mise una ciotola piena di ravanelli vicino al forno e ordinò agli studenti che potevano consumarne quanti volevano senza restrizioni; i cookie tuttavia erano rigorosamente vietati. Li lasciò soli nella stanza per trenta minuti. Agli studenti di un secondo gruppo è stato permesso di rimpinzarsi liberamente di biscotti prima che entrambi i gruppi tentassero un difficile problema di matematica che coinvolgesse i biscotti; quelli a cui era vietato mangiarne qualcuno abbandonavano due volte più velocemente di quelli a cui era consentito il consumo illimitato di biscotti; questo periodo di autocontrollo era passato con successo.
La forza di volontà era esaurita, lasciandoli senza abbastanza energia mentale o forza di volontà per affrontare il compito da svolgere. La forza di volontà agisce come una batteria; una volta esaurite, le sfide future potrebbero rivelarsi insormontabili.

L'autocontrollo non può essere sempre disponibile in ogni momento; ha bisogno di tempo e spazio per il ringiovanimento. Fortunatamente, tutto ciò che serve per raggiungere questo obiettivo è ripristinare lo zucchero nel sangue e rilassarsi: due strategie semplici ma importanti!

Sebbene mangiare abbastanza e fare pause regolari siano componenti essenziali del successo, il prossimo elemento cruciale è usare vari trucchi per rimanere sulla strada giusta. Ciò può comportare l'eliminazione delle distrazioni: ad esempio quando scrivo romanzi spesso disabilito l'accesso a Internet per non essere distratto quando raggiungo una parte complessa della scrittura. Ma la tecnica più potente di tutte è fissare delle scadenze; Lo psicologo Dan Ariely ha scoperto che le autorità esterne, come gli insegnanti o i funzionari dell'IRS, tendono a funzionare meglio. Le scadenze autoimposte funzionano solo se l'attività è stata suddivisa in fasi e ciascuna parte ha ricevuto la propria data di scadenza; da qui questi nebulosi propositi per il nuovo anno destinati al fallimento!

Procrastinare è sia umano che irrazionale; pertanto, per combatterlo efficacemente utilizzare un approccio integrato. La mia vicina è riuscita a scrivere la sua tesi di dottorato in tre mesi utilizzando questa strategia: affittando una piccola stanza senza telefono o connessione Internet e fissando tre date per parte del suo elaborato per ogni scadenza che annunciava a chiunque fosse disposto ad ascoltarla (compresa la stampa delle date sul suo negozio) carte!) Si rifocillava durante l'ora di pranzo o la sera leggendo riviste di moda o dormendo.

Vedi anche: Bias di omissione (cap. 44); Errore di pianificazione (cap. 91); Bias di azione (cap. 43); Sconto iperbolico (cap. 51); Effetto Zeigarnik (cap. 93)

COSTRUISCI IL TUO CASTELLO

Invidia Cosa ti renderebbe più geloso? Ci sono tre scenari di invidia che potrebbero irritarti: A) Quando gli stipendi dei tuoi amici aumentano mentre i tuoi rimangono gli stessi. B) I loro stipendi medi diminuiscono mentre i tuoi diminuiscono. C) I tuoi stipendi medi diminuiscono e viceversa.

Se la tua risposta è stata A, non preoccuparti: è del tutto normale: è solo l'ennesima vittima del mostro dagli occhi verdi!

Ecco una fiaba russa: un contadino trova una lampada magica. Dopo averlo strofinato, dal nulla arriva un genio senza nome, promettendo loro un desiderio. Dopo aver riflettuto per un po' e considerato le sue opzioni, l'agricoltore finalmente decide: il mio vicino ha una mucca; quindi spero che muoia così potrò ereditare la sua.

Per quanto assurdo possa sembrare, probabilmente puoi identificarti con l'agricoltore. Ammettilo: pensieri simili devono averti attraversato la mente ad un certo punto della vita. Considera il tuo collega che guadagna un cospicuo bonus mentre tu ricevi solo un buono regalo: l'invidia può portare ad azioni poco sagge come rifiutarsi di aiutarlo più e addirittura forare le gomme della sua Porsche; rallegrarsi segretamente quando gli si rompe la gamba sciando è un risultato di cui segretamente ti rallegri.

L'invidia si distingue tra tutte le emozioni come quella facile da scrollarsi di dosso, a differenza della rabbia, della tristezza o della paura. Secondo l'analisi di Balzac dell'invidia come vizio - poiché non porta con sé un unico vantaggio - l'invidia può servire solo a uno scopo: l'adulazione sincera; altrimenti è tempo perso.
L'invidia può manifestarsi in molte forme: proprietà, status, salute, talento giovanile, popolarità, bellezza. Poiché le reazioni fisiche di entrambi sono simili, l'invidia può essere facilmente confusa con la gelosia; la differenza sta nell'oggetto (status, denaro, salute, ecc.). Perché si verifichi la gelosia sono necessarie almeno due parti coinvolte mentre l'invidia ne richiede almeno tre (Peter è geloso del fatto che Sam non risponda al telefono mentre la bella ragazza della porta accanto lo chiama invece).

L'invidia spesso può condurci su un percorso malsano rivolgendosi a chi è più simile a noi per età, carriera e residenza. Ma perché proviamo risentimento nei confronti degli uomini d'affari di un altro secolo, delle piante o degli animali che non rappresentano una minaccia o non hanno uno status sociale? In ogni caso, nessuna di queste meritate invidie!
Come scrittore, non invidio i milionari di tutto il mondo; piuttosto quelli della mia città. I musicisti, i manager o i dentisti vengono prima di tutto. Gli amministratori delegati invidiano

altri grandi amministratori delegati; le top model invidiano le top model di maggior successo; come Aristotele lo disse meglio: "I vasai invidiano i vasai".

Supponiamo ad esempio che il tuo successo finanziario ti permetta di trasferirti da uno dei quartieri più difficili di New York all'Upper East Side di Manhattan. All'inizio, questa mossa può sembrare fantastica; gli amici potranno ammirare il tuo appartamento e il tuo indirizzo. Ma subito dopo, ti rendi conto che ci sono appartamenti di proporzioni diverse intorno a te, insieme a nuovi gruppi di pari composti da individui molto più ricchi rispetto al tuo vecchio gruppo di pari, facendo emergere nuovi problemi: invidia e ansia di status tra loro.

Come puoi combattere l'invidia? Innanzitutto, smetti di confrontarti con gli altri. In secondo luogo, trova la tua cerchia di competenza e riempila da solo; ritaglia un'area in cui risplendi, non importa quanto piccola, in modo che tutti sappiano che TU sei il padrone di quel castello.

Come tutte le emozioni, l'invidia affonda le sue radici nell'evoluzione umana. Se l'ominide della grotta accanto prendeva più carne di mammut di quanto fosse giusto per noi perdenti, l'invidia ci motivava a fare qualcosa al riguardo; i cacciatori-raccoglitori negligenti morivano di fame mentre altri banchettavano. Oggi, tuttavia, l'invidia non svolge più un ruolo così fondamentale. Se il mio vicino si compra una Porsche, per me non significa niente di meno!

Quando sento crescere la mia invidia, mia moglie mi ricorda: "Va bene invidiare coloro che aspiri a diventare".

Vedi anche Bias del confronto sociale (cap. 72); Tapis roulant edonico (cap. 46).

Personificazione Per 18 anni ai media americani è stato proibito di mostrare fotografie delle bare dei soldati caduti. Quando il segretario alla Difesa Robert Gates revocò questo divieto nel febbraio 2009, migliaia di immagini si riversarono su Internet. Ufficialmente, i membri della famiglia devono dare l'approvazione prima che qualsiasi cosa possa essere pubblicata; ma in realtà questa regola non può essere applicata in modo efficace. Questa restrizione aveva uno scopo – coprire i veri costi della guerra – camuffando i loro veri numeri come statistiche mentre le persone reali evocano emozioni in tutti noi.

Perché è così? Per millenni, i gruppi sono stati essenziali per la nostra sopravvivenza, quindi negli ultimi 100.000 anni abbiamo sviluppato un'incredibile capacità di leggere la mente degli altri: questo termine scientifico è noto come "teoria della mente". Ecco un esperimento per dimostrarlo: ti vengono dati $ 100 e devi dividerli con qualcuno, valutando il tuo suggerimento se lui/lei accetta la tua offerta, il denaro viene diviso di conseguenza o restituito - se l'altra persona non è d'accordo, devi restituire tutto senza ottenere nulla in cambio: come andrà a finire?

A prima vista avrebbe senso dare molto poco a uno sconosciuto sconosciuto, ad esempio solo $ 1, perché qualsiasi cosa sarebbe meglio di niente. Eppure gli economisti che hanno condotto esperimenti utilizzando i giochi dell'ultimatum (il termine tecnico) hanno osservato che i soggetti si comportavano in modo abbastanza diverso durante la partecipazione. Offrirebbero tra il 30% e il 50%, qualunque cosa al di sotto della quale fosse considerata ingiusta: un esempio della nostra empatia verso un altro essere umano. Il gioco dell'ultimatum può servire ad aprire gli occhi su come le nostre percezioni differiscono a seconda di chi guarda fuori.

Tuttavia, con una piccola modifica è possibile diminuire significativamente questa sensazione: spostare i giocatori in stanze separate. Quando le persone non possono più vedere o non hanno mai incontrato le loro controparti – o non le hanno mai conosciute – simulare i propri sentimenti diventa molto più difficile; alla fine diventano del tutto un'astrazione e la loro quota scende in media al di sotto del 20%.

Paul Slovic ha condotto un altro esperimento sollecitando donazioni. Un gruppo ha visto una foto di Rokia del Malawi - una bambina denutrita che vive di beneficenza - prima che gli fosse mostrata la sua foto e gli fosse stato mostrato quanti soldi avrebbero aiutato. Dopo aver mostrato le statistiche sulla carestia in Malawi, le persone di un gruppo hanno donato in media 2,83 dollari sui 5 ricevuti per completare un breve sondaggio; dopo che sono state mostrate le statistiche che dettagliavano più di tre milioni di bambini malnutriti colpiti, la media delle donazioni è diminuita del 50%; questo sembrava controintuitivo in quanto si potrebbe pensare che la generosità delle persone sarebbe aumentata con la conoscenza della sua portata; purtroppo non sembra essere così; sono le persone, non le statistiche, a guidare le nostre azioni!

Le organizzazioni dei media hanno da tempo riconosciuto che noiosi resoconti basati sui fatti e grafici a barre non attirano i lettori; di conseguenza, la loro linea guida per raccontare storie è stata a lungo quella di dare a ogni evento una "immagine". Quando si parla di un'azienda o di uno stato menzionato nelle notizie, ad esempio, di solito appare accanto a esso un'immagine del suo amministratore delegato (che sorride o fa una smorfia a seconda della domanda del mercato), con i presidenti o i governatori degli stati che diventano icone all'interno di queste storie; quando qualcosa come un terremoto colpisce, le sue vittime diventano il volto di tutto.

Questa ossessione spiega il successo di una delle grandi invenzioni della cultura: il romanzo. Questa "killer app" letteraria proietta conflitti individuali e interpersonali sui destini individuali. Invece di un accademico che scrive una dissertazione esaustiva sulla tortura psicologica nel New England puritano, leggiamo ancora La lettera scarlatta di Hawthorne; allo stesso modo per La Grande Depressione? Sebbene le sue statistiche possano sembrare lontane alla maggior parte di noi, come sperimentato attraverso L'uva dell'ira di Steinbeck, rimane vivido nella memoria.

Conclusione: fai attenzione quando incontri storie umane. Informati sui loro fatti e sulla distribuzione statistica in modo da poter contestualizzare meglio la loro narrativa. Se desideri commuovere o motivare le persone per i tuoi fini, tuttavia, assicurati che il tuo racconto includa nomi e volti poiché ciò renderà la narrazione più potente.

Vedi anche Story Bias (cap. 13); Notizie Illusion (cap. 99); Collegamento Bias (cap. 22)

Dopo forti piogge nel sud dell'Inghilterra, un fiume straripò dalle sponde. La polizia ha chiuso e deviato il traffico al suo incrocio per due settimane, eppure almeno una volta al giorno almeno un'auto ha oltrepassato i segnali di pericolo ed è finita nell'acqua che scorreva veloce, completamente ignara di ciò che si trovava direttamente davanti a loro.

Gli psicologi di Harvard Daniel Simons e Christopher Chabris hanno condotto un esperimento in cui due squadre di studenti si passavano una palla da basket avanti e indietro tra squadre che indossavano magliette bianche o nere: i neri che indossavano magliette nere erano più efficienti nel passare la palla rispetto alle loro controparti in maglietta nera. facendoli passare all'indietro. Questo breve clip noto come "The Monkey Business Illusion" può essere visto online (guardalo prima di leggere altro!). Dai un'occhiata qui prima di leggere oltre!) Agli spettatori viene chiesto di contare la frequenza con cui i giocatori in maglietta bianca si passano la palla in mezzo entrambe le squadre mentre si intrecciano attraverso cerchi che si intrecciano dentro e fuori e passano avanti e indietro. Ad un certo punto del video, è accaduto qualcosa di inaspettato: uno studente vestito da gorilla è entrato all'improvviso e ha iniziato a battersi il petto prima di andarsene di nuovo rapidamente. fine se notate qualcosa di insolito; la metà degli spettatori ha risposto incredula che si fosse verificato qualche comportamento strano; non riuscivano a comprendere una presenza del genere - sicuramente non c'è nessun gorilla qui?

Il Monkey Business Test è uno degli esperimenti più noti della psicologia e mette in luce quella che gli psicologi chiamano illusione dell'attenzione: pensiamo di notare tutto ciò che accade intorno a noi quando in realtà tendiamo a notare solo ciò su cui ci stiamo concentrando - ecco, il passaggi effettuati dal Team Bianco; le interruzioni senza preavviso possono essere grandi e vistose quanto quelle di un gorilla!

A volte telefonare mentre si guida può mettere a rischio la nostra percezione dell'attenzione. Nella maggior parte dei casi ciò non presenta alcun problema; effettuare chiamate generalmente non ha alcun impatto negativo sulle attività di guida come rimanere all'interno della corsia e azionare i freni quando necessario. Ma una volta che accade qualcosa di inaspettato, come un bambino che attraversa la strada, la tua attenzione diventa troppo ridotta per reagire in modo appropriato in tempo; gli studi dimostrano che questo è vero sia per i telefoni cellulari che per l'alcol.
Non importa come tieni o usi il telefono, il suo impatto sul tempo di risposta a eventi imprevisti rimane limitato.

Riconosci la frase "L'elefante nella stanza?" Questo si riferisce ad un argomento ovvio che nessuno vuole discutere; un tabù inespresso. Potremmo invece definire "Il gorilla nella stanza" come: un tema di cui bisogna parlare subito, ma che viene trascurato o trascurato perché nessuno lo sa.

Swissair era una compagnia aerea così concentrata sull'espansione che ignorò la sua liquidità in rapida diminuzione, portandola alla bancarotta nel 2001 e nel 2002. Oppure consideriamo la cattiva gestione all'interno delle nazioni del blocco orientale che portò alla loro separazione, portando alla caduta del Muro di Berlino e ai rischi sui libri contabili delle banche che a nessuno importava molto prima del 2007. Questi esempi ci mostrano quanto spesso i gorilla vagano tra noi senza che ce ne rendiamo conto.

Non tutti gli eventi straordinari ci sfuggono; piuttosto, ciò che non riusciamo a notare resta inascoltato e non viene visto da noi; lasciandoci così inconsapevoli di eventuali elementi significativi che stiamo trascurando e dando origine alla falsa convinzione che tutto ciò che è importante venga osservato da noi.

Di tanto in tanto, liberati dall'illusione dell'attenzione. Pensa a tutti gli scenari possibili e apparentemente improbabili: potrebbero verificarsi eventi inaspettati di cui nessuno parla; i problemi nascosti che nessuno affronta non vengono affrontati; vigilare tanto sul silenzio quanto sul rumore; controllare le aree periferiche invece che solo quelle centrali; anticipare qualcosa di insolito ma enorme: essere enormi non garantisce di essere notati; bisogna aspettarsi che appaia anche qualcosa di insolito!

Vedi anche: Effetto positivo (cap. 95); Bias di conferma (capitoli 7-8), bias di disponibilità (capitolo 11) ed effetti di primazia e di recency (capitolo 73)

Immagina di candidarti per il lavoro dei tuoi sogni: perfezioni il tuo curriculum finché non brilla, brilla durante un colloquio ed evidenzia tutti i tuoi risultati e abilità minimizzando eventuali debolezze o battute d'arresto. Quando ti chiedono se potresti aumentare le vendite del 30% riducendo i costi del 30%, la tua risposta dovrebbe essere: "Consideralo fatto." Indipendentemente da qualsiasi preoccupazione dentro di te su come ciò potrebbe accadere, concentrati prima su come impressionare gli intervistatori; i dettagli verranno segui più tardi; qualsiasi tentativo di fornire risposte non di fantasia potrebbe potenzialmente metterti fuori dai giochi e, in ultima analisi, risultare nella squalificazione da ulteriori considerazioni da parte degli intervistatori; fornisci risposte anche semi-realistiche che potrebbero metterti fuori considerazione, non importa quanto suonino bene in cambio.

Immagina di essere un giornalista con un'idea eccezionale per un libro di cui tutti parlano. Dopo aver trovato un editore interessato disposto a pagare un anticipo, chiede quando potrà aspettarsi il manoscritto (può essere pronto in sei mesi?) Tu balbetti: 'Hmm... Non ne ho idea. Quanto tempo ci ho messo l'ultima volta?" Tu rispondi: "Consideralo fatto". Una volta firmato il contratto e ricevuto il denaro sul tuo conto bancario, c'è sempre tempo per altri progetti e per scrivere storie!

Travisamento strategico è il termine ufficiale per tale comportamento: quanto più alta è la posta in gioco, tanto più esagerate dovrebbero diventare le vostre affermazioni. Sebbene la falsa dichiarazione strategica non funzioni ovunque - ad esempio se un oculista promette cinque volte consecutive di darti una visione perfetta solo per fornire risultati peggiori di prima dopo ogni procedura, alla fine potresti smettere di credere del tutto alle sue promesse - la falsa dichiarazione strategica potrebbe comunque rivelarsi preziosi quando si tentano sforzi una tantum, come i colloqui (dove un'azienda non ti assumerà più di una volta!). Tuttavia non dovrebbe funzionare neanche qui; invece potrebbe funzionare di fronte a tentativi unici o tentativi unici che comportano tentativi unici, cosa che un oculista non farebbe.

I megaprogetti sono particolarmente suscettibili a false dichiarazioni quando la loro responsabilità è diffusa, ad esempio quando il governo che li ha originariamente finanziati non ha più il potere, molte aziende partecipano e spesso puntano il dito, o la data di fine è a qualche anno di distanza.
Bent Flyvbjerg di Oxford conosce approfonditamente i progetti su larga scala. I superamenti dei costi e dei tempi sono comuni perché le offerte vincenti non sempre riflettono l'eccellenza complessiva; piuttosto, si tratta di ciò che appare migliore sulla carta – qualcosa che Flyvbjerg chiama "darwinismo inverso": quello che produce più aria calda di solito vince. La falsa dichiarazione strategica è semplicemente una pratica ingannevole? Non

necessariamente; proprio come le donne truccate sono ingannevoli, mentre gli uomini noleggiano una Porsche per dimostrare le proprie capacità finanziarie è ingannevole - ingannevole ma socialmente accettabile, quindi non ce ne arrabbiamo - lo stesso vale per le pratiche di travisamento utilizzate quando le donne si truccano o gli uomini noleggiano una Porsche per mostrare l'abilità finanziaria è oggettivamente ingannata ma socialmente accettabile, quindi non ne siamo turbati neanche noi! Lo stesso vale per gli schemi strategici di falsa dichiarazione utilizzati durante le negoziazioni, anche se solo una parte è a conoscenza delle tattiche di falsa dichiarazione utilizzate contro un'altra parte ma può farla franca se viene travisata durante le negoziazioni; lo stesso conta se applicato strategicamente la falsa dichiarazione può farla franca diventando poco raccomandabile se applicata in termini di inganno anche se applicata strategicamente - come gli uomini che noleggiano Porsche come segnale di abilità finanziaria per segnalare abilità finanziaria stanno semplicemente mentendo a questo riguardo liamousness ma non arrabbiarti per socialmente accettabili in modo da non preoccuparci di una falsa rappresentazione strategica. Lo stesso vale per le false dichiarazioni strategiche usate contro di loro, entrambe usate in modo ingannevole contro l'uno o l'altro rispetto a quanto previsto o trattate in modo diverso a seconda. Lo stesso con travisato quando usato quando travisato lither.

Non sempre la falsa rappresentazione strategica può avere gravi ripercussioni; tuttavia, quando si tratta di questioni che contano davvero, come la salute o i futuri dipendenti, sii cauto. Quando si ha a che fare con le persone (siano essi candidati alla carica, autori o oftalmologi), non fare affidamento su ciò che affermano; guarda invece le loro prestazioni passate. Quando si ha a che fare con progetti (siano essi progetti simili o nuove proposte che sembrano irrealisticamente ottimistiche). Diffidare di coloro che sembrano irrealisticamente ottimisti; chiedere a un contabile di esaminare attentamente i piani; aggiungere una clausola nei contratti che preveda sanzioni qualora si verificassero; e trasferire questo denaro direttamente in un conto di deposito a garanzia per salvaguardare il suo conto di deposito a garanzia come misura aggiuntiva contro il superamento dei costi.

Vedi anche Effetto Eccesso di Sicurezza (cap. 15) per i dettagli e dove si trova l'interruttore di spegnimento.

TROPPI PENSIERI

C'era una volta un millepiedi intelligente che sedeva pigramente accanto al bordo di un tavolo quando notò un delizioso granello di zucchero dall'altra parte della stanza. Valutò rapidamente le sue opzioni: su quale gamba del tavolo avrebbe dovuto salire o scendere per prima? Successivamente doveva determinare chi avrebbe dovuto fare il primo passo e in quale ordine. Poiché era esperto in matematica, effettuò tutti i calcoli necessari e scelse una strada tra tutte le altre prima di compiere finalmente il passo iniziale. Sfortunatamente, però, i suoi calcoli e la sua contemplazione lo fecero rimanere impigliato a mezz'aria, cosa che lo fece fermare di colpo prima che si potessero ottenere ulteriori progressi; in effetti lo fece morire di fame e alla fine lo fece morire di fame prima ancora che si potessero raggiungere progressi e lo fece morire di fame prima ancora di avvicinarsi o avanzare nella vita quanto mai immaginato prima e morì di fame a causa del pensiero eccessivo.

Al torneo di golf British Open del 1999, il golfista francese Jean Van de Velde ha giocato in modo impeccabile fino alla buca finale, dove ha condotto con tre colpi. Anche con quel vantaggio di tre tiri poteva comodamente permettersi due tiri sopra la media senza fallire; entrare nei grandi campionati a pochi istanti di distanza! Quando Van de Velde entrò in campo, sulla sua fronte iniziarono a formarsi gocce di sudore. Il suo primo tiro finì per volare tra i cespugli a venti piedi dal bersaglio e rese Van de Velde sempre più nervoso per i tiri successivi che servirono solo ad aumentare questa sensazione di ansia. Van de Velde ha colpito la palla nell'erba alta fino alle ginocchia prima di lasciarla cadere in acqua, togliendosi le scarpe per attraversarla. Per un momento pensò di sparare dallo stagno; alla fine però ha deciso di tirare un rigore nella sabbia; dopo averci sparato sette volte, finalmente si è fatto strada sul green e nella sua buca; Van de Velde perse il British Open ma si assicurò un posto nella storia dello sport grazie a questa ormai famosa prestazione del triplo spauracchio.

Consumer Reports ha condotto un esperimento di degustazione con assaggiatori esperti negli anni '80, coinvolgendo 45 varietà di gelatina di fragole. Successivamente, i professori di psicologia Timothy Wilson e Jonathan Schooler hanno condotto test simili utilizzando studenti dell'Università di Washington; sono emersi risultati simili, con esperti e studenti che preferiscono gusti simili di gelatina. Ma Wilson è andato oltre: ha condotto un altro test con un altro gruppo di studenti che preferivano soluzioni diverse rispetto a prima, solo che questa volta hanno scelto opzioni completamente diverse!
Nel primo gruppo, i partecipanti hanno compilato un lungo questionario giustificando dettagliatamente le loro valutazioni e stilando classifiche completamente sbilanciate, con alcune delle varietà più pregiate in fondo.

Fondamentalmente, pensare troppo impedisce l'accesso alla saggezza delle proprie emozioni. Sebbene questa affermazione possa sembrare insolita da parte di qualcuno come me che si sforza di eliminare l'irrazionalità dai miei processi mentali, le emozioni si formano proprio come pensieri razionali cristallini; le emozioni rappresentano semplicemente una forma diversa di elaborazione delle informazioni che può fornire consigli più saggi rispetto a quelli razionali.

Ciò porta a una domanda importante: quando bisogna ascoltare la propria testa o il proprio istinto? La regola pratica potrebbe includere questa: quando si tratta di attività come le abilità motorie (millepiedi, Van de Velde o imparare uno strumento musicale) e di domande che hai affrontato molte volte in precedenza (come il "circolo delle competenze" di Warren Buffett), è meglio non analizzare troppo da vicino. Il processo decisionale deliberativo mina le tue capacità intuitive di affrontare i problemi. Proprio come ai tempi dell'età della pietra, quando si prendevano decisioni legate al cibo e all'amicizia, le cosiddette euristiche erano superiori al pensiero razionale. Tuttavia, con questioni complesse come le decisioni di investimento che richiedono una seria riflessione, l'evoluzione non ci ha attrezzato per tali considerazioni, quindi la logica supera sempre l'intuizione.

Vedi anche Bias d'azione (cap. 43); Bias informativo (cap. 59)

PERCHÉ TI ASSUMI TROPPO DEBITO (Capitolo 91).

ERRORE DI PIANIFICAZIONE

Ogni mattina, quando crei la tua lista di cose da fare, riesci spesso a spuntare tutto alla fine di ogni giornata? Quanto spesso accade questo per la maggior parte delle persone? La maggior parte può raggiungere questo stato solo una volta ogni pochi mesi. In poche parole, ti impegni troppo. I tuoi piani sono irrealisticamente ambiziosi - qualcosa che ti verrebbe perdonato se fosse la prima volta che compili liste di cose da fare, ma questo comportamento è diventato parte della tua routine nel tempo. Pertanto, conosci profondamente le tue capacità ed è improbabile che le sopravvaluti quotidianamente. Non c'è niente da ridere: in altri ambiti della vita impariamo dall'esperienza - perché non ce n'è una quando si tratta di pianificazione? Anche se la maggior parte dei tuoi sforzi precedenti erano troppo ottimistici per la realtà di oggi. Daniel Kahneman definisce questo fenomeno "errore di pianificazione".

Roger Buehler e il suo gruppo di ricerca hanno chiesto alla classe dell'ultimo anno, guidata dallo psicologo canadese Roger Buehler, di identificare due date di presentazione: una era realistica mentre la seconda rifletteva un'improbabile data di scenario peggiore. Solo il 30% ha rispettato le scadenze realistiche mentre in genere ha avuto bisogno del 50% di tempo in più rispetto a quanto inizialmente previsto e di sette giorni in più rispetto a quanto previsto per le date di presentazione fissate negli scenari peggiori.

L'errore di pianificazione è particolarmente evidente quando le persone collaborano, sia nel mondo degli affari, della scienza o della politica. I gruppi tendono a sovrastimare la durata e i benefici, sottovalutando sistematicamente costi e rischi. Un ottimo esempio è la Sydney Opera House, progettata nel 1957 con completamento previsto nel 1963 con un costo iniziale stimato di 7 milioni di dollari, ma alla fine aperta al pubblico a 102 milioni di dollari; 14 volte superiore al previsto!

Perché non sembriamo pianificatori naturali? Ci possono essere due ragioni per le nostre capacità di pianificazione inefficaci. Uno è un pio desiderio: puntiamo al successo in tutto ciò che intraprendiamo. Due: troppo spesso ci concentriamo troppo intensamente sul nostro progetto trascurando influenze esterne come eventi imprevisti che si presentano inaspettatamente (questo potrebbe accadere anche con gli orari giornalieri, ad esempio tua figlia vuole qualcosa) che poi ci portano lungo un percorso imprevedibile; o troppa poca attenzione data a questi eventi a causa di una concentrazione troppo ristretta su di essi (questo potrebbe applicarsi anche qui - durante la pianificazione).
Il tuo cane ingoia una lisca di pesce. La batteria della tua auto si scarica inaspettatamente. Sulla tua scrivania appare un'offerta per una casa che necessita di essere esaminata urgentemente: di conseguenza i piani vanno male! La preparazione passo passo potrebbe

essere una soluzione? NO; La preparazione passo dopo passo non fa altro che amplificare gli errori di pianificazione restringendo ulteriormente il focus, diminuendo così la tua capacità di anticipare le sorprese nella vita.

Quindi cosa dovresti fare? Sposta la tua attenzione dalle cose interne, come il tuo progetto, a quelle esterne, come progetti simili. Rivedere il tasso di base e valutare gli sforzi passati. Se iniziative simili durassero tre anni e consumassero 5 milioni di dollari, probabilmente ciò varrà anche per il tuo progetto, non importa quanto attentamente pianificato. Pertanto, prima di prendere qualsiasi decisione ad essa correlata, è fondamentale che venga eseguita una sessione "pre-mortem" (che letteralmente significa "prima della morte") prima di prendere queste importanti scelte. Gary Klein suggerisce di tenere questo breve discorso a qualsiasi squadra riunita: "Immaginate che sia passato un anno e che tutto sia andato secondo i piani ma al suo posto si sia verificato un disastro - prendetevi cinque o dieci minuti per scrivere di questa catastrofe - le storie vi mostreranno come le cose potrebbero svilupparsi."

Vedi anche Procrastinazione (cap. 85); Illusione previsionale (cap. 40); Effetto Zeigarnik (cap. 93); Pensiero di gruppo (cap. 25) per saperne di più.

I MARTELLI WILDERING VEDONO SOLO CHIODI

SISTEMA DI DEFORMAZIONE PROFESSIONALE

Un individuo chiede un prestito e avvia la propria azienda solo per dichiarare fallimento poco dopo.

Soffre di depressione e poi si suicida.

Stai leggendo questa storia come analista aziendale? Pertanto, come parte del tuo lavoro dovresti tentare di valutare perché questa idea non ha avuto successo: era un leader inefficace, la strategia sbagliata, il mercato troppo piccolo o la concorrenza troppo agguerrita? Come operatore di marketing, potresti presumere che le campagne fossero mal organizzate o che non siano riusciti a raggiungere il pubblico previsto. Gli esperti finanziari potrebbero chiedersi se il prestito sia lo strumento finanziario appropriato; i giornalisti locali vedono un'opportunità in questa storia: che fortuna che si sia tolto la vita! Come scrittore, potresti riflettere su come un incidente potrebbe diventare un'antica tragedia greca. I banchieri potrebbero sospettare che si sia verificato un errore nel reparto prestiti. I socialisti tendono a dare la colpa al fallimento del capitalismo; i conservatori religiosi potrebbero vedere questo evento come una punizione divina o gli psichiatri riconoscerebbero bassi livelli di serotonina. Quindi quale punto di vista dovrebbe prevalere?

Nessuno. Mark Twain una volta osservò: "Se tutti i tuoi strumenti fossero martelli, tutti i tuoi problemi sarebbero chiodi". Charlie Munger, socio in affari di Warren Buffett e autore di The Snowball Effect, fece notare a Charlie Munger il seguente effetto dell'utilizzo di un solo modello: 'Ma questo può essere un modo del tutto disastroso di pensare e operare nel mondo; pertanto più modelli devono provenire da campi diversi poiché non tutta la saggezza si trova all'interno di un singolo dipartimento accademico'

Ecco alcuni esempi di deformazione professionale: i chirurghi cercano di risolvere ogni problema medico con la chirurgia; gli eserciti tendono a favorire prima le soluzioni militari; gli ingegneri sono specializzati in lavori strutturali; i guru delle tendenze spesso fanno previsioni assurde - in breve: quando viene chiesto su un problema, la maggior parte delle risposte si riferisce solitamente a una delle loro aree di competenza.

Perché i sarti non dovrebbero praticare la sartoria come meglio sanno? La deformazione professionale si verifica quando le persone applicano i loro processi specializzati in aree in cui non dovrebbero. Senza dubbio l'hai visto accadere tu stesso?

Gli insegnanti rimproverano gli amici come se fossero studenti. Neomamme che trattano i mariti come figli. Oppure prendi i fogli di calcolo Excel: li usiamo anche quando il loro utilizzo non ha alcun senso, ad esempio quando facciamo proiezioni finanziarie per le startup o confrontiamo potenziali amanti che abbiamo trovato tramite siti di incontri: potrebbero benissimo essere una delle invenzioni più pericolose dai tempi dei computer .

Anche all'interno dei propri ambiti, i revisori letterari tendono ad abusare del martello. I revisori sono addestrati a rilevare riferimenti, simboli e messaggi nascosti all'interno dei libri; essendo io stesso un romanziere, trovo questa pratica irritante poiché i revisori evocano tali dispositivi dove non esistono. Non diversamente da quanto fanno i giornalisti economici, che vagliano anche i commenti minori fatti dai governatori delle banche centrali alla ricerca di qualsiasi accenno a cambiamenti di politica fiscale attraverso l'analisi delle parole da loro pronunciate ad alta voce.

Conclusione: quando si consulta un esperto, non aspettarsi una soluzione complessivamente migliore; si aspettano piuttosto un approccio che possa essere risolto utilizzando la loro cassetta degli attrezzi. Ricorda che le nostre menti non sono computer centralizzati ma contengono invece molteplici strumenti specializzati che potrebbero dover essere utilizzati in vari punti del loro viaggio. Sfortunatamente i nostri "coltellini" sono incompleti. Grazie alle esperienze di vita e alla competenza professionale, possediamo già alcune lame. Ma per affinare ulteriormente le nostre competenze, è necessario aggiungere due o tre strumenti - modelli mentali che non rientrano nella nostra area di competenza - nella nostra cassetta degli attrezzi. Negli ultimi anni ho adottato una prospettiva biologica sulla vita e ho acquisito nuove conoscenze sui sistemi complessi. Fai il punto sulle tue carenze e cerca conoscenze e metodologie adeguate per affrontarle; farlo richiede circa un anno di impegno, ma darà i suoi frutti: il tuo coltellino diventerà più grande e più versatile, la tua mente più acuta!

Vedi anche La follia del volontario (cap. 65); Dipendenza dal dominio (cap. 76) e errore del giocatore d'azzardo (cap. 29)

MISSIONE COMPIUTA

Effetto Zeigarnik

Berlino, 1927: diversi studenti universitari e professori visitano un ristorante dove il cameriere prende un ordine dopo l'altro senza alcuna documentazione scritta, preoccupandoli che possa sicuramente accadere qualcosa di brutto. Tuttavia, dopo solo una breve attesa, tutti i commensali hanno ricevuto esattamente ciò che avevano richiesto. Fuori, per strada, dopo cena, però, la studentessa di psicologia russa Bluma Zeigarnik si è accorta di aver dimenticato la sciarpa al ristorante. Di ritorno al ristorante, incontra il cameriere famoso per la sua incredibile memoria e gli chiede se l'ha visto. Tuttavia, rimane all'oscuro di lei o di dove si fosse seduta; al che lei risponde indignata chiedendogli come sia stato possibile dimenticare chi o dove erano seduti quando la sua memoria è così incredibile! "Come hai potuto dimenticarmi?" chiede lei, incredula della sua inconsapevolezza. La sua risposta: "Tengo ogni ordine in testa finché non viene servito" risponde seccamente: "Tengo ogni ordine in testa finché non viene servito" ha risposto seccamente: "Tengo ogni ordine fino al servizio" "Il cameriere ha risposto seccamente: "Tengo ogni ordine nella mia testa fino al servizio" e non ricordava nemmeno i miei ordini precedenti" (c).

Zeigarnik e Kurt Lewin hanno studiato questo comportamento misterioso e hanno concluso che le persone generalmente funzionano come camerieri: non dimentichiamo mai i compiti non finiti; tormentano la nostra coscienza finché non prestiamo loro attenzione; una volta completati, tuttavia, questi elementi scompaiono del tutto dalla memoria.

I ricercatori ora si riferiscono a questo fenomeno come all'effetto Zeigarnik. La sua indagine, tuttavia, ha portato alla luce alcuni casi insoliti: ad esempio alcune persone sono rimaste completamente rilassate nonostante avessero in corso più progetti. Roy Baumeister e il suo gruppo di ricerca presso la Florida State University hanno recentemente fatto luce su questo fenomeno. Ha diviso gli studenti prossimi a sostenere gli esami finali in tre gruppi; Il Gruppo 1 era costituito da feste tenutesi durante questo semestre, mentre i Gruppi 2-4 si concentravano sugli esami formali. Il gruppo 2 doveva concentrarsi sull'esame imminente mentre il gruppo 3 doveva creare un piano di studi dettagliato. Baumeister ha poi chiesto agli studenti dei gruppi 2, 3 e 4 di completare le parole sotto pressione: alcuni hanno visto "Panico", altri hanno pensato a "Party" o Parigi. Questo esercizio si è rivelato estremamente istruttivo; il gruppo 1 sembrava rilassato nel sostenere l'esame mentre quelli i gruppi 2 non riuscivano a pensare ad altro, ma quello che più ha risaltato è stato il gruppo 3, dove i risultati sono stati davvero sorprendenti!
Sebbene questi studenti dovessero concentrarsi su un esame imminente, le loro menti rimanevano rilassate e libere dall'ansia. Esperimenti successivi hanno verificato questa osservazione: i compiti in sospeso tendono a tormentarci solo finché non abbiamo un piano organizzato su come affrontarli; Zeigarnik credeva erroneamente che il completamento dei

compiti sarebbe stato sufficiente a questo riguardo; dovrebbe invece essere sufficiente un approccio strategico.

Il libro più venduto di David Allen Getting Things Done (GTD) proclama che il suo obiettivo è quello di avere una mente limpida come l'acqua. Per raggiungere questo obiettivo, non è necessaria una vita in perfetto ordine, ma è necessario creare un piano d'azione per affrontare i problemi non pianificati della vita e annotarli in attività passo dopo passo: solo allora la tua mente potrà trovare la tranquillità. La deliberazione nella pianificazione è fondamentale; obiettivi vaghi come "organizzare la festa di compleanno di mia moglie" o "trovare un nuovo lavoro" non possono fornire sollievo; Allen costringe i suoi clienti a suddividere questi progetti in venti-cinquanta compiti individuali prima di iniziare tali progetti, se possibile, per garantire il successo e raggiungere la pace dei sensi. mente.

La raccomandazione di Allen può essere in contrasto con l'errore di pianificazione (capitolo 91): una pianificazione dettagliata può farci trascurare fattori esterni che possono far deragliare i progetti, ma qui sta la chiave: per tranquillità optare per l'approccio di Allen mentre per stime più accurate sui costi , vantaggi, durata e altri aspetti del progetto cercano progetti simili invece di creare un piano dettagliato. Oppure fai entrambe le cose!

Tuttavia, non hai bisogno di alcun gadget high-tech per raggiungere questo obiettivo: tieni semplicemente un blocco note accanto al tuo letto e usalo quando non riesci a dormire per annotare le attività in sospeso e come le affronterai: questo dovrebbe aiutare a silenziare la mente interiore. voci che continuano a gridare: "vuoi Dio ma non hai più cibo per gatti", come ha detto Allen - il suo consiglio rimane valido anche se hai già trovato Dio o non possiedi animali domestici!

Vedi anche Procrastinazione (cap. 85); Fallacia della pianificazione (cap. 91) per ulteriori considerazioni.

Perché ci sono così pochi imprenditori seriali

Perché sembrano esserci così pochi imprenditori seriali, cioè uomini d'affari che avviano più aziende redditizie consecutivamente? Certo, Steve Jobs e Richard Branson esistono, ma rappresentano una piccola minoranza. Gli imprenditori seriali rappresentano meno dell'1% di tutti i fondatori di startup. Ma questi imprenditori seriali si ritirano tutti su yacht privati dopo aver avuto successo, come ha fatto il co-fondatore di Microsoft Paul Allen? Non c'è modo. I veri uomini d'affari possiedono troppa energia per sedersi semplicemente su una sedia a sdraio per ore e ore. Forse ciò è dovuto al fatto che non vogliono mollare la presa e coccolare le loro aziende fino al compimento dei 65 anni, anche se la maggior parte dei fondatori vende le proprie azioni entro 10 anni dalla fondazione della propria azienda. Si potrebbe pensare che persone dotate di talento, di un'ampia rete personale e di solide credenziali siano in grado di fondare numerose altre start-up, ma molte non ci riescono. Perché si fermano? Non si fermarono; semplicemente non sono riusciti a farlo con successo. La fortuna gioca un ruolo più importante dell'abilità quando si tratta di successo aziendale, di cui a nessun uomo d'affari piace sentire parlare. Ricordo di essermi sentito a disagio quando ho appreso per la prima volta di questa idea; il mio pensiero immediato è stato: "Il mio successo è stato solo casuale?". All'inizio può sembrare offensivo che la fortuna abbia giocato un ruolo così importante.

Adottiamo un approccio onesto e realistico al successo aziendale. Quanto dipende dal duro lavoro e dal talento distinto contro la fortuna? Sfortunatamente, questa domanda può facilmente portare a percezioni errate; Anche se il talento gioca un ruolo essenziale nella storia di successo di qualsiasi azienda, il duro lavoro non può ottenere risultati da solo. Sfortunatamente, né le competenze né il duro lavoro da soli sono sufficienti per raggiungere il successo; entrambi gli elementi sono fattori necessari, ma non sufficienti. Come possiamo saperlo? Esiste un test semplice e diretto: quando qualcuno gode di un successo a lungo termine rispetto a colleghi meno qualificati, il talento diventa fondamentale. Purtroppo questo non vale per i fondatori di imprese; altrimenti gli imprenditori di maggior successo continuerebbero a lanciare più startup dopo aver raggiunto il successo iniziale.

Che ruolo giocano i leader aziendali nel successo di un'azienda? I ricercatori hanno identificato i tratti associati all'essere un forte amministratore delegato: procedure di gestione e precedente brillantezza strategica come esempi.
I ricercatori hanno poi misurato la correlazione tra i comportamenti dei CEO, da un lato, e la crescita del valore dell'azienda durante il loro mandato, dall'altro. La loro conclusione: se si confrontano due aziende in modo casuale, nel 60% dei casi il CEO più forte guida l'azienda più potente. Kahneman ha scoperto che nel 40% dei casi gli amministratori delegati più

deboli guidavano aziende più forti; ciò rappresentava solo 10 punti percentuali in più rispetto all'assenza di qualsiasi relazione. Ha concluso notando come le persone in genere non acquistano con entusiasmo libri scritti su leader aziendali che sono solo leggermente migliori della media; perfino Warren Buffett non vede alcun senso nell'elevare determinati amministratori delegati; la sua opinione? '[?...?] Un buon record manageriale dipende più da quale barca si imbarca che dall'efficacia con cui la si governa'

Alcune aree non si basano affatto sull'abilità. Kahneman ha descritto nel suo libro Thinking, Fast and Slow la sua visita a una società di gestione patrimoniale che gli ha inviato un foglio di calcolo con le prestazioni di ciascun consulente in otto anni come parte del briefing per lui. In base a questi dati, Kahneman ha assegnato a ciascun gruppo una classifica: 1, 2, 3 ecc. in ordine decrescente. Calcolò rapidamente la loro relazione attraverso le classifiche degli anni. Ha poi calcolato la correlazione delle classifiche dall'anno 1 all'anno 8, con i consulenti che occasionalmente si trovavano alle due estremità. Si è rivelato essere puro caso casuale; a volte apparivano addirittura più vicini alla cima che a volte al fondo. La performance dei consulenti era indipendente dagli anni precedenti o successivi: la correlazione era zero! Eppure questi consulenti hanno ricevuto dei bonus per i loro risultati. In altre parole, l'azienda premiava la fortuna rispetto all'abilità.

Conclusione: alcune professioni fanno molto affidamento sull'uso delle proprie capacità da parte delle persone, come piloti, idraulici e avvocati. Altre aree richiedono competenze ma non sono fondamentali, come imprenditori e leader. E a volte il caso decide tutto, come nei mercati finanziari; qui l'illusione dell'abilità può regnare sovrana. Quindi mostra rispetto agli idraulici mentre ti diverti con i giullari finanziari di successo!
Vedi anche La fortuna del principiante (cap. 49); Bias di sopravvivenza (cap. 1), Bias di autorità (cap. 9), Effetto di eccessiva fiducia, Illusione di controllo e Bias di risultato nei capitoli successivi (20 e 21 rispettivamente.

A prima vista la serie A appare abbastanza semplice. Tutti i suoi numeri hanno qualcosa in comune: 394, 411, 054, 646 sono collegati da quattro caratteristiche, il che rende questa serie relativamente semplice da risolvere. Poi arriva la serie B; tutti i suoi numeri utilizzano sei funzioni ad un certo punto. Cosa puoi imparare da questo? L'assenza può spesso essere più difficile da rilevare della presenza; tendiamo a dare maggiore importanza alle cose che esistono piuttosto che a quelle che non esistono.

La settimana scorsa, mentre ero fuori a fare una passeggiata, mi sono reso conto che non mi faceva male niente. Ciò è stato abbastanza sorprendente dato che raramente provo dolore e quando si verifica può essere sentito intensamente; eppure raramente ne riconoscono l'assenza; la sua bellezza era tale che per un solo istante portò gioia, solo per poi presto svanire di nuovo dalla mente!

Durante un recital di musica classica, un'orchestra ha eseguito la Nona Sinfonia di Beethoven con grande successo in una sala da concerto entusiasta. Si potevano vedere lacrime sgorgare durante l'ode del quarto movimento, facendo sentire grati che esista; ma è vero? Senza dubbio no; se l'opera non fosse stata composta, nessuno se ne accorgerebbe e il regista non riceverebbe telefonate arrabbiate che chiedono che quest'opera d'arte venga scritta ed eseguita immediatamente - questo fenomeno noto come effetto positivo è ciò che ci rende davvero felici oggi.

Le campagne di prevenzione utilizzano questa strategia in modo efficace; per esempio, "Il fumo provoca il cancro ai polmoni" è molto più convincente di "Non fumare porta a una vita libera dal cancro ai polmoni". I revisori contabili e altri professionisti che fanno affidamento sulle liste di controllo spesso soccombono a questo effetto positivo: le dichiarazioni fiscali pendenti compaiono immediatamente nelle loro liste mentre le attività fraudolente come quelle di Enron o dello schema Ponzi di Bernie Madoff no. In tali elenchi mancano anche le imprese di "commercianti disonesti", come Nick Leeson e Jerome Kerviel che hanno causato capricci finanziari come questi, nascondendo così tali attività al controllo pubblico.
Non esiste alcuna lista di controllo per tenere traccia delle svalutazioni; e mentre gli atti illegali potrebbero essere presi in considerazione dalle banche ipotecarie, la svalutazione dovuta agli impianti di incenerimento può verificarsi senza che il loro monitoraggio venga notato.

Immaginate di creare un prodotto indesiderato come un condimento per l'insalata con un contenuto elevato di colesterolo, ma volete che i consumatori si sentano sicuri riguardo al suo utilizzo? Quando etichetti un prodotto del genere, evidenzia invece tutte le sue caratteristiche positive. I clienti non si accorgeranno della sua assenza; mentre le caratteristiche positive garantiranno che i consumatori rimangano informati.

La ricerca accademica mostra spesso effetti positivi. La conferma delle ipotesi porta generalmente a pubblicazioni e può persino far guadagnare premi Nobel; mentre la falsificazione delle ipotesi, sebbene scientificamente vantaggiosa, è molto più difficile da pubblicare e non ha mai ricevuto questo tipo di prestigioso riconoscimento. Un altro risultato dell'effetto positivo delle caratteristiche è la nostra tendenza ad accettare consigli positivi - come fare X - rispetto a consigli negativi (dimentica Y). Questo ci rende molto più ricettivi ai consigli positivi rispetto ai suggerimenti negativi (come dimenticare Y).

Conclusione: gli esseri umani spesso faticano a percepire accuratamente i non-eventi. Tendiamo a ignorare ciò che non esiste. Ad esempio, riconosciamo se c'è una guerra ma non ne apprezziamo l'assenza in tempo di pace; allo stesso modo raramente consideriamo di essere malati quando siamo sani; allo stesso modo dopo essere arrivato a Cancun senza aver subito un incidente aereo! Coltivando una maggiore consapevolezza riguardo all'assenza potremmo diventare più felici; anche se farlo richiede un duro lavoro mentale e di riflessione: uno strumento utile è chiedersi perché qualcosa esiste piuttosto che il nulla poiché questa domanda serve come un modo utile per combattere gli effetti positivi!

Vedi anche Effetto Forer (cap. 64); Bias di conferma (cap. 7-8); Bias di autoselezione (cap. 47); Bias di disponibilità (cap. 11); Illusione dell'attenzione (cap. 88)

BIAS DI CONFERMA TRA FRECCIA E SPARROW

Raccogliere le ciliegie

Gli hotel si presentano online nella loro luce migliore. Le foto che ritraggono immagini belle e maestose sono accuratamente selezionate; eventuali angoli poco lusinghieri, tubi che perdono o sale per la colazione poco attraenti sono semplicemente nascosti da moquette logora - ovviamente sai che questo è vero quando ti trovi per la prima volta di fronte a una lobby sgradevole; invece semplicemente alzi le spalle e ti sposti verso il banco di registrazione il più rapidamente possibile.

Il cherry-picking, come praticato dagli hotel, implica selezionare ed enfatizzare solo le caratteristiche attraenti nascondendone altre. Dovresti affrontare altre esperienze in modo simile: brochure per automobili, immobili o studi legali sono qualcos'altro a cui devi avvicinarti con cautela: sapere come funzionano non ci intrappola nella loro trance!

Ma si tende a reagire in modo diverso quando si leggono i rapporti annuali di aziende, fondazioni e organizzazioni governative. Qui tendi ad aspettarti rappresentazioni oggettive; sfortunatamente ti sbaglieresti: questi organismi spesso scelgono attentamente: gli obiettivi raggiunti vengono celebrati mentre le battute d'arresto passano inosservate.

Immagina di essere il capo di un dipartimento. Il tuo tabellone ti invita a presentare lo stato di gioco della tua squadra. Come affronteresti questa presentazione? Sottolineando le sue vittorie e includendo alcune diapositive che evidenziano le sfide. Eventuali risultati non raggiunti vengono facilmente dimenticati.

Gli aneddoti rappresentano una sfida unica quando si tratta di selezionare le ciliegie. Immagina di essere l'amministratore delegato di un'azienda che produce dispositivi tecnici. Dopo aver condotto un sondaggio sulla soddisfazione del cliente, risulta evidente che la maggior parte dei clienti non può utilizzare il tuo gadget a causa della sua natura complessa. A questo punto interviene il responsabile delle risorse umane: 'Mio suocero l'ha ricevuto ieri e ha subito imparato a farlo funzionare. Quanto peso assegneresti a questa particolare ciliegia? Vicino allo zero." Confutare un aneddoto può essere difficile perché implica mini-storie che fanno appello al nostro cervello. Per contrastare questo effetto, i leader esperti si allenano durante la loro carriera a diventare ipersensibili agli aneddoti che si presentano e a rispondere immediatamente con colpi di arma da fuoco. contro qualsiasi storia del genere che emerga.
La scelta delle scelte diventa più evidente man mano che ci immergiamo in campi più elevati o d'élite. In Antifragile, Taleb spiega in dettaglio come tutti i settori della ricerca - dalla filosofia alla medicina all'economia - si vantano dei propri risultati: "Come i politici, il mondo

accademico è abile nel dirci cosa hanno fatto per noi invece di cosa non ha fatto; dimostrando così i loro metodi indispensabili ." Potrebbe trattarsi di una scelta selettiva, ma il nostro rispetto per gli accademici ci rende impossibile rilevarlo.

Oppure consideriamo la professione medica: dire alle persone di non fumare è la più grande conquista medica dalla fine della seconda guerra mondiale, secondo il medico Druin Burch nel suo libro Taking the Medicine. Alcuni antibiotici simili alla ciliegia servono come distrazione e quindi i ricercatori nel settore farmaceutico tendono ad essere celebrati mentre gli attivisti antifumo no.

I reparti amministrativi delle grandi aziende tendono a comportarsi come albergatori glorificando se stessi pubblicizzando tutto ciò che hanno realizzato ma non comunicando mai ciò che non è stato realizzato per l'azienda. Cosa puoi fare a riguardo? Quando fai parte del consiglio di sorveglianza di un'organizzazione, assicurati di chiedere informazioni sulle "ciliegie rimaste", come progetti falliti o obiettivi mancati: imparerai molto di più da questi che dai successi! È sorprendente quanto raramente vengano sollevate domande del genere! Secondo: invece di impiegare un esercito di controllori finanziari per calcolare i costi fino all'ultimo centesimo, prendetevi il tempo per rivedere regolarmente gli obiettivi. Potresti rimanere stupito nello scoprire che, nel tempo, alcuni obiettivi originali sono diventati meno tangibili e sono stati sostituiti con obiettivi autoimposti che rimangono sempre raggiungibili; ogni volta che si presentano tali obiettivi dovrebbero alzare le bandiere rosse; sarebbe l'equivalente di scagliare una freccia e creare un bersaglio attorno al punto in cui cade!

Note sui pregiudizi (cap. 13); Bias egoistici (cap. 45);

LA CACCIA AI CAPRO ESPIATORI DELL'ETÀ DELLA PIETRA

FALLIMENTO DELL'ANALISI DELLA CAUSA SINGOLA

Chris Matthews è uno dei principali giornalisti di MSNBC. Nel suo telegiornale vengono intervistati esperti politici. Non ho mai capito cosa comportasse il loro lavoro o perché esistessero tali carriere, anche se nel 2003 l'invasione americana dell'Iraq era al centro dell'attenzione. Chris Matthews ha chiesto a un esperto dopo l'altro le sue motivazioni - dalle teorie sulla vendetta dell'11 settembre alle armi di distruzione di massa che stanno dietro a questo conflitto - così importanti erano le sue domande: "Qual è la motivazione della guerra?" ', al "perché abbiamo invaso l'Iraq, oltre alle proposte di vendita". E così via... e così via... e così via... e così via...

Domande come questa non mi vanno più bene; riflettono uno degli errori mentali più frequenti, qualcosa per il quale non esiste un termine quotidiano; quindi userò invece un linguaggio scomodo come "l'errore della causa unica".

Cinque anni dopo, nel 2008, il panico ha regnato nuovamente nei mercati finanziari e le banche sono crollate, costringendo i contribuenti a salvarle con i soldi dei contribuenti. Investitori, politici e giornalisti hanno indagato su ogni aspetto di questo tracollo finanziario: la politica monetaria allentata di Greenspan? Stupidità degli investitori? Agenzie di rating dubbie? Revisori dei conti corrotti? Cattivi modelli di rischio o pura avidità erano tutte cause possibili, tutte biasimevoli in egual misura. Nessun singolo fattore può rivendicare la responsabilità esclusiva, ma tutti possono contribuire in modo significativo.

Un'idilliaca estate indiana, il divorzio di un amico, la prima guerra mondiale, il cancro, una sparatoria in una scuola, il successo mondiale di un'azienda o addirittura la scrittura stessa sono eventi causati da molteplici fattori che vi contribuiscono - eppure cerchiamo ancora di attribuire tutta la colpa a un individuo o una cosa sola.

Che cosa faccia maturare e cadere una mela non è chiaro: è la gravità che la attira verso la terra, il suo gambo appassisce sotto i raggi del sole, che il suo peso è aumentato, che le raffiche di vento ne fanno cadere o che un bambino impaziente che sta lì sotto vuole fare uno spuntino? Nessun singolo fattore spiega la sua caduta.' In Guerra e pace di Tolstoj questo passaggio lo illustra magnificamente.
Immagina di essere il product manager di un iconico marchio di cereali per la colazione e di aver recentemente introdotto una varietà biologica a basso contenuto di zuccheri che si rivela un enorme fallimento dopo un mese di vendite. Come procederesti per indagarne le cause? In primo luogo, bisogna comprendere che nessun singolo fattore potrà spiegare questo

fallimento; ogni fattore gioca la sua parte. Prendi un foglio di carta e delinea tutte le potenziali ragioni, insieme alle loro cause profonde. Al termine, avrai creato un'elaborata rete di potenziali influencer. Successivamente, identifica quelli che puoi cambiare (come la natura umana) scartando quelli che non possono cambiare. Infine, conduci test empirici variando i fattori evidenziati nei mercati: ciò richiede tempo e denaro, ma è necessario se desideriamo andare oltre le ipotesi superficiali.

L'errore della causalità unica è antico e pericoloso. Nel corso dei millenni siamo arrivati a credere che le persone siano padrone del proprio destino: Aristotele fece questa affermazione più di due millenni fa! Ora capiamo che questo non è corretto e che il libero arbitrio è una questione aperta. Le nostre azioni sono determinate da una complessa rete di fattori che vanno dalla predisposizione genetica all'ambiente, all'istruzione, alla concentrazione ormonale nelle cellule cerebrali e ancora ci aggrappiamo saldamente a un'immagine obsoleta di autogoverno. Questa pratica è dannosa e moralmente discutibile. Finché crediamo nelle singole ragioni degli eventi o dei disastri, sarà sempre possibile attribuire la colpa ai singoli individui. Inoltre, le persone giocano da tempo a questo gioco di trovare qualcuno o qualcosa da incolpare, creando la percezione che il potere debba essere esercitato da un individuo o gruppo su un altro.

Eppure Tracy Chapman è riuscita a costruire il suo successo mondiale su questo, in particolare attraverso la canzone "Give Me One Reason". Ma non c'erano in gioco anche altri fattori?

Vedi anche la giustificazione "perché" (cap. 52); Falsificazione della Storia (cap. 78); Hindsight Bias (cap. 14) ed Errore fondamentale di attribuzione (cap. 36) per ulteriori spiegazioni.

Anche se potrebbe essere difficile da credere, i demoni della velocità in realtà guidano in modo più sicuro dei cosiddetti conducenti "attenti". Considera questo: da Miami a West Palm Beach ci sono circa 75 miglia. Gli automobilisti che percorrono una distanza in meno di un'ora vengono classificati come spericolati perché la loro velocità media supera i 75 miglia all'ora; tutti gli altri rientrano nel nostro gruppo di autisti attenti. Quale gruppo subisce meno incidenti? Dovrebbero essere gli autisti spericolati. Tutti e tre i conducenti hanno completato il viaggio nel giro di un'ora e, quindi, non dovrebbero essere rimasti coinvolti in alcun incidente; chiunque si sia trovato coinvolto in un incidente rientra automaticamente nella categoria dei conducenti più lenti. Questo esempio esemplifica un errore insidioso denominato errore di intenzione di trattare che purtroppo non ha un nome attraente.

Ciò potrebbe sembrare simile al bias di sopravvivenza (capitolo 1), ma c'è un'importante differenza. Con il bias di sopravvivenza si vedono solo progetti di successo o automobili coinvolte in incidenti mentre con l'errore di intenzione di trattare questi progetti o automobili falliti appaiono in modo prominente ma semplicemente sotto una categoria inappropriata.

Recentemente, mi è stato mostrato uno studio illuminante condotto da un banchiere che ha rivelato un fatto interessante: le aziende con debito in bilancio tendono ad essere significativamente più redditizie rispetto alle aziende che detengono solo azioni come strumenti finanziari (cioè senza debito in bilancio). . Il banchiere insisteva affinché ogni azienda prendesse prestiti a suo piacimento e la sua banca era il posto migliore per questo scopo. Ho esaminato il suo studio più da vicino. Come potrebbe essere? Tra 1.000 aziende scelte a caso, quelle che hanno ricevuto grandi prestiti hanno prodotto rendimenti più elevati sia sul capitale proprio che sul capitale totale rispetto alle aziende finanziate in modo indipendente. Hanno avuto più successo in tutto e per tutto. Ben presto si realizzò: le aziende non redditizie non hanno i requisiti per ottenere prestiti aziendali e quindi rientrano in un gruppo "solo azionario", dove le aziende con più liquidità tendono a rimanere a galla più a lungo e rimangono parte di questo studio nonostante eventuali problemi di salute che potrebbero presentare. D'altro canto, le imprese che si indebitano pesantemente tendono a fallire più rapidamente. Quando non riescono più a ripagare gli interessi sui loro debiti, le banche prendono il controllo e svendono queste attività; quelli che rimangono all'interno del "gruppo debitore" tendono a rimanere relativamente sani indipendentemente dalla quantità di debito presente nei loro bilanci.
Fai attenzione se pensi di capire. Riconoscere l'errore di intenzione di trattare può essere difficile; Prendiamo come esempio la medicina: un'azienda farmaceutica ha creato un nuovo farmaco per combattere le malattie cardiache. Uno studio "dimostra" che questo farmaco

riduce significativamente il tasso di mortalità dei pazienti rispetto all'assunzione della sola pillola placebo; tra i consumatori abituali il tasso di mortalità a cinque anni scende dal 15% all'11% in cinque anni, e due volte più alto tra i consumatori irregolari che lo assumono in quantità diverse; quindi potrebbe davvero essere considerato un successo o un fallimento?

Il problema è che le pillole potrebbero non essere il fattore determinante; piuttosto è il comportamento del paziente che alla fine conta. Forse i pazienti hanno interrotto l'assunzione a causa di gravi effetti collaterali e si sono ritrovati nella categoria "assunzione irregolare" o erano troppo malati per continuare ad assumerlo regolarmente; in ogni caso, solo gli individui relativamente sani sono rimasti nel gruppo di "assunzione regolare", facendo sembrare il farmaco molto più efficace di quanto non sia in realtà; quei pazienti veramente malati che non potevano assumere dosi regolari erano quelli che popolavano le coorti di "assunzione irregolare".

Studi affidabili consentono ai ricercatori medici di analizzare i dati di tutti i pazienti che inizialmente intendevano curare; non importa se abbiano preso parte o meno al processo. Purtroppo, però, molti studi ignorano questa regola, intenzionalmente o accidentalmente; stai in guardia: verifica sempre se i soggetti del test - conducenti coinvolti in incidenti, aziende in bancarotta e pazienti critici sono per qualche motivo scomparsi dalla popolazione campione e archivia lo studio dove appartiene: nel cestino.

Vedi anche: Bias di sopravvivenza (cap. 1); Fenomeno di Will Rogers (cap. 58);

Notizie Illusion Terremoto a Sumatra. Incidente aereo in Russia. L'uomo tiene prigioniera la figlia in cantina per 30 anni; Heidi Klum si separa da Seal; stipendi record alla Bank of America; attacco in Pakistan; dimissioni del presidente del Mali; nuovo record mondiale nel lancio del peso.

Hai davvero bisogno di questa conoscenza?

Siamo straordinariamente bene informati, eppure rimaniamo molto ignoranti. Questo perché due secoli fa abbiamo inventato una forma tossica di conoscenza chiamata notizie che fa appello alla mente come lo zucchero fa al corpo: deliziosa ma potenzialmente distruttiva nel tempo.

Tre anni fa ho condotto un esperimento. Ho smesso di leggere e ascoltare notizie e ho cancellato tutti gli abbonamenti a giornali e riviste; i canali televisivi e radiofonici furono tagliati dalla mia programmazione; le app di notizie dal mio iPhone sono state cancellate del tutto. All'inizio è stato difficile, perché avevo costantemente l'ansia che qualcosa di importante potesse sfuggirmi di mano; ma dopo un po' di tempo ho sviluppato una prospettiva diversa. Tre anni dopo, i miei sforzi sono stati ripagati da pensieri più chiari, intuizioni più profonde, decisioni migliori e molto più tempo libero. Meglio ancora: non è mancato nulla di importante perché il mio social network nel mondo reale funge da filtro delle informazioni e mi tiene aggiornato.

Innanzitutto il nostro cervello reagisce in modo sproporzionato ai vari tipi di informazioni: dettagli scandalosi, scioccanti ci stimolano; i dettagli astratti, complessi o non elaborati hanno scarso effetto. I produttori di notizie comprendono perfettamente questa dinamica: le loro storie avvincenti, le immagini sgargianti e i "fatti" sensazionali catturano la nostra attenzione mentre gli inserzionisti acquistano spazio in modo che i loro annunci vengano visti; pertanto tutte le storie sottili, complesse o profonde devono essere accuratamente filtrate, anche se potrebbero avere un impatto molto maggiore per la società nel suo insieme.
Il consumo di notizie distorce la nostra comprensione del mondo, portandoci a convivere con una rappresentazione imprecisa dei rischi e delle minacce che effettivamente affrontiamo.

In secondo luogo, le notizie sono irrilevanti. Negli ultimi dodici mesi potresti aver consumato circa 10.000 frammenti di notizie (forse fino a trenta al giorno). Sii onesto: nominane uno che ti ha aiutato a prendere decisioni migliori nella vita, nella carriera o negli affari rispetto al non avere questa notizia rispetto al non averla affatto - su 10.000 storie consumate. Nessuno a cui ho chiesto è riuscito a citare più di due pezzi utili tra tutto ciò che è stato consumato: un risultato miserabile da parte di testate giornalistiche che affermano che le loro informazioni offrono vantaggi competitivi quando in realtà il consumo rappresenta uno svantaggio economico; se avessero aiutato le persone ad avanzare ulteriormente nella carriera, i giornalisti sarebbero in cima alla piramide del reddito – è vero il contrario

Le notizie rappresentano anche un uso inefficiente del tempo: in media, ogni essere umano spreca mezza giornata alla settimana leggendo argomenti di attualità, con conseguenti massicce perdite di produttività in tutto il mondo. Prendiamo ad esempio gli attacchi terroristici di Mumbai del 2008: solo per un'insaziabile sete di riconoscimento, i terroristi hanno ucciso 200 vite innocenti solo per ottenere fama e riconoscimento. Diciamo che un miliardo di persone ha trascorso un'ora a seguire le conseguenze: guardando aggiornamenti minuto per minuto e ascoltando commenti di esperti e analisti: uno scenario estremamente probabile dato che l'India ha più di un miliardo di abitanti. Pertanto, il nostro calcolo prudente: un miliardo di persone moltiplicato per un'ora di distrazione equivale a un miliardo di ore di assenza dal lavoro. Se convertiamo questo numero in vite perse a causa del consumo di notizie rispetto alle perdite causate dagli attacchi, questo numero si attesta a circa 2.000 morti sprecate solo a causa del consumo: un'osservazione incisiva ma precisa.

Allontanarsi dalle notizie può portare a risultati altrettanto profondi quanto eliminare una qualsiasi delle altre novantotto cattive abitudini che abbiamo delineato qui. Rompi completamente la tua abitudine alle notizie; leggi invece lunghi articoli o libri di base: non c'è niente di meglio dei libri per comprendere il nostro mondo!

Vedi anche Errore fondamentale di attribuzione (cap. 36); Effetto Dormiente (cap. 70); Bias di conferma (capitoli 7-8); Bias informativo (cap. 59); Personificazione (cap. 87) e Story Bias (cap. 13) come fenomeni correlati.

EPILOGO

Il Papa chiese a Michelangelo: 'Raccontami il segreto del tuo genio. Come hai realizzato questa statua del David, il capolavoro tra tutti i capolavori?' Michelangelo rispose semplicemente togliendo tutto ciò che non era David.

Cerchiamo di essere chiari. Nessuno sa veramente con certezza cosa ci rende felici o di successo, tuttavia comprendiamo cosa sminuisce il successo o la felicità. La conoscenza negativa (cosa non fare) è molto più potente della conoscenza positiva (cosa dovrebbe essere fatto).

Michelangelo usò il metodo di Michelangelo per pensare in modo più chiaro e agire con saggezza: invece di guardare esclusivamente il David, concentrarsi su tutto ciò che si trova sulla sua strada e rimuoverlo pezzo per pezzo; allo stesso modo nel nostro caso: eliminare gli errori per pensare meglio!

I pensatori greci, romani e medievali hanno coniato un termine per questo approccio chiamato via negativa - letteralmente "percorso negativo", un approccio alla rinuncia, all'esclusione e alla riduzione. I teologi sono stati i primi pionieri della via negativa: non possiamo dire cosa sia Dio; possiamo invece solo definire la Sua assenza; applicato alla vita moderna: il successo non può essere definito direttamente; solo ciò che ne impedisce il perseguimento può essere identificato ed eliminato: in sostanza tutto ciò che dobbiamo sapere!

Questa calda teoria dell'irrazionalità è riemersa per secoli. Giovanni Calvino, fondatore del severo protestantesimo nel 1540, credeva che tali sentimenti rappresentassero il male e che solo rivolgendosi a Dio si potessero respingere. Le persone che sperimentavano eruzioni vulcaniche di emozioni erano considerate seguaci di Satana; quindi ne seguirono torture e uccisioni. Secondo la teoria dello psicoanalista austriaco Sigmund Freud, che suggerisce che il nostro ego e il superego moralistico controllino il nostro id impulsivo e lo sopprimano attraverso il dovere o la disciplina è qualcosa che non può accadere. Dimentica l'obbligo o la disciplina: pensare da solo non può controllare le nostre emozioni in misura maggiore rispetto al tentativo di farti crescere i capelli con la sola forza di volontà!

D'altronde la fredda teoria dell'irrazionalità è ancora giovane. Dopo la seconda guerra mondiale, molti tentarono di spiegare l'apparente irrazionalità dei nazisti: non si udirono né esplosioni emotive né discorsi infuocati da parte dello stesso Hitler ai vertici; anche i suoi discorsi infuocati erano semplicemente esibizioni magistrali: furono i freddi calcoli piuttosto che le esplosioni improvvise a condurli lungo il loro sentiero oscuro; lo stesso vale per Stalin o i Khmer rossi.

Gli psicologi iniziarono ad allontanarsi dalle affermazioni di Freud negli anni '60 e ad osservare scientificamente i nostri pensieri, le nostre decisioni e le nostre azioni. Ne è emersa una fredda teoria dell'irrazionalità che postulava che il pensiero stesso è lungi dall'essere puro; anche le persone molto intelligenti cadono preda di trappole cognitive che portano a errori. Inoltre, gli errori non sono distribuiti in modo casuale: gli errori tendono a raggrupparsi in schemi prevedibili – rendendo gli errori più prevedibili ma mai completamente risolvibili – eppure la loro fonte è rimasta sconosciuta per decenni – mentre tutto il resto nel nostro corpo sembrava relativamente affidabile rispetto al nostro cervello. Perché il nostro cervello deve subire continui contrattempi?

Il pensiero è un fenomeno biologico, e l'evoluzione ha avuto il suo ruolo nel plasmarlo, proprio come qualsiasi altro aspetto della natura. Immaginate di tornare indietro di 50.000 anni e portare uno dei nostri antenati con noi nel presente, mandandolo a fare il parrucchiere, mandandogli lezioni di guida o insegnandogli come usare un cellulare, ma senza dubbio si adatterebbe perfettamente; dopo tutto, l'evoluzione biologica ci ha dato tutte queste abilità come cacciatori-raccoglitori che sfoggiano abiti di Hugo Boss (o H&M in alcuni casi)! Se potessimo fare proprio questo, immaginiamo di tornare indietro di 50.000 anni, eliminare un antenato e portarlo nel viaggio nel tempo dei giorni nostri; allora forse, invece di essere emarginato per strada, e di mandarlo da allora in abiti attuali; mandandolo/lei a farsi tagliare/tagliare i capelli/vestirsi dal parrucchiere/dal parrucchiere/vestirli/noi/loro per truccarci con abiti/abiti moderni? NO; La biologia ha smentito ogni dubbio; fisicamente, anche cognitivamente, siamo cacciatori-raccoglitori vestiti con Hugo Boss (o H&M se è per questo).

Ciò che è cambiato in modo significativo rispetto ai tempi antichi è il nostro ambiente di vita. Allora le cose erano semplici e stabili: le persone vivevano in gruppi fino a cinquanta persone senza che si verificassero progressi tecnologici o sociali significativi. Solo negli ultimi 10.000 anni il nostro mondo ha iniziato a subire cambiamenti drammatici, con i raccolti, il bestiame, i villaggi, le città, il commercio globale e i mercati finanziari che sono emersi come forze principali nella sua evoluzione. Con l'avvento dell'industrializzazione, gran parte di ciò che era ottimale per il funzionamento del cervello umano è scomparso. Trascorri 15 minuti in qualsiasi centro commerciale e incontrerai più persone di quelle che i nostri antenati hanno visto durante tutta la loro vita. Chiunque affermi di sapere come sarà il mondo tra 10 anni di solito diventa un emarginato nel giro di pochi mesi dopo aver fatto tali previsioni. Da 10.000 anni abbiamo creato un mondo che non comprendiamo più. Tutto è diventato più sofisticato e tuttavia più intricato. Di conseguenza, la prosperità economica è salita alle stelle, ma anche le malattie legate allo stile di vita (come il diabete di tipo due, il cancro ai polmoni e la depressione) e gli errori di pensiero sono saliti alle stelle mentre la complessità ha continuato ad aumentare – questo non farà altro che aggravare ulteriormente i loro errori e amplificarli ulteriormente.

Alle nostre radici di cacciatori-raccoglitori, l'attività si è spesso rivelata più redditizia della riflessione. Le reazioni fulminee erano essenziali, mentre le contemplazioni prolungate si rivelarono fatali. Se uno dei tuoi amici cacciatori-raccoglitori scappava all'improvviso, aveva senso seguirne l'esempio; non importa se una tigre o un cinghiale ti avevano allarmato. Non riuscire a scappare potrebbe costarti la vita; al contrario, se la semplice fuga da un cinghiale causasse un errore, potrebbe costare solo calorie; sbagliarsi su questioni simili ha dato i suoi frutti: chiunque fosse collegato in modo diverso è uscito prima ancora che si verificassero gli incontri, rendendoci tutti discendenti di quegli homines sapientes che tendono ad agire rapidamente dalle prime generazioni che hanno guidato. Oggi siamo i loro discendenti. La società moderna favorisce la contemplazione individuale e l'azione indipendente: chiunque si sia innamorato del clamore del mercato azionario lo sa in prima persona.

La psicologia evoluzionistica rimane per lo più un'ipotesi, ma è altamente convincente nello spiegare molti difetti; anche se non tutti. Prendiamo, ad esempio, questa affermazione: 'Ogni barretta Hershey viene fornita in un involucro marrone; pertanto tutte le barrette di cioccolato che condividono questa caratteristica devono essere anche barrette Hershey.' Anche gli individui intelligenti possono cadere vittime di questa trappola – così come le tribù native che vivono libere dal peso della civiltà – proprio come i nostri antenati cacciatori-raccoglitori potrebbero ancora sperimentare errori di logica che non hanno nulla a che fare con il cambiamento ambientale.

Perché? L'evoluzione non crea esseri umani perfetti; finché avanziamo rispetto ai nostri concorrenti (cioè sconfiggiamo i Neanderthal), il comportamento carico di errori è tollerato dall'evoluzione. Prendiamo come esempio il cuculo: per milioni di anni hanno deposto le uova nei nidi degli uccelli canori dove uccelli più piccoli poi hanno incubato e nutrito i pulcini nati da queste uova - un atto che rappresenta un errore comportamentale a cui l'evoluzione non è riuscita a correggere perché non era Non è considerato abbastanza serio dagli uccelli più piccoli.

Un'ulteriore spiegazione per i nostri errori è emersa alla fine degli anni '90: i nostri cervelli sono programmati per la riproduzione piuttosto che per la ricerca della verità; cioè usiamo i nostri pensieri principalmente per la persuasione piuttosto che per la ricerca della verità; chiunque riesca a convincere gli altri ottiene potere e risorse, risorse che forniscono un vantaggio significativo nell'accoppiamento e nell'allevamento della prole. I romanzi in genere vendono più dei titoli di saggistica nonostante la loro maggiore sincerità.

Infine, le decisioni intuitive, anche quelle prive di logica, possono essere utili in determinate circostanze. La cosiddetta ricerca euristica esplora questo fenomeno. Poiché spesso non abbiamo tutte le informazioni necessarie quando prendiamo decisioni importanti, le scorciatoie mentali o le regole pratiche (euristica) diventano indispensabili. Ad esempio, quando scegli i partner romantici da cui sei attratto, l'unica decisione razionale si baserebbe esclusivamente sulla logica; usare l'intuito invece spesso porta a risultati migliori in questo caso. Molte decisioni devono anche essere giustificate in seguito da ragioni o giustificazioni di qualche tipo, cosa che la logica semplicemente non può.

Le decisioni (carriera, compagno di vita e investimenti) spesso avvengono inconsciamente. Successivamente formuliamo giustificazioni in modo da sentire che la nostra scelta fosse consapevole, anche se spesso questo non assomiglia per niente ai metodi scientifici: invece inventiamo ragioni per giustificare conclusioni predeterminate piuttosto che fatti oggettivi.

Pertanto, dimentica la dicotomia tra cervello sinistro e destro descritta dai libri di auto-aiuto; molto più significativa è la distinzione tra pensiero intuitivo e pensiero razionale: entrambi hanno usi validi; le menti intuitive tendono ad essere più veloci, spontanee e a risparmiare energia, mentre il pensiero razionale richiede molta più energia rispetto alla sua controparte intuitiva. Daniel Kahneman ha spiegato questo fenomeno in Thinking Fast and Slow.

Le persone spesso mi chiedono come riesco a condurre una vita senza errori da quando i miei errori cognitivi hanno iniziato ad accumularsi, ma la verità è che non lo faccio. E la risposta? No; neanche vicino. Come tutti gli altri prendo decisioni affrettate consultando invece non i miei pensieri ma i miei sentimenti; quando si prendono decisioni rapide la domanda 'Cosa ne penso?' è spesso sostituito da "Come mi sento a riguardo?" Anticipare ed evitare gli errori è uno sforzo costoso;

Per mantenere le cose semplici e chiare, mi sono imposto le seguenti regole per il processo decisionale in situazioni con importanti conseguenze potenziali (ad esempio fare scelte personali o aziendali chiave), cerco di rimanere il più ragionevole e razionale possibile quando scelgo tra le opzioni . Il mio approccio è simile a quello di un pilota: prendo la lista degli errori e li controllo uno alla volta, come farebbe un pilota di aereo. Per aiutarmi a prendere decisioni informate in modo più efficiente (ad esempio Pepsi normale o dietetica, acqua frizzante o piatta?), utilizzo anche un eccellente albero decisionale con lista di controllo. In situazioni con conseguenze minime (ad esempio acqua frizzante o piatta?), l'albero decisionale aiuta immensamente, ad esempio quando si sceglie tra Pepsi normale o dietetica o acqua frizzante o piatta). Spesso rinuncio all'ottimizzazione razionale e lascio invece che sia la mia intuizione a guidare la strada. Pensare può essere stancante; pertanto, se il danno potenziale è minimo, non impegnarti su questioni banali; tali errori non avranno ripercussioni durature e questo modo di vivere potrà portare a esperienze complessivamente migliori. La natura sembra indifferente al fatto che le nostre decisioni siano perfette o meno; tutto ciò che conta è che attraversiamo la vita con successo, purché siamo pronti ad agire razionalmente quando le cose si fanno difficili. Inoltre, spesso mi affido al mio intuito quando opero nel mio ambito di competenza. Esercitati con uno strumento e le tue dita

impareranno a suonarne le note. Col tempo, la punta delle tue dita diventa abile nel manipolare tasti o corde; appaiono gli spartiti musicali e le note suonano da sole quasi automaticamente: Warren Buffett usa i bilanci come i musicisti professionisti fanno gli spartiti musicali!
Trova il tuo ambito di competenza - quell'area in cui comprendi ed eccelli intuitivamente - e acquisisci una solida conoscenza. Suggerimento: potrebbe essere più piccolo di quanto pensi! Quando prendi decisioni consequenziali al di fuori di questo cerchio, applica tecniche di pensiero razionale mentre per decisioni meno urgenti usa liberamente l'intuizione.

FINE